U0142692

五南圖書出版公司 印行

圖解 國貿實務

國貿教主
李淑茹 / 著

第六版

閱讀文字

理解內容

觀看圖表

 # 自序

　　全球行銷市場廣大，「MIT」產品有著卓越的生產技術和優異的品質，若只局限國內市場，著實有大材小用之憾；想要搶食全球市場大餅，總要先得法，才知從何著手。

　　因應網路的迅速普及和科技的高度發展，資訊來源的取得及查詢簡易快速，彈指可得，也因而帶動讀者閱讀習慣大大改變——從靜態的傳統文字介面演變為對動態的圖像文字並蓄，對資訊也需求更迅速有效率的方式。筆者有感於此趨勢，特將國際貿易一系列知識流程加以統整，跳脫艱澀難懂的文字敘述，採貼近初學者的白話條列內容及淺顯易懂的圖解說明，以國際貿易新手必須面對的實務操作面，step by step 一一加以解說，讓讀者更易理解國際貿易具體操作內容及實際進行過程，再加以搭配各產業界專業產品知識，可使有意進入國貿領域的讀者，跨越心理障礙，輕鬆敲開國際市場大門。

　　推出此本圖解國貿實務，乃筆者融合學術理論與本人多年商場實務及教學經驗，以實用淺顯易懂為主要特色，期能協助企業以直接貿易為方向，進入國際行銷領域，更以臺灣眾多中小企業能具有直接投入國際市場的能力為最大目標。

　　本書內容不僅幫助初學者導以最輕鬆親切的方式，吸收知識，進入國際貿易的精彩世界；重點摘要式的說明整理，更可提供業界先進最有效率的正確資訊參考。內容以「簡潔扼要」為最高原則，作為引領對國際貿易有興趣、有需求等各階層廣大讀者最適合的入門書。

　　本書是市場首本與國際貿易相關的圖解書，在撰寫時已盡可能將所有相關資訊內容編入，可提供對國際貿易有興趣的新鮮人對此行業先具有完整的概念基礎，在進入從事國貿工作之時，能循序漸進，從容不迫立刻到位。

　　改版配合國貿條規Incoterms 2020最新版修訂出爐修改。國際商會依照慣例，每十年修改條規，最新法規於2020年1月1日啟用，2020年版新法修正2010年版舊法在實務使用上的矛盾，或未明訂清楚之處，明訂更具體、詳細之規範。更增加第17章諸多的國貿實務Q&A案例，以故事案例，分析問題及建議處理方式，深入淺出的經驗分享，讓讀者可以迅速學中做。

　　惟商場情勢瞬息萬變，國際貿易是最順應時代潮流轉變的行業，內容唯恐仍有疏漏之處，尚祈閱書的業界先進及讀者們能不吝指教，予以交流，教學相長。

李淑茹
2024年3月1日

本書目錄

第 4 章　國際貿易條件公約與規則

第 5 章　國際貿易交易條件

第 6 章　交易進行過程

本書目錄

第 7 章　信用狀之概念

第 8 章　交貨期的掌控

第 9 章　國際貨物裝運

本書目錄

第 **1** 章

國際貿易基本概念

●●●●●●●●●●●●●●●●●●●●●●●● 章節體系架構 ▼

Unit 1-1
國際貿易的種類 Part I

國際貿易（International Business, Foreign Trade, Overseas Trade）簡而言之，是指國與國之間對於商品、知識和服務的交易，它是各國間分工的表現，各國可因此互得所需。首先，我們可將國際貿易依其性質區分八種型態，分三單元介紹。

一.依貨物進行的方向歸類

在進行商品交易時，呈現出供需二方，貨品由本國賣出到他國，或由他國賣入。輸出入的貨品並不一定是貨物，也有可能是一種勞務、技術或知識等。

（一）出口貿易（Export Trade）：視為供方，指本國販售貨品或勞務至國外，貨品由國內通過海關運往國外的交易行為。就本國而言，稱為出口貿易或輸出貿易。

（二）進口貿易（Import Trade）：視為需方，指將國外貨物或勞務買到國內市場，亦指貨品由外國通過海關運進本國的交易行為。本國稱為進口貿易或輸入貿易。

（三）過境貿易（Transit Trade）：貨物自出口國出貨，目的地已確定，可能因政治、地理環境等因素，未直接運往進口國，而經由第三國轉運，對於第三國而言，此即為過境貿易。而過境貨物在進入第三國時，以保稅運輸方式按已核定路線再運往進口國。事實上，貨物一直停留在將其運進第三國的運輸工具內，第三國對於過境貨物並不課稅，但可藉由此裝卸、倉儲、轉運等獲取相關的勞務費用。

二.依交易進行的角色歸類

（一）直接貿易（Direct Trade）：指輸出國出口商將生產之貨物直接賣給輸入進口商，買方及賣方在無透過仲介者的情況下進行交易。

（二）間接貿易（Indirect Trade）：指輸出國出口商將貨物透過一仲介者，賣給輸入國進口商，而這個仲介者通常就是俗稱的貿易商，而貿易商的角色也會因所處的地區不同，區分為：1.出口貿易商（仲介者是在出口地境內）；2.進口貿易商 （仲介者是在進口地境內），以及3.三角貿易商（仲介者是在第三國境內）。

（三）轉口貿易（Intermediary Trade）：這屬於間接貿易的一種，第三國的仲介商自出口國採購貨物運至第三國境內後，經過改變包裝或略以加工或原封不動方式，再將貨物輸出至真正進口國，商品從出口國運出前，有時尚未確定進口國，進入第三國境內加工之後，才決定最後進口國。

（四）三角貿易（Triangular Trade）：亦稱媒介貿易，即仲介商居於買方地位，在接到他國進口商（輸入國）所下的訂單後，即向第三國（輸出國）購買貨品，且貨品直接由輸出國運往輸入國，此種貿易方式即稱之。通常由從事國貿經驗豐富的仲介商主導整個交易，仲介商在一買一賣之間，就可賺得差額利潤。

（五）多角貿易（Multilateral Trade）：美、日、歐洲等許多先進國家即利用此貿易方式把持諸多弱勢國家市場。廣大的世界，各種族及區域有諸多差異，礙於地理、文化、民族性，需要靠多重仲介商居間斡旋，才可使國際交易順利進行。

國際貿易的種類

依貨物進行方向

直接貿易

國內供應 ── 國外買家

出口貿易 Export Trade

進口貿易 Import Trade

直接貿易

國內買家 ◄── 國外供應商

依交易進行角色

- **直接貿易 Direct Trade**
- **間接貿易 Indirect Trade**
- **轉口貿易 Intermediary Trade**
- **三角貿易 Triangular Trade**
- **多角貿易 Multilateral Trade**

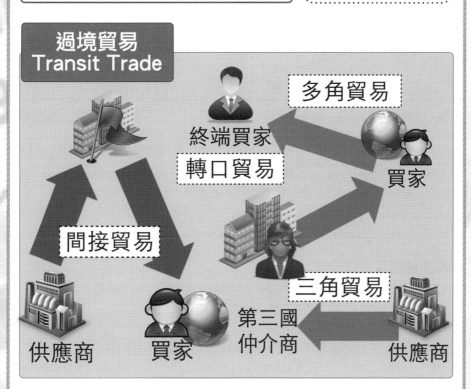

過境貿易 Transit Trade

多角貿易

終端買家

轉口貿易

買家

間接貿易

三角貿易

供應商　買家　第三國仲介商　供應商

Unit 1-2
國際貿易的種類 Part II

前文介紹兩種基本國際貿易種類，相信大家已有初步了解，現在介紹其他四種。

三.依貨物運輸方式歸類

（一）陸路貿易（Trade by Land Route）：指以陸運方式運輸貨物。通常運用在陸地相鄰的國家，以卡車、火車等陸上交通工具運送。臺灣因地理環境限制，無法適用。

（二）海路貿易（Trade by Sea Route）：指以貨輪海運方式運輸貨物。此種國際貿易方式最為普遍，因臺灣四面環海，最適合海運運輸方式。

（三）空運貿易（Trade by Airway）：指以飛機空運方式運輸貨物。通常在出貨時間緊迫或是運送市場週期短的貨品或是高價產品，才使用此種運輸方式。

（四）郵購貿易（Trade by Mail Order）：指以郵包郵遞方式運輸貨物。貨品數量不多時，採用此種方式較為輕省，但是仍須依正常進出口手續辦理報關。

四.依交易型態不同歸類

（一）普通貿易（Regular Trade）：指單純的進出口交易，即出口商自行購料、生產自己的產品並行銷給進口商，這是一般最普遍的交易型態。

（二）加工貿易（Improvement Trade）：指利用生產地廉價勞工、特殊設備、租稅優惠、交通便利等有利因素吸引外資投資設廠，生產國之工廠僅賺取加工費。

五.依企業經營的模式歸類

（一）OEM（Original Equipment Manufacture）：由於先進國家各項製造費用相當高或限於某些情況，製造的產品供不應求，遂有俗稱代工的貿易方式產生，又稱為原廠裝配、原廠委託製造、代工生產等。

（二）ODM（Original Design Manufacture）：由受託廠設計製造的商品，或委託商將產品構思交由受託廠設計製造，又稱原廠委託設計、原廠設計製造、設計代工。

（三）OBM（Original Brand Manufacture）：近年來企業界頗流行發展自有品牌，塑造企業形象，以獲取最大經濟利益，稱為原廠品牌製造、自創品牌。

六.依貨款清償方式歸類

（一）商業貿易（Commercial Trade）：指以貨幣償付貨款的交易，為應用最廣的付款工具，而且是國際均能接受的關鍵貨幣（Key Currency），例如美元、歐元。

（二）以貨易貨貿易（Barter Trade）：指國與國之間以貨物交換貨物，不以貨幣償付貨款的交易。此種交易方式，目前已日漸式微，惟外匯不足的國家，仍採用之。

（三）補償貿易出口（Compensation or Buy-back）：這是相對貿易的一種，即以產品作為支付手段，以進口設備生產的產品或其他經協商同意的產品償還。而進口設備的成本必須於出口其產品所得中償付。

國際貿易的種類

依貨物運輸方式

供應商

依經營模式

OEM 原廠委託製造
Original Equipment Manufacture

ODM 原廠委託設計
Original Design Manufacture

陸路貿易
Trade by Land Route

海路貿易
Trade by Sea Route

空運貿易
Trade by Airway

依交易型態

普通貿易
Regular Trade

加工貿易
Improvement Trade

郵購貿易
Trade by Mail Order

依貨款清償歸類

商業貿易
Commercial Trade

以貨易貨貿易
Barter Trade

補償貿易出口
Compensation or Buy-back

買家

Unit **1-3**
國際貿易的種類 Part III

看完前面六種國際貿易種類後，請繼續跟著本文一窺真正國際貿易的堂奧。

七.依貨物取得管道及權限方式歸類

（一）代理貿易（Agency Trade）：由於國際貿易的管道日趨發達，除了形成國際間交換貨物便利外，相對也造成市場上激烈的競爭。代理貿易的形成原因有兩種：一是出口商為了保護各行銷市場，往往在各個市場授權當地進口商為獨家代理商，以期透過買賣雙方彼此的合作默契，降低削價競爭、鞏固及強化市場占有率；二是出口商將須有售後服務的商品，完全委託給當地的進口商，產品有代理商售後服務保證，是最基本的行銷保證，對於市場行銷將無往不利，最常見的就是電器用品、電子用品、機械設備、汽車等。

（二）平行輸入（Parallel Importation of Genuine）：除了自正式代理商管道取得貨物來源之外，目前尚可利用平行輸入方式取得真實商品，通常稱這類商品為「灰色商品」。「真品平行輸入」其實早就充斥在你我的生活周遭，只是一般人對它了解不深，觀念籠統，但是如果換句較淺顯易懂的名詞，其實就是「水貨」，目前市面上隨處可見的手機、電器用品、電腦軟體、百貨公司的名牌貨、可愛的玩具等都可經路邊攤或特定的管道購買。而通常所稱「真品平行輸入」，多指進口商自行由國外進口與代理商所經營相同商標之真品而言。在特定規範下，此類輸入並不構成侵害商標專用權，只要其進口商品在國外係由商標權人製造或授權製造之「真品」，基本上即不構成侵權，業者可進行銷售，但是銷售時不能以水貨冒稱代理商的商品，否則即有違反公平交易法之虞。另該商品在國內若已由代理商取得另一商標，例如平行進口國外之汽車「BENZ」，倘若該汽車在我國已由代理商另行註冊取得「賓士」商標，則平行進口商在銷售該汽車時，則僅能使用「BENZ」商標，而不得使用「賓士」商標，否則即有違反商標法之虞；另外進口有著作權之商品須注意，依據我國著作權法規定，原則上禁止平行輸入在我國有著作權之真品著作物，尤其是以進口銷售為主之商業行為，係違反著作權法規定，例如有些世界名著在臺灣只授權中文版，如果以平行輸入進口原文版銷售即屬違法。

八.依交易標的物型態歸類

（一）有形貿易（Visible Trade）：交易標的物是實體存在物，例如電子機械產品、成衣製品、五金產品、文具玩具等貨品進出口時都須報關，一般國際貿易均屬此類。

（二）無形貿易（Invisible Trade）：交易標的物是無實體存在物，一般而言是指勞務的輸出與輸入，包括保險、運輸、觀光、專利、技術等，其重要特色是無須通關，因此無形商品的國際收支，並不顯示在海關的貿易統計上，這是目前許多先進國家最主要的國際貿易型態。

國際貿易的種類

依交易標的物型態

有形貿易 Visible Trade

一般可具體買賣之產品實體存在進出口時都需報關

EX：成衣製品 電子產品等

無形貿易 Invisible Trade

通指勞務的輸出與輸入無實體存在，無須通關手續

EX：保險、觀光、 運輸、專利

依貨物取得管道及權限

代理貿易Agency Trade

一、 出口商為了保護行銷市場，授權當地的進口商為獨家代理商，降低削價競爭。

二、 出口商有售後服務的商品，完全委託給當地的進口商，產品有代理商售後服務保證，是最基本的行銷保證。

真品平行輸入(水貨) Parallel Importation of Genuine

進口商自行由國外進口與代理商所經營相同商標之真品而言。

EX：照相機 名牌皮包

供應商　　　　　　　　買家

知識補充站

Olay不是歐蕾？

一留美臺灣學生家裡經營美容護膚坊專賣各式各樣的護膚產品，家人要他返臺渡假時，帶回在臺灣暢銷的「Olay」產品，此產品在臺灣註冊的商標是「歐蕾」，以此真品平行輸入的方式是合法的；惟販賣該產品時只能用「Olay」商標，不得出現臺灣註冊名稱「歐蕾」，否則即會觸犯商標法。該護膚坊自己銷售該產品並僅使用「Olay」商標，一切合法。

Unit 1-4
國際貿易之困難

每個行業都有其獨特性，國際貿易也不例外。以下針對可能遇到的困難說明。

一.溝通障礙

（一）**表達方式迥異**：各國所用的語言不同，當然交易過程中相對也較國內貿易複雜，經常造成買賣雙方的誤解。屬「高情境文化」的東方人重感情、憑直覺、自尊心強，溝通時迂迴、客套，而屬「低情境文化」的西方人重理性、憑邏輯、講效率，溝通時直接、坦白，文化差異經常讓雙方雞同鴨講，誤會叢生。

（二）**語言、文字之差異**：雖然國際貿易以英語為主要溝通語言，但各國英語在遣詞用字及文法上的差異，加上各式各樣的口音，倍增溝通難度；即使是語言相同的國家，亦常發生文字翻譯表達上的差異。

二.相異的風俗習慣及律法

（一）**風俗習慣**：各國民族性不同，也同時存在多樣的風俗習慣，唯有尊重才能建立合作的基礎。通曉交易對手的風俗習慣，避免誤踩地雷，不容小覷；尤其宗教信仰常伴隨著牢不可破的風俗，誤觸禁忌，輕則話不投機，重則交易難續，不可不慎。

（二）**法律規範**：各國的商品交易法律規章、制度不一，除必須熟悉本國相關法律規定外，對於對手國及交易國的法律規章、制度及相關的國際規則也必須通曉，並隨時注意是否異動，使交易順利進行，避免糾紛。

三.貿易障礙

（一）**策略性貿易政策**：各國在進行貿易時，政府為要保護國內產業之生存，常採取一些限制措施，以避免國內產業受到衝擊進而危害國家安全；甚至是基於報復貿易對手，而對於很多產品進口採取「配額」及高關稅等方式，進行策略性貿易政策。

（二）**保護主義**：2008年金融海嘯，各國貿易保護主義氣焰復見熾烈，美國開始強調「購買美國貨」，各國競相構築貿易壁壘，紛紛展開調高進口關稅，支援本國產業措施的國家日益增多，而中國製品卻慘遭被圍堵禁買的命運。如此將會導致全球經濟更加惡化，實應適度排除，維護自由市場機制，否則對世界經濟復甦將是雪上加霜。

四.調查不易

（一）**市場調查**：從事國際貿易須對國際貿易商情調查分析，並隨時掌握彼此的信用狀況，才可穩操勝算、降低風險。然而對國際商情的蒐集、分析，既費時費力，且很難獲得完整性，所以國外市場調查確實較國內市場調查來得困難且複雜多了。

（二）**信用調查**：國際貿易距離遙遠，信用狀況不易取得，且調查曠日費時，所費甚鉅，所獲甚少，調查結果往往不敷使用、緩不濟急；不過並非所有往來客戶均須徵信調查，可視地區及交易條件，針對徵信不良地區或付款條件不佳的客戶進行即可。

國際貿易之困難

交易接洽不便
1. 距離遙遠
2. 時間差異

溝通障礙
1. 表達方式的迥異
2. 語言、文字

國際貿易的困難

相異的風俗習慣及律法
1. 風俗習慣
2. 法律規範

調查不易
1. 市場調查
2. 信用調查

貿易障礙
1. 策略性貿易政策
2. 貿易保護主義

知識補充站

時空對交易接洽的影響

國際貿易的困難除了左述溝通障礙、相異的風俗習慣及律法、各國對貿易政策的限制與保護所產生的障礙,以及調查不易等四種常見的困難外,其實還存在著一個不可掌控的危機——距離+時間。

要知道人與人之間的情誼都會因時空因素而產生問題了,何況是商場上的交易。

國際貿易另一個常會遇到的困難,即是距離的遙遠加上時差問題,交易接洽上確實較國內貿易不便;儘管現今世界已成一個地球村,溝通管道很多,網際網路及行動電話等工具盛行,但是交易過程中,還需要展覽、驗廠、驗貨等活動,都要親臨執行,繞著地球跑在所難免。

Unit 1-5
國際貿易之風險

國際貿易之風險，在於商場多變及交易金額龐大，不可掌握性高，稍有閃失，損失極為慘重，因此採購人員追求最低成本的同時，如何規避風險，實為必要。

一.外匯的計算複雜變化大

國際貿易使用外幣交易，其匯率變動快速，增加成本的不確定風險。從報價到接單常要一段期間，報價時的匯率估算，尤為重要。若高估臺幣價格虛增，買方無法接受；低估臺幣價格降低，萬一臺幣巨幅升值，則損失慘重；另外買方可能因外匯不足或管制，致貨款匯出時受限，而衍生風險。

二.各地商業習慣迥異

了解各國不同的宗教信仰、機構文化及時間意識等商業習慣是國際貿易合作及談判上成功關鍵，例如銷往中東，要特別注意產品上不得有女性圖片、星形符號、酒瓶圖片等；日本客戶重視品質，注重效率；歐美客戶步調慢，假期長；中南美洲客戶由於政局不穩，外匯不足，治安較差，產生狀況的機會較多，應多注意付款條件。

三.海關制度繁雜

海關在國際貿易中扮演很重要的角色，貨物通關需要貿易公司或委託報關行辦理申報通關手續。現今較為普遍的報關方式已由人工轉為自動化通關，業者可透過上網查詢的方式，了解貨物目前通關的情況；但是一些開發中的國家，海關制度不健全，仍採人工驗關制度，不但速度緩慢且弊端大，容易引起貿易糾紛。

四.貨物運輸不便

國內貨物運送多以陸運為主，國際貿易則以空、海運較多，長途運輸易發生風險。空運費用高，增加成本；而海運較被普遍使用，但運輸時間長。貨物的運送成本有時會影響交易意願，例如採購量不大的歐洲客戶，經常考量運費成本及航運期間而向鄰近國家採購，因遠從亞洲採購，運費成本高且海運航行時間長，不符經濟效益。

五.貨物的保險

國內貿易因在國內發生，對於貨物的保險理賠較為簡易，處理上也較為便利；國際貿易則較複雜，責任歸屬也較明顯，通常貨物會依交易條件由負責的一方做適當的投保，由保險公司處理理賠，且貨物的投保比率也有明確的規定。

六.政治風險

若一國發生政權不穩定、社會暴動等重大事項，會嚴重衝擊到當地投資行為、經濟發展及金融穩定；若因此引發貨物無法售出，更是求償無門，因此須謹慎評估。

國際貿易之風險

1. 外匯計算複雜變化大

2. 各地商業習慣迥異

3. 海關制度繁雜

4. 貨物運輸不便

5. 貨物的保險

6. 政治風險

知識
補充站

靈機一動的雙贏

餐具製造商在香港參展，遇到中東客戶詢價其高級餐具組，價格及品質都獲得中東客戶的青睞。擬下單時，卻發現彩盒上有酒瓶圖片，要求製造商要改包裝彩盒；但是更改彩盒設計，所費不貲，雙方都不願負擔此費用。後來製造商靈機一動，建議印買方的logo貼紙將酒瓶貼住，如此原本應所費不貲的問題解決了，實為雙贏之策，當下立即成交。

第 **2** 章

如何成立外貿部

●●●●●●●●●●●●●●●●●●●●●●●●●●●●●● 章節體系架構 ▼

Unit **2-1**
相關過程及步驟

　　國際交易遠比國內交易內容複雜、範圍更大，因此面臨詭譎多變、危機四伏的國際市場，更要充分準備，才能掌握全局。

　　孫子兵法：「未戰先算，多算取勝」，商場如戰場，開戰前籌劃周密，條件充分，勝算機率愈大。以下將介紹如何成立作戰部隊，透過人跟事的精心布局與謀略，並適時出擊，必能搶得商機。

一.主要外貿相關機構之認識

　　成立合法的外貿部，是從事國際貿易的基礎，唯有取得合法執照，方有從事進出口業務的資格。下列三個機構為掌管國際貿易業務的主要機構：

　　(一)經濟部國際貿易局（Board of Foreign Trade）：為掌管國際貿易業務的主管機關，簡稱「國貿局」，負責主管進出口、貨品分類、進出口廠商登記等業務及其他跟國際貿易相關的經貿業務。

　　(二)財政部關稅總局（Directorate General of Customs）：為關務之執行機關，隸屬財政部，掌管關稅稽徵、查緝走私、保稅退稅、貿易統計、建管助航設備及接受其他機關委託代徵稅費、執行管制。

　　(三)中央銀行（Central Bank of the Republic of China）：原隸屬於總統府，後改隸行政院管轄，經營目標為促進金融穩定、健全銀行業務、維護對內及對外幣值的穩定，主要功能有發行貨幣、穩定物價、維護金融穩定、保管黃金及管理外匯市場。

二.申請進出口廠商證照

　　(一)申辦手續：國際貿易依公司法規定是屬於特許行業，欲從事者除須依法先申請取得「公司執照」與「營利事業登記證」後，還要向國貿局申辦「進出口廠商登記」。廣義而言，專業貿易商及自營進出口的工廠，均通稱為貿易企業體。

　　(二)登記種類：可分新登記、重新登記、變更登記及撤銷登記。

　　(三)英文公司名之命名技巧：因為「進出口廠商登記」必須具備英文公司名稱，一般都以中文公司名稱直接音譯英文，如：DA TONG →大同。從事國貿生意面對國際客戶，最好是將發音類似中文公司名，但又能深具企業特色的英文名為首選，如：GIANT→巨大、GOOD WAY→固威，既好唸又符合企業產品及英文語法的名字。

　　(四)英文名稱預查：按上述命名技巧，選好三個公司英文名稱，照喜好順序排列，進行預查，檢閱是否已有同名之合法註冊公司，選好未與人重複之英文公司名稱，即能進行註冊登記。

　　(五)選擇優質代辦單位：登記作業通常委由會計師辦理。一般可自行選好公司英文名稱，再交由會計師辦理；如要委託會計師全權處理，包括公司英文名稱的命名，必須注意該會計師的英文程度，因為曾經發生過對英文很不熟悉的會計師將「XX 油封公司」直譯為「XX You Feng Co., Ltd.」，令人啼笑皆非的案例。

主要外貿相關機構之認識

經濟部 國際貿易局 Board of Foreign Trade	財政部 關稅總局 Directorate General of Customs	中央銀行 Central Bank of the Republic of China
進出口 貨品分類 進出口廠商登記	關稅稽徵 查緝走私 保稅退稅 貿易統計 建管助航設備	發行貨幣 穩定物價 維護金融穩定 保管黃金 管理外匯市場

踏進「國際貿易」的第一步

公司英文命名
- 直接音譯
- 具意義
- 符合產品屬性

英文名稱預查

選擇優質代辦單位

成為「貿易事業體」
- 公司執照
- 營利事業登記證
- 進出口廠商登記

【登記種類】可分為
- 新登記
- 變更登記
- 重新登記
- 撤銷登記

Unit 2-2
貿易人才之配置

　　企業可根據需求選擇國貿人才，而有志從事國貿者也可根據自己的條件選擇就業類別。企業要發光發亮，除找對人才還要放對位置，否則彼此都會是一場災難。

一.國貿人才之類別

　　(一)國貿助理：剛出校門的新鮮人或無相關經驗者，通常選擇以助理階級開始進入國貿行業，工作內容不外是開發國外客戶、與貿易商接洽的間接貿易，或是船務等工作，外語較弱及專業經驗不足者，可邊做邊學入門訣竅；不過工作多半繁瑣、重複、枯燥，可能會與當初預期大相逕庭，落差甚鉅，而放棄者大有人在。

　　(二)國貿專員：即有國貿經驗者，多半由國貿助理「媳婦熬成婆」或本身對自我專業能力深具信心也可嘗試。此類工作必須具備獨立作業能力，不但外文與專業經驗均要具備，同時也要有合宜的人格特質，才能應付繁瑣、多變的國際交易過程。

　　(三)高階國貿專家：就像諸多演藝人員「演而優則導」一樣，多數資深且優異的國貿人才往往升級為貿易商、顧問、講師。當然要晉升此一專家行列，除本身必須累積相當實務經驗外，面對瞬息萬變的國際趨勢及商情，充實相關新知及技能也非常重要，唯有如此，才能成為全方位的國貿專家。

二.最佳國貿人的特質

　　由於國貿工作須經常與各國人士進行交易接洽，所以眼光準、反應快非常重要。因此符合所謂優秀國貿人的人格特質愈多，則脫穎而出的機率就愈大：

　　(一)格局大器，具有遠見：國貿人面對的是國際市場，豈可目光如豆、心胸狹隘。永續經營的企業要觀前顧後，不能著眼近利，而忽視長遠效益。

　　(二)樂觀主動，態度積極：國際貿易日趨複雜，面對全球白熱化競爭，生意人人搶著做，儘管考驗不斷，只要堅定信心，定能百鍊成鋼，達成企業使命。

　　(三)全方位的專業技能：充分了解產品，廣泛而深入，如產品成本結構、加工技巧及技術、熟悉製程及產能；更要掌握競爭對手產品的優劣點及特性與適用範圍。

　　(四)良好的外語能力：工作跟國際接軌的國貿人，流利的外語能力是必備的，英文是最普遍的基本功，若具備第二或第三外語能力，更是如虎添翼。

　　(五)良好的EQ及AQ：牢記「客戶永遠是對的」，情緒化會強化雙方的敵對；唯有敏銳的觀察力加上穩定的EQ（情緒商數）及AQ（逆境商數），才能轉危為安。

　　(六)要有國際觀，並不斷學習：國際市場瞬息萬變，密切注意國際商情，才能掌握國際趨勢並與之接軌。而且為免自家產品被摒除在國際市場上，更應時時留意國際間日益增多的各種認證及品質規範。

　　(七)健康的身體：經常在時差不一的國際間往返，如果沒有健康的身體，實難勝任此艱難任務。唯有平時多補充營養，持續運動，加上人格修養，使自己身心健康充滿能量，才能耐操耐勞拚第一。

貿易人才之配置

有意從事國貿的人員如何選擇適合的職位

	能力與特性	國貿相關經驗	適合工作內容
國貿助理	語文能力較弱	社會新鮮人 無國貿經驗者	開發國外新客戶 與貿易商接洽 船務工作
國貿專員	語文能力佳 可獨立作業 應變能力佳	國貿經驗足夠 市場敏感度佳	直接至國外與客人接洽 參展探視市場動態 藉由與客戶交談了解需求
高階 國貿專家	獨立思考 隨時掌握國際 商情趨勢新知	國貿實務 經驗豐富	貿易商 顧問 講師

格局大器
具有遠見

樂觀主動
態度積極

不斷學習
具國際觀

全方位的
專業技能

最佳國貿人員特質

健康的身體

良好的
外語能力

良好的
AQ及**EQ**

Unit **2-3**
貿易之前置準備

這是一個講究品牌的年代,貿易商想要在競爭激烈的全球市場占有一席之地,勢必也要隨著潮流而轉型因應。

一.充足的資金

早期的貿易商,通常可以買空賣空,大做無本生意。現今局勢不變,貿易商跟代工廠一樣,前途未卜,隨時都會被取代。因此現在從事國際貿易,如果不是自有工廠的貿易商,則必須花錢「綁工廠」,投下一筆資金挹注特定工廠,掌握貨源。即便如此,不管是貿易商或外銷工廠往後的行銷及其他開銷都是為數不小的支出,在業績未穩定前,尚有一段好長的路要走,沒有雄厚的資金,很難支撐下去。

出口商都如此了,更別說進口商的資金,貨物尚未出售前,得先墊一大筆資金,幸運的話,貨物出清獲利了結,不幸則貨堆如山,血本無歸。

二.豐沛的人脈

俗話說:「人脈就是錢脈」,做生意拉關係,古今中外皆然。良好的人脈關係,是進出口業者不可或缺的社會學分。人脈豐沛,各方訊息自然源源不絕,好康的事絕不會錯過。況且人脈經營不拘現在客戶關係,包括同業及相關各行業都應廣結善緣。

人脈經營需要時間:我們可為頻率相同的朋友保留時間、有潛力有價值的朋友挪出時間,千萬別在不對的朋友上消耗時間。正所謂擒賊先擒王,只要找到關鍵的領袖人物,之後一卡車的人脈就會蜂擁而至。

建立人際關係很重要的技巧要學會「Small Talk」(閒聊)。在貿易座談會、商展或各種商業聚會均會有一些交流時間,即使是陌生雙方,透過技巧的閒聊,通常能順利拓展人脈,進而從中選擇對的人脈繼續經營。

三.優質的供應商或衛星工廠

對於貿易商而言,找對的優質供應商是不可或缺的競爭利基,彼此通常要花相當多的時間磨合及培養默契。對於外銷廠商而言,儘管有自己生產的優勢,但基於成本考量,目前很少會有外銷廠商將生產線完全設在自己廠區的一貫作業,通常會外包(Outsourcing)給衛星工廠,優點是讓產品成本降低,缺點則是品質控管不易,解決之道還是嚴選優質衛星工廠,長期配合,嚴格要求。

四.各項完善的設備

跟國際接軌的國貿生意,辦公室一定要具備如下基本架構:1.辦公室:包括董事長、總經理、經理等主管專屬辦公室及供各級人員工作之綜合辦公室;2.樣品室:展示所有樣品之場所,供買主參觀挑選,以及3.會議室:業務洽談之場所,附有簡報及視訊設備為佳。加上完善的現代化設備,才能掌握稍縱即逝的貿易機會。

貿易之前置準備

從事國際貿易事業 企業所必須做的準備

掌握貨源、推廣行銷

充足的資金

豐沛的人脈

人脈就是錢脈
利用「Small Talk」建立經營人脈
尋求意見領袖

**優質的供應商
或衛星工廠**

多方尋求外包廠商
培養默契長期配合
嚴格控管品質及進度

辦公室設備及環境
樣品室、會議室
洽商通訊設備、網路、傳真等

各項完善的設備

充分準備的企業

國際市場

Unit 2-4
其他準備程序

就上述所有前置作業準備到位後,公司就可著手開始推展業務計畫。交易前的準備階段,不但瑣碎、開銷也大;可是對於一家公司開拓新市場之初,與客戶建立關係或開發廣告活動,卻是必要的開支。

出口商為了將商品銷往國外之前,勢必先找到正確的目標及了解其經營環境如何,全盤了解標的市場的供求情況、競爭、價格趨勢等;再來就是要利用以下方法找到適當的進口商,以期能在銷售市場上占有一席之地。

一.善用網路資源

經由網路搜尋,可蒐集同業及其他相關的商情報導,協助廠商要推廣的產品先做初步的了解,包括:市場狀況如何、競爭激烈與否、產業的動向及遠景等。

二.申請產品認證

大部分買主對於產品會要求賣方提出品質認證或驗收質量標準(AQL),例如:ISO、DIN、CE、UL、JIS、FDA等。如果可以的話,先將產品或公司的認證做好;一旦客戶要求,可以立即提供。各種認證都有代辦的相關機構,可協助廠商辦理。

三.申請公司商標

在現今市場採購趨向,品牌化的趨勢明顯,公司如以註冊的商標加在商品上,實屬有力的附加價值,因為商標會在國外市場先為公司產品立下知名度。

四.嚴格的品質管理

設立嚴格的品管部門,確保出廠貨品都符合一定水準,在目前競爭激烈環境下,取得國外買主的信任並不容易。優異的品質,合理的價格,才能讓客戶長期下單,永續經營;尤其在鄰近國家強敵環伺之下,我國產品在價格已居於劣勢,目前只有以品質取勝。品質的控管,務必要落實。品管部門隨時要實際查驗,定期檢討、修正。

五.公司的研發能力

研發即是技術,即是創新求進步,使公司產品推陳出新,進而申請專利,杜絕仿效。擁有卓越的研發能力,才能領導市場、永續經營、具有市場競爭力;而求新求變,才能滿足客戶及消費者需求,進而使企業獲利。企業的研發小組,必須時時掌握市場先機,提供最快、最新資訊,並於研發之前,做好完整市調。對於市場走向及使用偏好,研發方式可以從下著手:1.針對主要市場的需要,找出最適合產品的研發方向;2.積極開發創新產品、獨家商品,進而申請專利權,避免競爭對手仿效;3.由客戶提供需求,研發適合該客戶市場需求的產品;4.研發現有商品之替代性產品,取代原有失去競爭力的商品,以及5.流行性商品,可根據世界流行趨勢,找尋研發方向。

申請
產品認證

善用
網路資源

邁進
國際市場

申請
公司商標

公司的
研發能力

嚴格的
品質管理

研發具競爭力的產品

針對**主要市場的需要**
找出最適合產品的研發方向

積極開發值得申請專利權的
創新產品、獨家商品

客戶提供需求，合力研發
適合該客戶(市場)需求的產品

研發**現有商品之替代性**產品，
取代失去競爭力的商品

可根據**世界流行趨勢**，
找尋可研發的流行性商品

Unit **2-5**
出口貿易程序

經過市場調查，確立行銷區域後，出口商可著手將產品推廣至國外，利用各種密集的行銷廣告及搜尋，找到適合交易的潛在買主後，就可寄目錄及其他相關資料給該潛在買主，讓買主對賣方公司及產品有初步的認識與了解，進而選定適合的產品。再來就是要展開一連串買賣交易的籌碼與談判了。

一.詢價和報價

進口商在選定感興趣的產品後，往往會來函詢價，賣方可根據買方需要的產品數量及其他條件進行報價。

現今買主都很精明，況且資訊發達，往往同時跟多家廠商詢價，因此產品報價的拿捏，乃一大學問。除載明交易條件外，尚須注意很重要的一點，即是時效問題。既然買主同時跟多家廠商詢價，誰能最快提出報價，通常是搶得先機的致勝關鍵。

二.下訂單與確認

買方決定下單時，首先向賣方寄出訂單或購貨確認書；實務上，再由賣方給買方預估發票作雙向確認訂單。賣方收到訂單的同時，須注意訂單內容是否跟之前雙方協議有無衝突；如果有異，最好先跟買方溝通清楚，再接受訂單，避免日後糾紛。

當審核訂單無誤後，進口商須在賣方提供的預估發票（Proforma Invoice, P.I.）簽名，完成確認手續，確認雙方均同意此交易。

三.信用狀與訂金

在初次交易中，付款條件是信用狀，必須接獲信用狀，才可備料生產；以電匯也必須接到一定比例的訂金，才可備料生產。避免臨時取消訂單，帶來無謂的損失。

四.洽定艙位與出口檢驗

為了確保能順利出貨，賣方須先向船公司洽訂艙位事宜。艙位預定後，由船公司發裝貨單（Shipping Order, S/O）給賣方，據此辦理出口報關及裝運。

在裝運前，如有依出口國法規規定須強制性出口檢驗的貨物，出口商須向檢驗機構索取「檢驗申請書」和「輸出檢驗合格證書」，填寫完成後向檢驗機構申請檢驗。

五.保險

貨物從出口地運送到進口地，長途運輸蘊藏危險；為了避險，必須投保。至於投保人，則視雙方交易條件而定。在CIF的情形下，由出口商負責投保；FOB、CFR則由進口商負責投保。

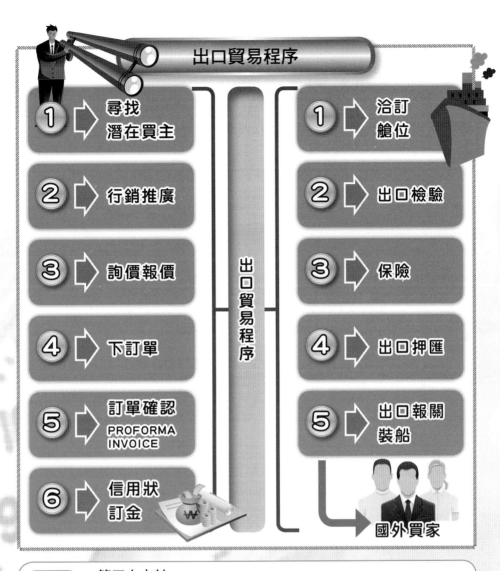

出口貿易程序

① ⇨ 尋找 潛在買主

② ⇨ 行銷推廣

③ ⇨ 詢價報價

④ ⇨ 下訂單

⑤ ⇨ 訂單確認 PROFORMA INVOICE

⑥ ⇨ 信用狀 訂金

出口貿易程序

① ⇨ 洽訂 艙位

② ⇨ 出口檢驗

③ ⇨ 保險

④ ⇨ 出口押匯

⑤ ⇨ 出口報關 裝船

國外買家

知識補充站

第三方支付

拜網路貿易興盛之賜,第三方支付是目前網路交易貨款支付最夯的方式,由具備信譽保障的獨立機構,採用與各大銀行簽約的方式,提供與銀行支付結算系統介面的交易支持平臺的網路支付模式。在此支付模式中,買方選購商品後,使用第三方平臺提供的賬戶進行貨款支付,並由第三方通知賣家貨款匯到賬戶、要求發貨;買方收到貨物,並檢驗商品進行確認後,就可以通知第三方付款給賣家,第三方再將款項轉至賣家賬戶上。

第三方支付目前是網路交易主要的付款機制和信用中介,最重要的是肩負起在網上商家和銀行之間建立起連接,實現第三方監管和技術保障的作用,目前較具知名市場接受度高的機構有全球性的Paypal 和在中國盛行的由阿里巴巴集團創辦的「支付寶」,這個劃時代新興的付款方式對傳統的付款方式(例如:信用狀)衝擊頗大,值得用心關注。

Unit 2-6
進口貿易程序

前文提到出口貿易有其一定程序，首要之務是找到潛在買主，然後才進行一連串的買賣交易過程；那麼進口貿易程序又是如何？本文以下說明之。

一.市場調查

調查物件包括進口國及出口國，進口國方面需要了解國內消費者需要的產品為何，鎖定合適產品後，再根據實際需求選定出口地。對於進口商而言，出口國市調相當重要，不是只調查擬購產品詳細資料，尚須再三詳查進口規定，事先預查進口產品是否為限制進口的產品、關稅、有無特殊進口規定等，為了周詳起見，更須了解該進口國的政經法律、貿易法規、風俗習慣及環境天氣等細節。

二.尋找供應商與詢報價

可經由國內外各類貿易專業雜誌刊登的廣告、國外進出口公會或商會、國外往來客戶或親友，也可經由國際性展覽、網路搜尋，來尋獲適合賣方並選定後，向他們索取目錄，經評估選定適合品項後，發出詢價信給多家賣方，請對方報價。收到各家供應商的報價單後，詳細斟酌其報價及交易條件，再經索取樣品，比較品質後，決定交易的賣方。

三.下訂單及信用狀

買賣雙方洽妥所有交易細節，包括單價及其他交易條件後，買方以書面向賣方發出訂單，賣方確認交易之成立。

由於目前進口的產品，大部分不需事先申請輸入許可證，因此屬免簽證進口貨物的進口商，可在交易契約成立後，立即著手信用狀的開發工作，進口商只需繳交約二成的信用狀金額的保證金，即可開狀；但是保證金會因各公司與銀行信用程度而有不同成數，有些國家甚至要求全額保證金，才能開信用狀。

四.保險

當貿易條件為FOB、CFR時，買方須自行投保保險。在申請信用狀時必須先購買保險，因某些開狀銀行為了確保貨物能安全抵達，減少意外損失，要求進口商先行投保，由於投保的進口商對於貨物的裝運詳細內容，例如：船名、航次、啟航日、抵達日等均未確定，須於正式出貨後方能確定，因此這類保單稱為預約保單（TBD）。

五.付款領單

出口押匯銀行押匯後，便將發票和單據寄到進口地指定銀行請求付款，進口商接獲開狀銀行的通知後，到銀行承兌該信用狀的金額，領取相關出貨單據，進口商憑B/L可向船公司換取D/O辦理報關提貨手續。

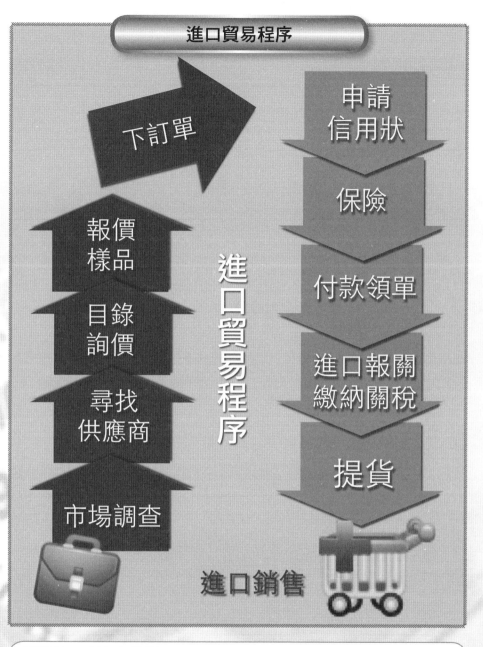

進口貿易程序

下訂單

報價
樣品

目錄
詢價

尋找
供應商

市場調查

申請
信用狀

保險

付款領單

進口報關
繳納關稅

提貨

進口貿易程序

進口銷售

025

要如何提貨呢？

知識
補充站

除左述進口程序一切敲定外，再來就是要準備提領貨物了，這可說是進口貿易最後一道，也是最為重要的程序了。問題是要如何才能提領貨物呢？即當貨物到達進口國後，進口商可以委託報關行持進口報單及相關文件向海關申報並繳納所需稅捐。在海關完成貨物查驗、完稅手續後，進口商即可向海關官員及管理人員核銷進口倉單，至倉庫提貨，如此一來，便輕輕鬆鬆完成進口手續了。

第 3 章

開拓海外市場

●●●●●●●●●●●●●●●●●●●●●●●●●● 章節體系架構 ▼

Unit 3-1
為何要做市場調查

好不容易進入全球市場之門，要如何將自己的產品及所能提供的服務讓全世界買家都知道呢？

在世界著名的童話故事《愛麗斯夢遊仙境》中曾有這麼一句發人深思的話：「如果你不知道自己要去哪裡，那條路通往哪裡又有什麼關係？」

因此，想要讓產品及服務順利並正確地提供到買家手上，不在茫茫全球網中迷失，事先的市場調查絕對必要，而且理由充分如下：

一.開拓海外市場之基石

要成功開拓海外市場，選擇正確的目標市場為其首要任務。目標市場的選擇須借助必要的市場調查，而市場調查報告也供企業作為開發新市場，選擇對的國家或區域的重要參考；對於既有市場也具提升服務品質、推出新產品的重要參考依據之意義。

二.行銷策略之依據

行銷方向如果正確，路再遙遠，總會有到達的一天。為避免走冤枉路，勢必要經過精準的市場調查，才能事半功倍。在競爭激烈的現代社會，有愈來愈多的企業了解到知己知彼才能百戰百勝的重要。因此在開發新產品或成立新公司時，都會透過合適的市調研究進行深入的調查與分析，協助找出可行策略的判斷依據。

三.增廣調查領域

市場調查是行銷決策的重要參考，為企業成長之關鍵，一般偏重在行銷管理範疇。而企業為更能了解競爭現況，還有產業調查，即針對產業或特定行業進行調查研究報告，常見的調查項目有觀察市場、分析產品、研擬廣告、調查消費者等。

小博士解說

什麼是消費市場調查？

消費市場調查（Marketing Research），又稱市場研究、市場調研，是市場行銷學、傳播學、廣告學或統計學當中一門重要的科目，簡稱為市調。著重在於資料的取得、分析與預測。常見的市場調查包含下列幾種：1.消費者調查：針對特定的消費者做觀察與研究，有目的的分析他們的購買行為、消費心理演變等；2.市場觀察：針對特定的產業區域做對照性的分析，從經濟、科技等有組織的角度來做研究；3.產品調查：針對某一性質的相同產品研究其發展歷史、設計、生產等相關因素，以及4.廣告研究：針對特定的廣告做其促銷效果的分析與整理。

資料來源：維基百科

為何要做市場調查

進入全球市場之門
如何將自己的產品及服務
曝光於世界買家？

成功開發市場

行銷定位

市場調查

曝光管道

知識補充站

會說話的鬧鐘

世界何其大，漫無邊際的廣大市場，常常找了半天，曠日費時所費不貲，但卻徒勞無功，令人洩氣不已。與其天女散花似地找市場開拓，不如積極想辦法創造可能的市場。精明日本人根據穆斯林教徒每天要禱告五次的宗教習性，特製了一款會說話的鬧鐘，鐘內裝有錄音帶及放音裝置，每當禱告時間一到，鬧鐘會以優美標準的阿拉伯語提醒主人禱告的時間到了。這款會說話的鬧鐘深受穆斯林教徒歡迎，應驗了古阿拉伯諺語：「莫在倦時退場，力量來自渴望」。

Unit 3-2
選定進入推廣之市場

圖解國貿實務

雖然西方諺語：「條條大路通羅馬」，然而究竟哪條大路是通往企業的羅馬之路呢？

企業經過市場調查之後，就能有所依據的區隔自家產品及服務的市場。只有正確的市場區格，才能真正反映出市場的真實狀況及多元化，企業可以針對不同的市場設計出不同的行銷組合，以滿足個別特定區隔的需求並找到發展新產品的利基。

對開拓國外市場的企業來說，我們可將現有全球性市場依其成熟度分為以下三種，企業可依其需要及未來願景，選擇合適的市場進入並推廣。

一.熱門市場

對於剛開始拓展國外市場的企業來說，針對熱門的主要市場開發潛在客戶，往往是有效且較少出錯的好策略。因為市場上早有此類產品的存在，通路不虞匱乏。美、日及歐盟一直是我國企業的主要行銷戰場，競爭者眾，市場已呈飽和之勢，但對於剛拓展海外市場的企業，反倒是比較安全的起步。

二.新興市場

如果已在熱門市場開發逼近飽和的企業，接下來可針對競爭不那麼激烈的新興市場進行拓銷，通常成長空間較大，惟須投入較多時間及費用深入了解市場需求，祭出有效的行銷策略。

目前讓企業感興趣的新興市場有東歐、中南美洲、中國及中東地區。

三.冷僻市場

也有企業不喜歡完全競爭的市場，偏好開發冷門的未開發市場。優點是一旦搶灘成功，即獨占市場；缺點是耗時耗費，不一定成功。針對一些特殊產業可採取此策略，像對國內企業而言，一直是陌生又冷門的非洲市場。

030

小博士解說

設定目標市場

臺灣企業的處境，大多數處於代工同業眾多、利潤微薄，因此多數企業除了跳脫代工，自行研發產品，積極打造未來的出路，即縮短供應鏈進行「直接外銷」。為了畢其功於一役，可經由市場調查選出最適合推廣的市場。開拓全球市場首重在選定最具潛力的外銷目標市場，篩選國外目標市場可藉由進行市場規模資料、進口障礙資料、政經及其他重大異常之資料、一般經營生態之環境／市場／供需之資料、赴國外實地市場研究的資料逐次地篩選活動，選出目標市場國家。

選定進入推廣之市場

市場調查

選定市場

市調範圍

發展性	熱門市場	新興市場	冷僻市場
開發風險	小	中等	大
競爭程度	大	中等	小
市場成長空間	已趨飽和	相當具有發展空間	極大，甚至獨占市場
代表國家	美國、日本	東歐、中南美洲中國、中東地區	非洲

需求面 **行銷市場** 調查

- 市場觀察
- 產品分析
- 消費者行為
- 策略研擬相關資訊

供給面 **產業調查**

031

明日主流的新興市場

世界銀行於1981年首度定義，以當時平均每人國民所得少於9,266美元的國家為主，以往新興市場的發展多以出口導向經濟為主，出口地也都以已開發國家例如歐美為主；然全球景氣衰退，已開發國家受傷慘重，消費支出大幅縮減，如今新興市場將成長重心由出口導向轉移至內需消費導向。此一重大轉變，以出口導向的臺灣，連忙改弦易轍，紛紛投入新興市場的開發。

新興市場主要分布在東南亞、中亞、東歐、拉丁美洲等開發中國家，事實上過去的數十年，全球貿易成長量絕大多數都來自於開發中國家，這些國家囊括全世界一半以上的進口額，且正持續增加中。目前有所謂的「新興市場」，大都具有下列特色：1.國家幅員廣大遼闊；2.人口數量多，成長快速；3.一般用途廣泛的產品具有極大的市場；4.具絕佳的成長潛力；5.規劃經濟改革的重要計畫；6.其成長會帶動鄰近市場之擴張，以及7.區域經濟的領導者。

Unit **3-3**
市場調查方式

市場調查要如何進行，才能滿足企業需求，而做出正確的經營決策？首先建議以準確度高並且成本低的自行調查方式著手；如有需要，再找專業人員或機構進行調查。

一.書面資料調查

利用既有的資料，例如國家發行之官方年鑑、進出口結匯統計、徵信機構之報告、駐外單位之報告等，其中外貿協會（TAITRA）在國內北中南設有四個辦事處，國外更有五十多個據點，館藏資料豐富，可多加利用。

二.網路搜尋調查

網路觸角所及之處無遠弗屆，以關鍵字調查，可查出使用率高之國家、產品之終端售價、市場普及率狀況；也可經由付費網站獲取更精確詳細之市場調查報告，以小博大，經濟實惠。

032

三.人員實地訪察

針對特定國家、指標市場或特定展覽派人員實地查訪，是最有效的方法。所謂眼見為憑，尤其是國貿專家，經常有敏銳的直覺，加上良好的技巧，可準確判斷市場是否具有潛力、特性以及如何開發。一次調查，所有資料完全到位，惟花費甚大，對於剛拓銷的小型企業而言，較難負荷。

四.專業市場調查機構

市場調查係經一有系統的方式，蒐集、記錄、分析與產品或服務有關的資料。欲開拓海外市場進行國際市場營銷的革命，除了專業方法還要跨越語言和時空界限，因此委由專業市場調查機構直接獲得國外消費市場的第一手資料，最為快速有效。

小博士解說

很好用的情報資訊

無論市場開拓或進行市場調查都需要正確的資訊，利用來源正確無虞的進出口貿易統計資料分析產品與市場選擇，取得管道可經由：1.國內統計：財政部海關總署（原始來源）、國貿局及外貿協會臺灣經貿網，及2.國外統計：各國海關（網路）、外貿協會資料館及貿協全球資訊網。

★貿協全球資訊網 http://www.taitraesource.com/

資訊包羅萬象，可讓廠商了解各國市場的基本概況，例如：國家基本資料表、主要產業概況、市場環境分析、拓展建議等。

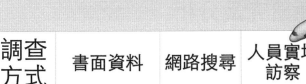

市場調查方式

調查方式	書面資料	網路搜尋	人員實地訪察	專業市場調查機構
資料來源	●國家發行官方年鑑 ●進出口結匯統計 ●徵信機構報告 ●駐外單位報告 例如：外貿協會 TAITRA	●關鍵字調查 ●客戶網頁查詢 ●付費網站市場 　調查	●參加國外展覽 ●實地針對目標 　訪察	●以語言及國貿 專業能力獲取 第一手資料
取得成本	低	中	高	？

上列三種方式可以相互搭配
唯獨若運用「人員實地訪察」方式成本相當高，且尋得有能力並有相當經驗可在短期探訪時間內可準確判斷市場的國貿專家人才，最為首要！

知識補充站

市場調查四大方法

1.觀察法：由調查人員根據調查研究的對象，利用感官（眼睛、耳朵等）以直接觀察的方式對其進行考察並蒐集資料。例如：市場調查人員到被訪問者的銷售場所去觀察商品的品牌及包裝情況，此是社會調查和市場調查研究的最基本方法。2.實驗法：由調查人員根據調查要求，用實驗方式，對調查對象控制在特定的環境條件下，像是產品價格、品質、包裝等，對其進行觀察以獲得相應的訊息。這種方法主要用於市場銷售實驗和消費者使用實驗。3.訪問法：可以分為結構式訪問、無結構式訪問和集體訪問。結構式訪問是實現設計好的、有一定結構的訪問問卷的訪問；無結構式訪問則沒有統一問卷，由調查人員與被訪問者自由交談的訪問；集體訪問是通過集體座談的方式聽取被訪問者的想法，蒐集信息資料。4.問卷法：是透過設計調查問卷，讓被調查者填寫調查表的方式獲得所調查對象的訊息，在一般進行的實地調查中，以問答卷採用最廣。

Unit **3-4**
市場研究及分析

　　由於市場詭譎多變，開發市場前必須針對選定的市場及自己產品的特性進行分析及準備，界定企業及產品的市場定位，以期收事半功倍之效。

　　經由市場調查區隔市場，選擇開發目標及市場定位，詳察市場需求，選擇我們想要銷售的目標消費者，才能將產品利用行銷策略獲得目標消費者的青睞。

一.市場區隔研究

　　推廣的產品進入市場前，宜多做功課、蒐集資料、明白各區隔市場產品之銷售狀況。在尋找推廣市場及買主時，根據產品之特性，尋求合適市場區隔，以利朝有效的方向推廣。下列是幾個經常被考量的因素：

　　(一)產品特殊性：地理位置影響國際交易甚鉅，近年來原油高漲，運輸成本增加，更限制了全球化的進一步發展。須針對特性採取有效對策，例如價值低的產品如家具或機械，因體積大、重量高，宜銷往鄰近國家，避免因高額運費而失去競爭力。或者進口國對於某些產品自然環境、法律社會環境、文化環境特性限制，像進口配額限制或者其他關稅壁壘之類的限制，都是必須加以考量。

　　(二)消費能力：隨著全球市場M型化消費趨勢的明顯，將消費能力區隔市場勢必刻不容緩。高價高檔的品牌產品宜鎖定高購買力的先進國家；而低價的必需品可前進消費能力有限，但人口多的國家。

　　(三)產品市場特性：產品屬市場成熟度高的產品，其差異性小，買主對供應商忠誠度低，在競爭者眾、替代性高的情況下，價格敏感度極高。產品價格稍有調漲，消費者馬上轉向選擇其他廠商，諸多傳統產業易有此窘境，宜另闢戰場開發新興市場，避免淪落價格戰，方有勝算。

二.國際市場趨勢

　　大訂單以量制價，近年來紛紛轉單至成本較低的中國及東南亞，下給臺灣往往是量少、種類多的訂單。以往這種訂單被國貿人戲稱為「中藥單」，相當苦惱，但相對而言，下「中藥單」的採購者也了解量少，價格勢必也會提高。故以相同產品的前提下，如果可以快速調整因應客戶需求而出貨的廠商，也就可以得到較高的利潤。

三.臺灣的優勢

　　在面臨中國低價策略及東南亞激烈競爭的夾殺下，臺灣廠商為了符合國際市場趨勢，祭出求生存的致勝法寶：以生產量少、樣多、彈性生產、應變快速為訴求，結合客製化的能力，完全符合先進國家買主質精、量少、講求服務的採購訴求，逐漸開創出一條藍海之路，擺脫過去的浴血價格戰，而獨樹一格，像成衣業、雨傘業及工具機業等行業，都因此而再度活躍於國際市場上。

市場研究及分析

尋找合適的市場區隔

產品特殊性

運輸成本

因地形、距離運送所產生的運費。運費又跟產品的重量及體積成正相關。
☆衡量點：
產品是否有相當的獨特性，加上運費之後的價格，進口國的市場是否可以接受？

進口特殊限制

有些國家會對特殊的產品設下進口限制，如關稅壁壘、或者是進口配額等等。
☆衡量點：
產品銷往進口國之後，其價格是否被接受。而銷售受限制的數量，其獲利是否有達到預期的目標

消費能力

有購買能力

須視產品而定，例如：
高價位品牌奢侈品–先進國家
低價位民生必需品–人口眾多，但所得有限的國家。

有意願購買

進口國之國民所得，及鎖定的目標消費者屬於何種層級的消費者？
此產品的屬性對於目標消費者是否有吸引力。

> 簡單而言，即是消費者會不會因為價格的變動而提高或減少購買意願程度。

產品市場特性

市場競爭及飽和狀況 ── 替代產品多寡與價格

產品是否為必需品

國際市場趨勢 ── 臺灣的優勢

買主尋找供應商的主流

可供應

量少、可生產多類產品
價格好

量多、可生產少數產品
價格差

開發創新能力

可接少量訂單

企業彈性佳

應變能力快

Unit 3-5
進行市場開發

　　從事國際貿易的企業要如何進行市場開發，才能達到永續經營的目標並屹立於市場而不搖？我們將從企業早期為求生存，以生產導向到穩定成長的過程一一介紹。

一.生產導向模式

　　中小企業在初期開拓國外市場時，該採何種產品策略才是恰當？若非相當特殊獨有技術或產品的產業，外銷初期通常以生產為導向，意即生產現有產品給國外客戶，僅生產標準化產品或當國外客戶的代工廠。早期臺灣也是憑藉著不懈的努力而創造了經濟奇蹟，不過隨著中國及東南亞的崛起，競爭激烈，利潤相對微薄。而以生產為導向的企業，降低成本常為首要目標，所以紛紛轉到對岸投資設廠，以提高競爭力。

二.行銷導向模式

　　隨著勞力密集的產業外移國外設廠，在臺灣以生產為導向的模式日漸式微，根留臺灣的企業逐漸轉型為行銷導向，視客戶需求生產其能滿足的客製化產品，以有限的資源，研發新產品，以產品差異化作為訴求，追求較高的利潤。

三.穩定安全的模式

　　企業通常在轉型初期，可將產品定位在生產導向及行銷導向並行，日後根據實際市場狀況，逐漸調整兩者比例。如果市場態勢明顯，亦可為公司在生產導向或行銷導向二者擇一定位或相輔相成，以利全盤準備，全力衝刺。

四.行銷方式及預算規劃

　　推廣產品進軍國際市場，方法日新月異。早期提著公事包全球跑透透土法煉鋼的方式已無法跟上國際貿易快速的腳步，因此現今藉由雜誌廣告、網路廣告、參展等行銷方式達到交易的目的已是相當普遍；不過仍必須視企業規模、政策走向及所能分配的資源，才可進行行銷方式及預算之擬定。行銷活動可以根據預算採漸進方式展開，但是務必要持續及長遠規劃，才可達到預期目標。

五.擬定良好的售後服務

　　在眾多類似產品，務必明確區隔產品的差異，好讓客戶一眼看出自家產品與其他競爭產品的差異。產品是硬體，服務則是軟體，最佳利器就是讓客戶認為你是他無可取代的合作夥伴，而非只是可有可無的供應商，所以服務的差異化就變成重要關鍵。

　　拜產業全球化之賜，國際交易日益頻繁，競爭逐漸激烈，買主選擇性多，不但挑剔品質及價格，先進國家買主更將售後服務視為決定採購之重要因素，因此也是臺灣廠商的新契機，可與中國競爭的一大利基。現今製造業也紛紛以服務不斷建構與其他競爭者產品的差異化，建立優質的售後服務機制，以維繫良好的客戶關係。

進行市場開發

常受限於原有生產的設備及規模,因此進入市場後觀察何種才是公司最佳獲利模式,並如何做最佳調整與搭配,將會是相當重要的思考問題。

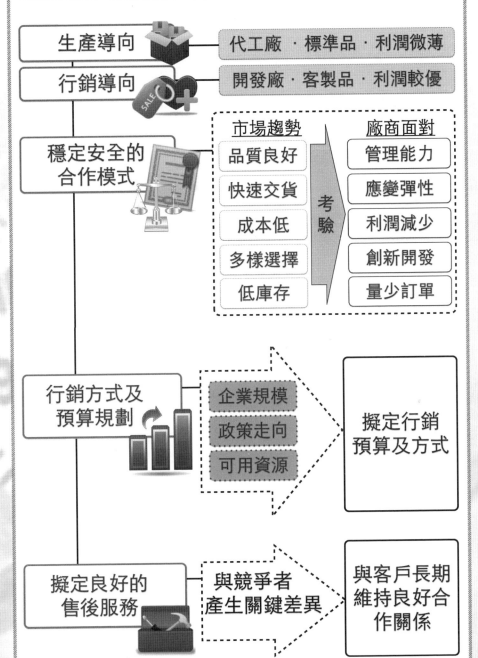

生產導向 ── 代工廠 · 標準品 · 利潤微薄

行銷導向 ── 開發廠 · 客製品 · 利潤較優

穩定安全的合作模式

市場趨勢	考驗	廠商面對
品質良好		管理能力
快速交貨		應變彈性
成本低		利潤減少
多樣選擇		創新開發
低庫存		量少訂單

行銷方式及預算規劃

企業規模
政策走向
可用資源
→ 擬定行銷預算及方式

擬定良好的售後服務 ── 與競爭者產生關鍵差異 → 與客戶長期維持良好合作關係

Unit 3-6
網站架設

在廣大的國際市場上，要找適合的潛在買主，光靠努力是不夠的，更要靠技巧及方法輔助；不過機運也很重要，不禁令人唱嘆「眾裡尋他千百度，那人卻在燈火闌珊處」，這又證明成功的人一定是努力而來，但努力的人不一定成功。潛在買主難尋，幸好文明進步、科技發達，輔助工具多、技巧佳，商場如戰場，作戰前一定要精密策劃，萬全準備，才可從容作戰。

企業的網站就像人的外觀一樣，搶眼的外觀能夠留住瀏覽者的第一眼，才有機會掌握他的下一步。國際交易買賣雙方通常見面機會很小，甚至不曾見面，陌生的雙方通常藉由瀏覽對方的網站，篩選出適合自己的潛在客戶。因此網站在行銷戰略上扮演舉足輕重的角色，若給客戶的第一印象不佳，則後續就很難說服。

一.網域名稱之登錄

當企業想要架設自己的網站或擁有獨立網址信箱時，就需要先申請一個網域名稱（Dmain Name），也就是網路世界的地址，也可簡稱「網址」，其申請的流程依序如下：

1.選擇受理之註冊機構，如：臺灣網域註冊管理中心（http://www.taiwandns.com/）及財團法人臺灣網路資訊中心（http://www.twnic.net.tw/）。

2.輸入擬申請網域名稱及其他相關資料。

3.確認申請。

4.繳交網域名稱註冊費及管理費。

5.完成申請註冊程序。

二.優質網頁製作要點

（一）簡潔有力：文字敘述要提綱挈領、簡短為原則，以圖檔或flash檔讓瀏覽者容易瀏覽為上策，另外必須具備主要交易國的外文版本，例如：英文、日文、德文、法文、西班牙文等。

（二）搜尋容易：擅用技巧讓企業的網站很容易被潛在客戶搜尋到，像是增加有力的關鍵字、公司英文名字的排序等，尤其是公司名字具有決定性的影響力，較容易在入口網站被潛在客戶搜尋到；當然，買廣告，一定可排在最上面。

（三）強化功能：加入更多科技、可互動之功能，像是給客戶要求報價、規格資料上傳或下載、線上設計等功能，讓潛在客戶在網站很容易找到所需的資訊。

（四）重要資訊宣告：公司得獎紀錄、參展訊息、新產品發表等重要資訊，都可在網站上公布，更可以跑馬燈方式引人注目。

（五）有利佐證曝光：像公司若有知名精密的機器或設備、現有的知名客戶、得獎紀錄及認證等優良佐證，藉以凸顯公司的利基。

網站架設

網站架設 1

- 選擇受理之註冊機構
- 輸入欲申請之網域名稱
- 確認申請
- 繳交網域名稱 註冊費及管理費
- 完成申請註冊程序

小叮嚀：
以「拉」的方式設計思考，也就是以目標客戶角度來思考，設想若你是潛在客戶，你將會以何種管道、關鍵字網路搜尋、什麼樣訊息會吸引你注意！
如此一來，會使你的網頁能更有效地吸引住你想要找的目標客戶喲！

039

網頁製作要點 2

- 簡潔有力
- 搜尋容易
- 強化互動功能
- 重要資訊宣告
- 有利佐證曝光

應避免的事項 3

- 網頁老舊，久未更新
- 制式設計，樣式陳舊
- 避免機密外洩
- 網頁過於複雜 不易瀏覽

知識補充站

應避免的網站

既然架了網站，就不能讓它有下列情形發生：1.網頁久未更新，不如沒有網頁，老舊的網頁會令人對企業的經營狀況產生質疑，更重要的是常更新網站，可增加搜尋的機會；2.多數中小企業，通常委由網路或刊登廣告之時，順便製作網頁架設網站，此時呈現的網頁往往像穿制服般的沉悶，毫無特色，容易讓客戶在初次印象中大打折扣；3.將公司產品的詳細規格在網站上公開，確實會讓客戶容易了解我方產品，但別讓產品關鍵性技術曝光；如果擔心新產品在網站刊登會遭有心人士模仿，則可以文字簡述，不顯示圖片，以及4.產品圖檔不宜過大，以免客戶下載時間過長而失去耐心。

圖解國貿實務

040

市場之開發，首要是如何找到潛在客戶，此乃進行國際交易的重大議題。由於考慮面向廣泛，藉由不同面向交叉搜尋潛在客源，方可畢其功於一役。

一.根據市場分析

(一)由主要市場著手：1.主要市場特性：此屬兵家必爭之地，不必花時間做市調就可清楚知道市場在哪裡，買主通常需要客製化產品，需求量大，也因此就會有市場完全競爭、價格低、買主姿態高、要求繁瑣及未來性風險高的問題，及2.尋獲管道方式：確定主要市場的管道，可由業界龍頭走向、展會狀況及國際經濟消息一窺全貌，以歐、美、日等已開發的先進國家為最常見的市場。

(二)由次要市場著手：1.次要市場特性：次要市場對於我們要推廣的產品，可能還未完全普及，甚至陌生，屬於不完全競爭或完全不競爭的狀態。這對供應商有利，市場潛力佳，通常需要標準（規格）化產品；缺點像是開發的前置作業時間長、費用高、客戶喜好難捉摸、數量少、樣式多等問題，及2.尋獲管道方式：次要市場範圍廣，必須經過市場調查才能有效掌握。資料的獲得可由外貿協會（TAITRA）市場調查處查詢，甚至也可透過私人機構鄧白氏預先參觀展覽，留意國際經濟情勢及消息。目前眾所矚目的次要市場有金磚四國、中東、東歐、非洲等，均是頗具潛力的國家。

二.根據行銷通路分析

(一)終端產品製造者：一般而言，終端產品（Final Product）外銷推廣通路明確易找，像自行車成車、家具、文具禮品、機械及食品等，可找進口商、經銷商或連鎖店等，甚至連網路商店都是可行的通路。

(二)零組件或配件製造者：零組件（Parts, Components）或配件（Accessory）等半成品，須多費心尋找使用這類零組件的成品製造廠或維修市場（After Market），例如：生產光學鏡片公司，則找需用這類產品的投影機、掃描器、數位相機、手機製造商；而車架、花鼓、煞車器、輪胎等自行車零件，除可銷售給成車廠外，還可賣至維修市場。

三.根據產品分析

(一)產品類別的橫向發展：即跨產業開發適用不同行業的產品，增加產品廣度，產品最好能跨及前瞻性佳的熱門明星產業，像環保、醫療、生化科技等，其潛在客戶分布在不同產業，在各產業消長之際，還有避險趨吉的妙用，例如玻璃原版加工廠，可生產家具用玻璃、藝品用玻璃、環保節能用玻璃及建築用玻璃等橫跨數個產業。

(二)產品類別的縱向發展：即增加產品的附加價值。研發更多技術層面高之功能性產品，增加其產品的深度，例如布類製造商，可開發附加各種功能的布料，加上竹碳、遠紅外線、抗菌、抗UV以及耐髒等功能，客源必定更多更廣。

市場開發之技巧

從何找到潛在客戶

由多面向交叉方式搜尋

產品類別
1. 橫向發展（將產品做跨產業延伸）
2. 縱向發展（增加產品的附加價值）
3. 複合材料的創新應用

市場開發
1. 由主要、次要市場特性分析
2. 尋獲管道方式

潛在客戶

行銷通路
1. 終端產品製造者
2. 零組件及配件製造者

知識補充站

網路貿易

係指在網路平臺上直接進行線上貿易（Trade on line）。網路快速成長，不但加速人的聯絡，更為交易模式帶來劃時代革命，利用最新電子科技通過國際網路及電子數據交換EDI（Electronic Data Interchange）讓買賣雙方從洽談、簽約、交貨、付款、海關及運輸等過程連接起來，自動化進行貿易往來。

國際貿易無遠弗屆，為了符合趨勢，交易不但全球化且虛擬化，其交易型態可分為四類型：

第一型：企業對企業（B2B）企業間以網路進行交易，網路貿易以此類型最普遍，例如易成網（iDealEZ）、阿里巴巴等。

第二型：企業對消費者（B2C）企業以網路販售產品給消費者，例如著名書商亞馬遜（Amazon.com）。

第三型：消費者對企業（C2B）企業建立網路平臺，消費者可集合有意買家集體向企業議價，例如淘寶網。

第四型：消費者對消費者（C2C）企業建構網站，擔任中間商促成消費者之間的買賣，例如eBay，Yahoo拍賣網站均屬此類。

Unit **3-8**
潛在客戶開發技巧

　　企業要留住主客戶靠優質的產品品質與服務，然而要業績更上一層樓，不斷開發潛在客戶是必然的，但是如何才能慧眼獨具地看出他是潛在客戶並進而開發成功呢？

一.必須具備的因素

　　(一)專業人才：現代企業的競爭不再是顧客滿意度的競爭，而是顧客忠誠度的競爭，而提高顧客忠誠度的利器就是專業人才，不但了解產品更懂得客戶的心。一般而言，至少要能獨立作業的國貿專員，方可勝任。企業如擁有此類人才將客戶拴住，業績必定源遠流長而不間斷。

　　(二)現有產品：開發客戶最重要也是必備的要項，非產品莫屬。要有現有「引君入甕」的產品，意即種類多、範圍廣的現有產品系列。這樣一來，我方的研發及客製化能力將展露無疑，容易受到潛在客戶的青睞，促進未來的合作機會。

　　(三)市場差異：必須根據各個不同市場常採取不同的行銷策略及產品差異，發掘可能的發展機會。即使主要市場開發已呈飽和狀態，仍須維繫好既有的市場；否則主要市場業績萎縮，而次要市場的開發未成氣候時，公司會面臨營運危機。儘管次要市場的開發比主要市場的難度高，仍得採取積極的方式拓銷，就是本著「舊市場不能放，新市場持續闖」的信念就對了。

　　(四)知名買主：積極爭取業界知名的大客戶，尤其國際知名客戶，不但能成為宣傳口碑，對於企業的知名度提升也有莫大的幫助。惟要注意，這種大客戶的訂單不要占公司營業額比例太高，以免對方轉單，而危及公司正常營運。切記，分散風險才是企業永續經營的法門。在此之前，公司的格局及狀況也應先備妥，例如：工廠設備、產能、品質及該有的認證等。也有許多廠商在經過與大廠合作期間的淬鍊，而全新改造，收穫頗豐。

　　(五)攬客技巧：知道目標潛在客戶在何處之後，再來就是如何跟對方搭上線。除了透過各式各樣的廣告外，特殊大買主需透過中間商牽線才能取得，其他潛在客戶則需要業務人員以積極、熱誠引起買主的青睞，死纏爛打未必有效，但具技巧性的恆心與毅力地與買主建立良好的互動，將會開啟商業合作之門。

二.各種開發方式介紹

　　(一)積極方式：這是花費高但有效的方式，例如參展、廣告、仲介及出國拜訪等。開發預算可將多種方式合併使用，預算有限則可交叉使用。開發客源一定要持續進行，尤其當今國外客戶忠誠度不高，些微價差或小細節就可能轉單，因此持續開發新客戶，才能維持業務之運轉與成長。

　　(二)消極方式：利用下列管道蒐集國外買主資料、寫開發信、找潛在客戶：1.專業廣告媒體的買主資料庫查詢；2.國外工商會進口商名錄；3.網路搜尋客戶資料；4.外貿協會（TAITRA）進口商資料庫，以及5.各國電話簿。

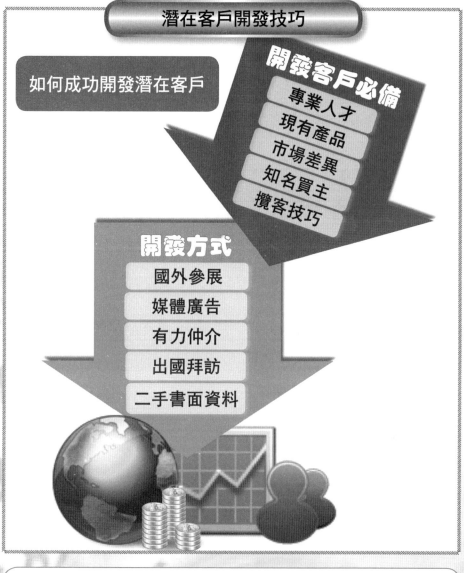

知識補充站

積極開發市場的方式

1.參展：可根據行業或產品的屬性、欲開發的客源，分別選擇專業展、巡迴（消費）展、貿訪團等各式展覽。

2.廣告：可利用刊登雜誌廣告或網路廣告招徠潛在買主。應多方打聽何種廣告媒體效果較好，切勿貪便宜，因為無效果的廣告再便宜都無法獲利。

3.仲介：可經由各相關產業公會（商會）介紹、客戶介紹或中間商介紹，尤其一些大型買主，通常由中間商居間牽線，成交機率較大。

4.出國拜訪：約客戶至飯店洽商、到相關各大展場上，主動出擊，自我推薦開發新客戶、參加國外產業相關研討會等。

第 **4** 章
國際貿易條件公約與規則

● ● ● ● ● ● ● ● ● ● ● ● ● ● ● ● 章節體系架構 ▼

Unit **4-1**
公約與規則之說明

　　由於國際貿易會牽涉到不同國家的各項法律，也因為各地政治、經濟、種族、文化等風俗民情先天上的差異，遂在貿易上各自發展出不同的貿易慣例，所以當國與國進行貿易時，對於各項貿易條件的認定與解釋常有所出入，以致形成各種糾紛、衝突，使得貿易往來形成許多不便與困擾。後來國際間逐漸產生共識，必須制定一套標準規範，讓各國從事國際貿易的人共同遵循。

　　關於貿易條件的解釋規則目前主要有兩套可適用，為避免對貿易條件解釋發生糾紛，買賣雙方在簽訂契約時，確實記載該契約係適用何種規則，尤其重要。

一.國貿條規

　　(一)制定原由及重要性：International Rules for the Interpretation of Trade Terms是由國際商會（International Chamber of Commerce，簡稱ICC，以下同）制定，簡稱Incoterms，制定目的是為避免國際間進行貿易時，因認知差異而發生衝突糾紛。當今國際貿易大多採用本規則作為解釋貿易條件的依據，同時因應國際局勢變遷，歷經多次修訂，除更具體指出適用契約及使用範圍外，並清楚規範買賣雙方之權責。國際商會並提醒業者應將此「國貿條規」納入國際貿易之契約中，在契約中加註載明，可明確劃分買賣雙方責任歸屬、費用負擔及風險承擔之所在，以便在糾紛產生時有共同規則可以遵行，降低法律的複雜化風險。

　　(二)制定沿革：國貿條規由國際商會（International Chamber of Commerce, ICC）於1936年出版國際商業條規的專刊，提出關於定型貿易條件的國際性原則，為了因應國際情勢之變遷，國際商會主張10年修改一次，並保持與國貿實務及運輸變化並進，先後於1953年、1967年、1976年、1980年、1990年、2000年、2010年、2020年逐次補充修訂。

　　(三)近年來各版本的演進：2000年版以風險及費用程序分界點做為分類標準分為E、F、C、D四大類，而2010年版修改幅度頗大，以適用性分為兩大類，再以風險及費用程序分界點細分為：通用類-適用於任何或多種運送方式的規則，及船運類-適用於海運及內陸水路運送的規則，而最新修訂2020年版修改幅度不大，修正2010年版在實務使用上的矛盾，或未明訂清楚之處，明訂更具體、詳細之規範。

二.修訂美國對外貿易定義

　　1919年經於紐約舉行的泛美會議制定，原名為美國對外貿易定義（American Foreign Trade Definitions in 1919）。於1941及1990年，再由代表美國商會、美國進口商全國委員會及全國對外貿易委員會等三機構組成的聯合委員會加以整編修訂，成為「修訂美國對外貿易定義」（Revised American Foreign Trade Definitions），而這項解釋規則的主要目的是針對報價所用術語作統一解釋，但使用者僅限於美國少數業者，因FOB條件有六種加上原來五種，共有十一種。

發展貿易公約及規則

文化

經濟

法律

買賣的貨物有多少呀？
用啥貨櫃？幾呎櫃呀？
哪種運輸方式？運費誰付呀？
送到哪個港口或機場？
風險高嗎？要加保哪種險呀？
打算何時收款呀？

15噸的臺灣鮮鯛魚
以20呎冷凍貨櫃裝載
海運方式，運費已付
貨送日本東京港
加保海運險 ICCA
出貨前 T／T 付清哦！

種族

政治

貿易條件解釋規則的種類

目前最為通用規範

International Rules for the Interpretation of Trade Terms INCOTERMS
由國際商會ICC制定

1

制定原由及重要性

制定沿革

舊版及新版的差異

「修訂美國對外貿易定義」
（Revised American Foreign Trade Definitions）
美國商會、美國進口商全國委員會及全國對外貿易委員會等三機構組成的聯合委員會制定

2

華沙牛津規則
（Warsaw-Oxford Rules, 1932）
為國際法學會制定

3

Unit **4-2**
國貿條規2010版之實施

　　由國際商會（簡稱ICC，以下同）制定之新國貿條規「Incoterms 2010」的應用兼具「國際性」和「全面性」，不只貿易業、銀行業、運輸業，甚至保險業，都在其應用範圍之內，於2011年1月1日開始適用。

一.制定目的與適用效力

　　國際商會制定的國貿條規僅為規則，提供買賣雙方共同參考之標準並無強制力，本於契約自由原則，買賣雙方可自行於買賣契約中述明權利義務及費用分攤；如有爭議須請ICC仲裁時，僅會依據新版做解釋，如使用已取消的條規，則ICC無法仲裁。

二.注意事項

　　(一)註明條規及版本：使用貿易條件應加註適用之國貿條規與版本，例如：FOB XXX Incoterms ® 2010。依運送方式選擇適當之貿易條件，例如：貨物以貨櫃運送時，不應使用FAS、FOB、CFR或CIF條件，而應使用FCA、CPT或CIP條件，條件中應加註議定之交貨地或明確指定目的地，以免對風險之移轉與費用之分攤有爭議。

　　(二)買保險避風險：國貿條規中除了CIF 及CIP兩款條件有規定賣方必須承保主要運輸險外，其餘均未定義保險承保方。買賣雙方應根據自己所須承擔的風險加買保險，買保險是避免風險的最佳法則。

　　(三)適用交易範圍：國貿條規亦適用於國內交易使用。新版國貿條規之副標題——「ICC rules for the use of domestic and international trade terms」確認Incoterms 得使用於國際貿易與國內交易。

三.修訂重點

　　(一)DAT與 DAP條件：由DAT與 DAP條件取代Incoterms 2000之DAF、DES、DEQ及DDU四個條件。DAT相對應條款為DEQ；DAP相對應條款為DAF、DES及DDU。

　　(二)FCA、CPT及CIP條件：

　　1.運送人之定義：即新版國貿條規所稱之運送人（Carrier），為與其訂立運送契約之人。

　　2.增訂裝運前檢驗費用：例如FCA條件賣方在「檢查、包裝、標示」應承擔之義務，增訂「賣方必須支付……以及任何由輸出國當局所強制實施的裝運前檢驗費用」。

　　3.風險轉移點變更：CPT與CIP條件在運送全程必須使用一個以上之運送人，而未約定特定交貨地點時，除原規定「風險在貨物交付第一運送人時移轉」外，另增訂「當事人希望風險於稍後之地點（a later stage）」，亦即風險移轉點在交貨地點之後。

　　4. CIP與CIF條件增訂保險相關之規定。

國貿條規2010版之實施

國貿條規 Incoterms 2010

International Rules for the Interpretation of Trade Terms
簡稱 Incoterms

國際商會（International Chamber of Commerce, ICC）制定

應用範圍：貿易業、銀行業、運輸業，甚至是保險業，
兼具「國際性」和「全面性」

2011年1月1日開始適用

制定目的及適用效力

僅供買賣方共通標準並無強制力，

買賣方可於買賣契約述明權利義務及費用分攤。

若有爭議，ICC仲裁時，將依據新版解釋。

注意事項

註明條規與版本
使用貿易條件應加註適用之國貿條規與版本，依運送方式選擇
適當之貿易條件。依條件指定明確的交貨地及指定目的地。

買保險避風險
買賣雙方應根據交易條件自行應承擔之風險承保。

適用交易範圍
國貿條規亦適用於國內交易。

知識
補充站

Incoterms 2010 貿易條件解釋規則之誕生

近年來科技發達，全球經濟突飛猛進，各行各業面臨各種變革與創新，而全球政經也因時制宜起了重大變化，加上恐怖分子的活動在國際上不斷上演，各地區交易習慣及文化背景差異，不但造成交易過程不順暢，而且增加許多風險。諸如此類，在在威脅到貿易規則運用的順暢。為了符合時代演進的趨勢，減少貿易糾紛，同時國際商會信守十年一修的宗旨，遂於2007年開始著手策劃改版事宜，2010年修訂完成，2011年1月1日起實施。

「Incoterms 2010」貿易條件解釋規則是國際貿易慣例，不屬於國際法，因此不具強制性，買、賣雙方唯有在契約上註明清楚採用何種Incoterms之貿易條件及版本，才能有具體的約束力。不過，如果配合某些特殊交易之便利，可事先在契約中特約排除及變更某項貿易條件解釋規則，如此一來，買、賣雙方在契約上的特殊規定，實際效力是優先於此貿易條件解釋規則。

Unit 4-3
國貿條規2020版之修改重點

　　國際商會依照慣例，每十年修改條規，最新的法規於2020年1月1日啟用，惟2010版舊法規仍可使用，2020年版新法修正2010年版舊法在實務使用上的矛盾，或未明訂清楚之處，明訂更具體、詳細之規範。

　　值得注意的是買賣合約具法律效力，國貿條規只是規範，不具強制力，在個別情況下，相抵觸的法律規定仍優先於國貿條規。

一.FCA (貨交承運人)添加已裝船批註

　　此條款如用於海上運輸的貨物，海運提單依規定必須等貨物裝船後，才會簽發裝船提單。這與FCA賣方裝船前完成交貨，不符定義，因此新選項修訂矛盾，買賣雙方同意契約得約定，提單加註裝載註記（on board notation），買方將指示其貨運承運人在貨物裝載後向賣方簽發已裝運提單。同時，賣方再藉由（押匯、託收）銀行管道將此「裝運提單」交給買方。

二.CIP主航程義務承保的保險涵蓋等級變更

　　以CIF條件交易，維持賣方必須投保協會貨物保險條款（C）條款或類似之最低承保範圍之保險條款之規定。但以CIP條件交易，則賣方必須投保協會貨物保險條款（A）條款或類似條款。

三.DAT 改成 DPU且改變先後順序

　　2010®版 DAT（Delivered At Terminal）終站交貨條款，「終站」的定義籠統模糊，在2020®版變更為DPU（Delivered At Place Unloaded）目的地卸貨後交貨條款，可協議任何卸貨地點為目的地，賣方在此地點須具備卸貨能力。

　　並調整DPU與DAP條件之先後次序為DAP先，DPU後，因DAP條件之交貨是在卸貨前，而DPU條件之交貨是在卸貨後，因此改變先後順序。

四.允許使用自己的交通工具

　　FCA（貨交承運人）、DAP（目的地交貨）、DPU（目的地交貨並卸貨）及DDP（完稅後交貨）等四個條規，在 2020®版允許使用自己的運輸工具。

　　FCA可使用買方自己的運輸工具，而DAP、DPU和DDP則可使用賣方自己的運輸工具。

FCA添加裝船批註

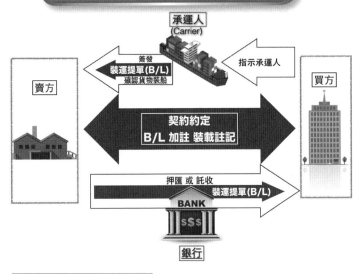

承運人
(Carrier)

賣方

簽發
裝運提單(B/L)
確認貨物裝船

指示承運人

買方

契約約定
B/L 加註 裝載註記

押匯 或 託收
裝運提單(B/L)

BANK
$$$

銀行

義務承保保險涵蓋等級

交易條件

最低承保範圍條款

CIF　　　貨物保險　　　**ICC (C)** 或類似

CIP　　　貨物保險　　　**ICC (A)** 或類似

DAT 改成 DPU 且 改變先後順序

DPU
(DAT)

EXW　FCA　CPT　CIP

DAP

允許使用自已的交通工具

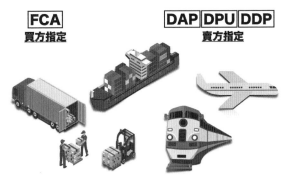

FCA
買方指定

DAP DPU DDP
賣方指定

Unit **4-4**
國貿條規2000版跟2010版之比較

圖解國貿實務

國貿條規（Incoterms 2010）於2011年1月1日正式實施。綜觀此版國貿條規由原來十三條貿易條件改為十一條，除增加兩項新的條規規則外（DAT、DAP），原業界熟悉的E、C、F、D類交易條件，將依據運送方式予以調整。此一修訂將影響買賣雙方相關權利義務及風險轉移時點，如何清楚了解兩版條規之差異，攸關國際貿易業務之進行。

茲將兩版國貿條規（Incoterms 2000與2010版本）之差異內容詳細比較如右圖，並精簡扼要說明其差異所在。

一.買賣契約與運送契約

買方與賣方訂定的交易契約，如有費用細項與新版條規不同，或未說明版本時，必須特別訂明。

關於貨物運送時，出貨人與運送人訂立的運送契約，通常以出口商的出貨通知為依據，買方不易與出口地的運送人簽訂運送契約，常由賣方協助代辦。

二.保險契約

買賣雙方與保險公司訂定的保險契約以保單為主。

關於運輸保險大多是主航程保險，即生效於起運地倉庫，終於目的地倉庫，稱為倉庫條款（Warehouse Clause），不含兩地之內陸運輸；如買賣契約未規定承保範圍，在CIP規則規定，至少應涵蓋賣方交貨地點至指定目的地。

三.主要運費與運輸工具

這是指運送貨物由出貨地到送達地主要距離運輸的運費，而完成之主要運輸工具，如飛機、輪船謂之。

四.交貨條件與整櫃貨適用

新版條規對FOB條規在交貨中之定義為賣方須安排將貨物於船上放置定位，才完成交貨。此點與舊條規定義為越過船舷有所不同。

至於整櫃貨適用，新版條規建議不宜用FAS、FOB、CFR及CIF四條規，因貨櫃會移往內陸櫃場或延伸貨站，但此條規僅規範到港為止，與規定的指定目的地差別甚多，曝險甚鉅，業者不可不慎。且整櫃貨在貨櫃場交給運送人，非在船邊或船上，與定義不符。

五.進口稅金與運送人

新版條規對DDP條款中，明確說明Duty包含進口地的任何加值稅及其他稅捐。

運送人方面，新版條規定義運送人（Carrier）為「與出貨者訂立運送契約的一方」，空運即為航空公司或承攬業者（Forwarder）；海運則是船公司或承攬業者。

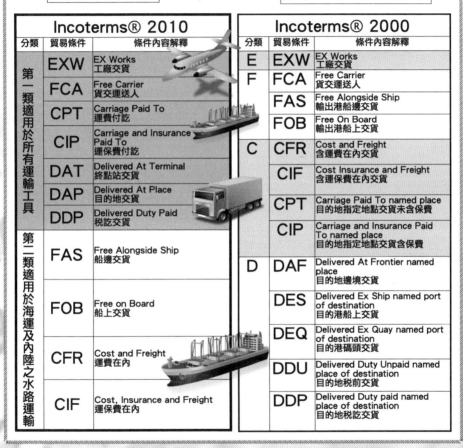

二版國貿條規之比較

Incoterms 2010

DAT
DAP

取代為

Incoterms 2000

DEQ
DAF、DES、DDU

Incoterms® 2010

分類	貿易條件	條件內容解釋
第一類適用於所有運輸工具	EXW	EX Works 工廠交貨
	FCA	Free Carrier 貨交運送人
	CPT	Carriage Paid To 運費付訖
	CIP	Carriage and Insurance Paid To 運保費付訖
	DAT	Delivered At Terminal 終點站交貨
	DAP	Delivered At Place 目的地交貨
	DDP	Delivered Duty Paid 稅訖交貨
第二類適用於海運及內陸之水路運輸	FAS	Free Alongside Ship 船邊交貨
	FOB	Free on Board 船上交貨
	CFR	Cost and Freight 運費在內
	CIF	Cost, Insurance and Freight 運保費在內

Incoterms® 2000

分類	貿易條件	條件內容解釋
E	EXW	EX Works 工廠交貨
F	FCA	Free Carrier 貨交運送人
	FAS	Free Alongside Ship 輸出港船邊交貨
	FOB	Free On Board 輸出港船上交貨
C	CFR	Cost and Freight 含運費在內交貨
	CIF	Cost Insurance and Freight 含運保費在內交貨
	CPT	Carriage Paid To named place 目的地指定地點交貨未含保費
	CIP	Carriage and Insurance Paid To named place 目的地指定地點交貨含保費
D	DAF	Delivered At Frontier named place 目的地邊境交貨
	DES	Delivered Ex Ship named port of destination 目的港船上交貨
	DEQ	Delivered Ex Quay named port of destination 目的港碼頭交貨
	DDU	Delivered Duty Unpaid named place of destination 目的地稅前交貨
	DDP	Delivered Duty paid named place of destination 目的地稅訖交貨

知識補充站

已被捨棄的華沙牛津規則

關於貿易條件的解釋規則除目前主要有兩套,即國貿條規與修訂美國對外貿易定義可適用外,還有已失其適用性的華沙牛津規則。

該規則前身為華沙規則(Warsaw Rules,1928),為國際法學會於1928年在波蘭首都華沙制定,之後於1932年在各國商會協助下,在英國牛津進一步將之修訂為華沙牛津規則(Warsaw-Oxford Rules,1932)全文共21條,本規則特色在於專供解釋CIF條件下買賣雙方的權責問題。由於自1932年來未經修改,已失其適用性而被捨棄不用。

Unit **4-5**
國貿條規2020版說明之一：
適用所有運輸工具 Part I

前文提到2020年版國貿條規以適用性分為兩大類，再以風險及費用程序細分為適用於任何或多種運送方式的規則，及適用於海運及內陸水路運送的規則。

首先介紹說明第一類——適用於任何或多種運送方式的規則，其細分EXW、FCA、CPT、CIP、DAP、DPU及DDP七項，茲分Part I與Part II兩單元介紹。

一.Ex Works（⋯ Named Place）

Ex Works代號為EXW，是指工廠交貨條款＋指定地點之意；費用方面是貨物於賣方的廠內或倉庫為止，接著由買方負擔；風險方面是貨物在賣方的廠內或倉庫為止，轉由買方承接；至於保險方面則未規定，買賣雙方可針對自己負擔的風險範圍承保。報價及訂契約時，EXW後必須將指定交貨地名或地點清楚列出，以示賣方負擔貨物的一切費用到此為止。

二.Free Carrier（⋯named place）

Free Carrier代號為FCA，是指輸出地貨交運送人條款＋指定地點之意；費用方面是賣方支付內陸運費、出口報關費，接著由買方負擔；風險方面是賣方在貨交買方指定的運送人為止，轉由買方承接；至於保險方面則未規定，買賣雙方可針對自己負擔的風險範圍承保。

報價及訂契約時，FCA後必須將貨物交付運送人交接地點清楚列出，以示賣方負擔貨物的一切費用到此為止。

三.Carriage Paid to（⋯ named place of destination）

Carriage Paid to代號為CPT，是指運費付訖條款＋指定目的地之意；費用方面是賣方支付內陸運費、出口報關費、主要運輸費，接著由買方負擔；風險方面同FCA處理；至於保險方面則未規定，買賣雙方可針對自己負擔的風險範圍承保。

報價及訂契約時，CPT後必須將運送之目的地清楚列出，以示賣方負擔貨物的運費到此指定目的地為止。

四.Carriage and Insurance Paid to（⋯ named place of destination）

Carriage and Insurance Paid to代號為CIP，是指運保費付訖條款＋指定目的地之意；費用方面是賣方支付內陸運費、出口報關費、主運費、保險費，接著由買方負擔；風險方面同FCA處理；至於保險方面，主運送保險規定由賣方承保，其餘買賣雙方可針對自己負擔的風險範圍承保。報價及訂契約時，CIP後必須將運送之目的地清楚列出，以示賣方負擔貨物的運費及保險費到此指定目的地為止。

適用所有運輸工具

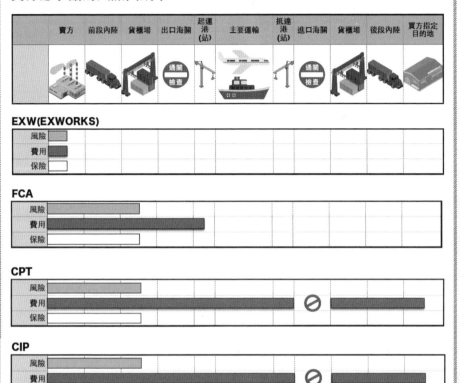

Incoterms ® 2020
賣方應承擔的風險與成本

適用於所有運輸工具

常被誤解的FCA

知識
補充站

FCA（Free Carrier）定義原指賣方必須於輸出地貨交給買方指定的
運送人或第一運送人，實務上通常慣稱為「空運用的FOB」。

有些出口業者會誤解其定義，變成將貨交國內運輸之卡車當成第一
運送人；這樣一來，就形成原本報關手續要由賣方負責，變成由買
方負責。此條款就被當成是EXW
誤用了。

如果買方對條款定義不熟，則不知覺中多承
擔了費用及風險。國貿條規其實跟法律一
樣，是保護懂國貿條規的人，不懂的人往往
被騙了還不自知。

進出口業者應熟悉國貿條規才能運用得當，
避免吃虧。

Unit 4-6
國貿條規2020版說明之一：
適用所有運輸工具 Part II

圖解國貿實務

　　前文介紹2020年版國貿條規適用於任何或多種運送方式的規則之EXW、FCA、CPT、CIP四項，本單元再繼續介紹DAP、DPU及DDP三項。

五.Delivered at Place（⋯ named place）

　　Delivered at Place代號為DAP，是指目的地交貨條款＋指定地點之意；費用方面是賣方支付內陸運費、出口報關費、過境費（須經第三國時）、主運費，接著由買方負擔；風險方面是由賣方將貨運至進口地指定目的地之運輸工具上（未卸貨）為止，轉由買方承接；至於保險方面則未規定，買賣雙方可針對自己負擔的風險範圍承保。

　　報價及訂契約時，DAP後必須列明目的地，以示賣方負擔貨物的一切費用到此目的地為止。

六.Delivered At Place unloaded（⋯ named place of destination）

056

　　Delivered At Place unloaded代號：DPU，是指目的地卸貨交貨條款＋指定目的地之意；費用方面由賣方支付內陸運費、出口報關費、過境費（須經第三國時）、主運費，接著由買方負擔；風險方面是由賣方將貨物運至進口地指定目的地，並已從抵達之運輸工具卸貨為止，轉由買方承接（允許賣方使用自己的運輸工具）；至於保險方面則未規定，買賣雙方可針對自己負擔的風險範圍承保。

　　報價及訂契約時，DPU後必須列明目的地，以示賣方負擔貨物的一切費用到此指定目的地為止。

七.Delivered Duty Paid（⋯ named place of destination）

　　Delivered Duty Paid代號為DDP，是指輸入稅訖交貨條款＋指定目的地之意；費用方面是賣方支付內陸運費、出口報關費、主要運輸費、保險費、過境費、進口報關、稅捐；風險方面是由賣方在貨交買方指定目的地運輸工具上為止，轉由買方承接；至於保險方面則未規定，買賣雙方可針對自己負擔的風險範圍承保。

　　報價及訂契約時，DDP後必須列明指定目的地，以示賣方負擔貨物的一切費用到此指定目的地為止。

　　使用DDP條款要特別留心，因為從出口商的工廠到進口商的倉庫的風險及費用，均由出口商承擔，除非出口商在進口國有代理商或分公司可處理進口國之報關業務，否則建議儘量少採用，目前以高科技產業較常使用此條款。

適用所有運輸工具

Incoterms ® 2020
賣方應承擔的風險與成本

適用於所有運輸工具

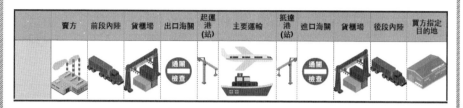

| | 賣方 | 前段內陸 | 貨櫃場 | 出口海關 | 起運港(站) | 主要運輸 | 抵達港(站) | 進口海關 | 貨櫃場 | 後段內陸 | 買方指定目的地 |

DAP

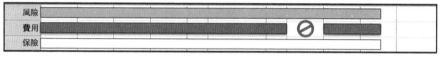

| 風險 |
| 費用 |
| 保險 |

DPU

| 風險 |
| 費用 |
| 保險 |

DDP

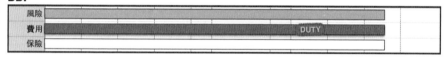

| 風險 |
| 費用 |
| 保險 |

知識補充站

所費不貲的DDP

DDP是對於出口商需承擔費用及風險為最大的一個條款，若貨物需輸入許可證，而賣方無法直接或間接取得，則不宜使用本條件。要以DDP條件交易，通常會找具經驗的貨運承攬業者（Forwarder）配合其在進口地較具通關經驗的代理或分公司承攬全程運送，貨運承攬業者報價要含運費+關稅+進口地內陸運輸+其他通關的必要支出。

現在的貨運承攬業者服務內容多元化，包含托運、提貨、倉儲、報關、保險、配送等，DDP這種以「door to door」一條龍的交貨方式，交由專業的貨運承攬業者最便利，惟所費不貲。另外付款條件最好為L／C或出貨前T／T付款，若是出貨後付款風險防範為首要考量，付款的時間點賣方最好能事先跟買方商議好。

Unit **4-7**
國貿條規2020版說明之二：適用於海運及內陸之水路運輸

本單元繼續介紹2020年版國貿條規依適用性修訂分類的第二類——適用於海運及內陸之水路運輸規則，其細分FAS、FOB、CFR及CIF四項。

一.Free Alongside Ship（… named port of shipment）

Free Alongside Ship代號為FAS，是指輸出港船邊交貨條款＋指定裝貨港之意；費用方面是賣方支付內陸運費、出口報關費，接著由買方負擔；風險方面是賣方在貨交輸出港，買方指定船邊之碼頭或駁船上為止，轉由買方承接；至於保險方面則未規定，買賣雙方可針對自己負擔的風險範圍承保。報價及訂契約時，FAS後必須將裝運港清楚列出，以示賣方負擔貨物的一切費用到該裝運港船邊為止。

二.Free on Board（… named port of shipment）

Free on Board代號為FOB，是指輸出港船上交貨條款＋指定裝運港之意；費用方面是賣方支付內陸運費、出口報關費，接著由買方負擔；風險方面是賣方在貨交輸出港買方指定船船上為止，轉由買方承接；至於保險方面則未規定，買賣雙方可針對自己負擔的風險範圍承保。報價及訂契約時，FOB後必須將裝運港清楚列出，以示賣方負擔貨物的一切費用到該裝運港船上就定位為止。

三.Cost & Freight（… named port of destination）

Cost & Freight代號為CFR，是指含運費在內交貨條款＋指定目的港之意；費用方面是賣方支付內陸運費、出口報關費、海運費，接著由買方負擔；風險方面同FOB處理；至於保險方面則未規定，買賣雙方可針對自己負擔的風險範圍承保。報價及訂契約時，CFR後必須將目的地港清楚列出，以示賣方負擔貨物的海運費用到指定目的地港為止。

四.Cost Insurance and Freight（… named port of destination）

Cost Insurance and Freight代號為CIF，是指含運、保費在內交貨條款＋指定目的港之意；費用方面是賣方支付內陸運費、出口報關費、海運費、保險費，接著由買方負擔；風險方面同FOB處理；至於保險方面，主運送保險規定由賣方承保，其餘買賣雙方可針對自己負擔的風險範圍承保。報價及訂契約時，CIF後必須將目的地港清楚列出，以示賣方負擔貨物的保險費及海運費用到指定目的地港為止。

水路運輸之適用

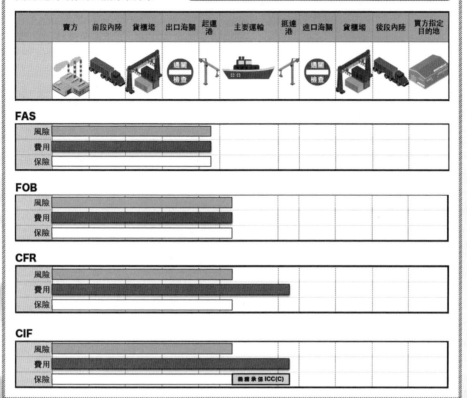

Incoterms ® 2020
賣方應承擔的風險與成本

適用於海運及內陸之水路運輸

	賣方	前段內陸	貨櫃場	出口海關	起運港	主要運輸	抵達港	進口海關	貨櫃場	後段內陸	買方指定目的地

FAS
風險											
費用											
保險											

FOB
風險											
費用											
保險											

CFR
風險											
費用											
保險											

CIF
風險											
費用											
保險				義務承保 ICC(C)							

知識補充站

CFR的逆轉制勝

美國一進口商向泰國進口白米一批,價格條件是CFR,出貨前賣方應買方要求由其指定的商檢機構檢驗,結果符合合約中的標準,於是準時裝船出貨;但由於裝載的船隻屬於慢船,航行了一個半月才到美國西岸港口,待買方提貨時,卻發現白米中長出許多米蟲,因而向賣方提出索賠。但賣方提出出貨前檢驗合格的證明書,貨物且已過了風險負擔的範圍(貨物裝船就定位後,即由買方負擔一切風險與費用),拒絕賠償。

買方心有未甘,於是延請公證行的專家進行調查,結果發現這些米蟲全部是死的,因此判定不是在運輸途中長出來的,而是出貨前早已存在的米蟲。因為裝船前一般都得經過薰艙的過程,而米蟲在此一過程中被餘留的化學氣體薰死了。賣方提不出反證,因此得賠償。

國貿條規是死的,但如何活用很重要;即使是客訴危機,也可經過抽絲剝繭反敗為勝。

第 5 章

國際貿易交易條件

● ●● 章節體系架構 ▼

Unit 5-1
約定交易條件

圖解國貿實務

　　國際貿易限於時間、空間之差異，往往無法面對面交易，於是買賣雙方需要在交易洽談過程時，先協定雙方都認同的交易條件。這不但關係買賣雙方費用及風險的承擔，對於價格更有決定性的影響。為了避免日後交易之各種紛爭，事先約定愈清楚詳盡，愈有助於日後交易進行程序順利無礙。

一.主角商品的詳細內容

　　每筆交易的主角是商品，首先必須仔細載明商品細節，例如：型號、品名，以便雙方在交易過程中，作為討論及交易依據；另外產品內容更應詳述於後，包括：尺寸（Size）、規格（Specification）、厚度（Thickness）、顏色（Color）、表面處理（Surface Treatment）、材質（Material）、附貼紙（Sticker）、附商標（Logo）及附條碼（Barcode）等。

二.交易條件的約定過程

　　商品買賣的核心是價格，而雙方同意的價格中，須包含品質條件、數量條件、價格條件、付款條件、裝運條件、包裝條件及保險條件等進行交易的洽談過程，這七項條件非常重要，缺一不可。通常賣方在報價單（Quotation）中先提出自己既定的條件，接下來買方在下訂單時，也會提出其認同的條件，最後買賣雙方協商同意後，即由賣方擬制預估發票（Proforma Invoice）由買方簽回，即完成交易條件的協商。

062

小博士解說

捨聘專業國貿人員的可能後果

小型外銷廠在從事外銷業務初期，出國參展限於經費有限，經常捨聘專業國貿人員，而選擇當地留學生或華僑，這些人外文能力強，但如果不具國貿背景且未受專業訓練，容易在會場洽商過程，未經全盤考量而遺漏重要事項，例如：只會報一個單價，其他必備交易條件一無所知；不知報價要同時事先約定交易條件，結果讓參展廠商在會後交易時頗為吃虧。某外銷廠赴日參展，因為女兒正在日本唸書，因此委由女兒在展覽期間到會場擔任翻譯，儘管女兒日文流利，但對產品不熟，面對買主詢問，經常不知如何回答，尤其國貿專用術語更是一竅不通。展覽會後，日本客戶擬以展覽會場的報價下單，價格條件是CIF，付款條件是90天到期的信用狀，經外銷廠商據理力爭，說明報價基礎是以FOB及即期信用狀為依據，但日本買主提出當初在會場上已經言明要的是CIF及90天的信用狀價格，因此執意不讓步，讓此外銷廠頭痛究竟要賠錢接單或拒絕，最後因為要積極拓展日本市場，也自知理虧未說明清楚交易條件，還是硬著頭皮接下此訂單。

約定交易條件

國際貿易交易條件

交易條件約定前提	明確約定交易條件目的
1.相互理解	1. 確認計價基準
	2. 確保交易順利進行
2.具相同溝通基準	3. 雙方費用及風險承擔劃分
	4. 建立客戶對公司信心
3.彼此認同並接受	5. 避免日後交易紛爭

交易條件

- 品質條件
- 數量
- 價格
- 付款
- 裝運
- 包裝
- 保險

Unit **5-2**
品質條件

　　品質跟價格關係密不可分，因此品質在所有交易條件中最為重要。所以當買賣在進行時，首要確定的是貨物的品質（Quality），因為買賣雙方對於品質的認定，通常會有各自主觀的意識，且貿易都是屬於遠距離的國際買賣，不方便親臨現場看貨，因而須根據產品特性，借助以下幾種合適方式確認品質，取得共識。

一.以樣品為準

　　以樣品確認品質是國際貿易進行交易最常使用的方法，依性質不同可分為：賣方樣品（賣方開發現有之產品）、買方樣品（買方提供之產品）、相對樣品（賣方現有產品中最接近買方需求）。

二.以規格等級為準

　　商品規格是反映商品品質的主要指標，常見於農產品或工礦產品的交易上，規格內容通常是化學性能、重量、純度、成分、大小、長短、粗細、容量、年分等，認定制度及標準通常由國家制定或由公家機關訂定，例如：稻米年分新則好、酒類年分久最佳、鑽石以5C評定等級。

三.以產品目錄或說明書為準

　　價值高、體積大的產品，如：機器、交通車輛及大型電器產品，由賣方或買方提出詳細說明書，附詳細圖樣、照片、設計圖、功能分析及各種數據說明，同時包括規格、材料、構造、體積等大小，交貨時買方以此為驗貨標準依據。

四.以標準品為準

　　標準品乃是一種透過政府機關或工商業團體所通過的統一制度及公布的標準而認定的品質標準，各種產品有專屬的國際認證，國際上較知名的標準有：CNS（臺灣）、DIN（德國）、CE（歐洲）、UL（美國）、JIS（日本）、BS（英國）等。

小博士解說

良好適銷品質（General Merchantable Quality）
國際貿易中，無法以樣品或無國際公認標準可循的產品，可利用GMQ作為品質約定的條件，例如木材、冷凍魚蝦等產品，可在買賣契約規定，賣方保證所交商品的品質良好，可在商業上銷售，而不須另以其他方式證明。所謂適銷，乃指產品在市場上有合理的品質。若貨物品質是帶有潛在缺點（Latent Defect），便不可被視為適合銷售品質。若賣方已給買方合理機會將貨品瑕疵經過檢查發現，賣方不須負責。

品質條件

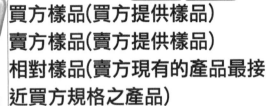

依『實際樣品』	買方樣品(買方提供樣品) 賣方樣品(賣方提供樣品) 相對樣品(賣方現有的產品最接近買方規格之產品)
依『規格等級』	視產品屬性,依國家規格或世界公定標準認定等級條件。 常用於農產品及工礦產品。
依『目錄或說明書』	由買方或賣方提出詳細的規格、功能說明書,作為約定及驗貨品質標準。 常用於價值高、體積大之產品,如機器、交通車輛及大型電器產品。
依『標準品規格』	符合依透過政府機關或工商業團體所通過的統一制度認定的品質標準,各種產品有專屬的國際認證。 常見標準為CNS(臺灣)、DIN(德國)、CE(歐洲)、UL(美國)、JIS(日本)、BS(英國)等。

Unit 5-3
數量條件

買賣交易會因為數量多寡，而有決定性的談判籌碼。數量條件首重計量單位，再來是數量增減範圍。最低訂購量（M.O.Q.）的約定更是此條件不可或缺的重點。

一.數量單位

數量單位因不同商品而有不同的使用單位。國際上有其一定的通用單位如下：

(一)個數單位（Number）：包括有件（Piece）、套（Set）、雙（Pair）、打（Dozen）、籮（Gross）、單元（Unit）。

(二)長度單位（Length）：包括有碼（Yard）、呎（Foot）、英吋（Inch）、公尺（Meter）、公分（Centimeter）。

(三)面積單位（Square Measure）：包括有平方公尺（Square Meter）、平方呎（Square Foot）。

(四)體積單位（Volume）：包括有立方公尺（Cubic Meter, M^3）、立方呎（Cubic Foot, CUFT）、立方吋（Cubic Inch）。

(五)容積單位（Capacity）：包括有公升（Liter）、加侖（Gallon）、盎司（Ounce）。

(六)重量單位（Weight）：包括有公噸（Ton）、公斤（Kilogram）、公克（Gram）、磅（Pound）、克拉（Carat）。

(七)包裝單位（Package）：包括有包（Bale）、袋（Bag）、箱（Case）。

二.數量增減範圍

通常用於本身具特殊性之貨物，允許其在重量或數量上可有特定範圍的增減，例如液體的汽油、粉狀之奶粉，在長途運輸途中，難免會有揮發而減量的情況產生，這是屬於自然耗失；也有為了裝滿貨櫃以節省運輸成本的考量而斟酌增加數量。故宜先在契約中規定「寬容條款」（Allowance Clause），數量與契約規定有出入時，買方不能視為賣方違約，而提出索賠請求。

小博士解說

寬容條款也沒轍

寬容條款，又稱「增減條款」。好處是遇到「爆櫃」無法將訂單貨物完全裝櫃時，若以信用狀付款，押匯時會造成金額與數量不符，但如訂有寬容條款就可以裝櫃數量出貨，按實際金額押匯，不過差異不能超過規定範圍。但依UCP 600 第30條解釋，以下不能適用：

1.信用狀上載明貨物數量不得增減，則需從其規定，以及2.以包裝單位或個數為計量單位時，如信用狀未註明容許增減，則不得擅自增減。

數量條件

『個數』 Number	件(Piece)、套(Set)、雙(Pair)、打(Dozen)、籮(Gross)、單元(Unit)
『長度』 Length	碼(Yard)、呎(Foot)、英吋(Inch)、公尺(Meter)、公分(Centimeter)
『面積』 Square Measure	平方公尺(Square Meter)、平方呎(Square Foot)
『體積』 Volume	立方公尺(Cubic Meter, M³)、立方呎(Cubic Foot, CUFT)、立方吋 (Cubic Inch)
『容積』 Capacity	公升(Liter)、加侖(Gallon)、盎司(Ounce)
『重量』 Weight	公噸(Ton)、公斤(Kilogram)、公克(Gram)、磅(Pound)、克拉(Carat)
『包裝』 Package	包(Bale)、袋(Bag)、箱(Case)

知識補充站

UCP 600 第30條信用狀金額，數量及單價的寬容範圍

a.「約」或「大約」用於信用狀金額或信用狀規定的數量或單價時，應解釋為允許有關金額或數量或單價有不超過10%的增減幅度。例如：about 250 dozen（可增減10%）

b.在信用狀未以包裝單位件數或貨物自身件數的方式規定貨物數量時，貨物數量允許有5%的增減幅度，只要總支取金額不超過信用狀金額。例如：300kgs, 500sets

c.信用狀如已規定貨物的數量，而該數量已全部交運，及如果信用狀規定了單價，而該單價又未降低，或當第30條b款不適用時，則即使不允許部分裝運，也允許支取的金額有5%的減幅。若信用狀規定有特定的增減幅度或使用第30條a款提到的用語限定數量，則該減幅不適用。

Unit 5-4
價格條件

　　商品的價格，始終是交易磋商之核心，然而價格並非僅是個數字，往往是由許多因素構成。在國際貿易中，正確掌握報價原則，選擇對己有利的價格條件，是交易致勝的關鍵；而做好成本核算，更是對外報價必備的基礎。

　　由於國際交易是使用外幣買賣，但各國貨幣不一，因此可依雙方約定以出口國貨幣、進口國貨幣及第三國貨幣等擇一進行交易。一個成熟的價格條件必須標明國貿條規、所屬幣別及使用單位等三大重點，避免因標示不清或錯誤，而產失糾紛及損失。

一.價格依據

　　Incoterms 2010之十一種貿易條件與價格並列，為價格條件之一部分，確認買賣雙方風險與費用負擔及責任歸屬之分界點。

二.指定幣別

　　選擇有利的計價貨幣，通常是強勢貨幣較有利，例如：美元、歐元等。

三.淨價或含佣價

　　所謂淨價（Net Price），係指賣方所開出的價格為實價；而含佣價則是價格內含佣金，事後退佣給買方。

四.價格的計算單位

　　當買賣雙方談定價格時，應明確註明以何種報價單位訂立價格，例如：US$60 Per Dozen 務必確切說明計價單位，避免產生誤解。

小博士解說

歐元的原罪？

　　「選強勢貨幣，負債選弱勢貨幣」一直是外幣操盤的基本原則。但美元在2008年美國次級房貸危機爆發後一蹶不振，大家普遍看好歐元。歐元自2002年1月1日問世以來，曾被視為能與美元抗衡的明日之星，2009年底三大信評公司同步調降希臘債信評等，引發歐豬五國（PIIGS-葡萄牙、義大利、冰島、希臘、西班牙）的討論。之後希臘債信問題成了觸動歐元區危機的開端，接下來隱藏的未爆彈逐漸引爆，愛爾蘭、西班牙、葡萄牙等歐元區各國相繼爆出債務問題，歐元持續下跌，歐元區一系列的問題接踵而來，債務危機演變為歐元危機。由於這將演變成全球的經濟瘟疫，諸多知名財經學者專家無不努力尋求解套之法，可是歐元區問題複雜更像誕生就受到詛咒的組織，目前只能密切注意後續發展，隨時採取適當的因應措施。

價格條件

『價格依據』	根據 Incoterms 2010共十一種條款確認買賣雙方風險與費用負擔及責任歸屬之分界點。
『指定幣別』	選擇有利的計價貨幣,通常是選強勢貨幣較有利,例如:美元、歐元等。
『淨價或含佣價』	淨價即Net Price,指賣方所開出的價格為實價,而含佣價則是價格內含佣金,事後退佣給買方。
『價格計價單位』	雙方在談定價格時,註明是以何種報價單位來訂立價格。 例如:US$60 Per Dozen 避免被誤解。

Mountain Bike　　Model: MB-123
FOB Keelung, Taiwan
USD$250/PC(Net Price)

FOBC₅ Keelung, Taiwan
USD$263.16/PC
(5% Commission Included)

登山自行車　　型號: MB-123
FOB 基隆, 臺灣
美元$250/PC(淨價)

FOBC₅ 基隆, 臺灣
美元$263.16/PC
(內含5%佣金)

Unit **5-5**
付款條件

　　一項交易經過品質條件、數量、價格的確認後,再來就要商談如何付款了。付款方式攸關企業現金流量與週轉,必須謹慎處理。

一.付款期限

　　(一)交貨前付款(Prepayment):一般用於金額較小、熱門商品、首次交易、買方信用差或是買方充分信任賣方,才會使用此付款條件。

　　(二)交貨時付款(Payment Against Delivery):這是在國際貿易最被認同的付款時間,一手交錢一手交貨,是一種「銀貨兩訖」的付款方式,對買賣雙方最為公平。

　　(三)交貨後付款(Payment After Delivery):又稱為延付貨款(Deferred Payment),賣方先將貨物裝運出口後,再約定於一定時日、一季或半年後付款,並無收回貨款的籌碼,對賣方實屬不利。

二.付款分類

　　(一)訂貨付現(Cash with Order, CWO):屬交貨前付款。買方下單後以現金或利用電匯(T/T)、信匯(M/T)、票匯(D/T)等方式付款。

　　(二)憑單據付現(Cash Against Document, CAD):屬交貨時付款。賣方將貨物裝運完畢,傳貨運單據副本向買方證明已出貨;買方付清貨款通常以電匯(T/T)付款居多,賣方再將正本單據寄交買方提貨。

　　(三)貨到付現(Cash on Delivery, COD):屬交貨時付款。賣方委由貨運承攬業(Forwarder)將貨物運至目的地交給買方,順便代收貨款。此法用於國內交易居多。

　　(四)信用狀(Letter of Credit, L/C):屬交貨時付款。買方於契約成立後,依契約條件請當地銀行開出信用狀給賣方,賣方收到信用狀時,按指定日期將貨裝運,備好信用狀要求之所有單據,開具匯票連同信用狀,交給押匯銀行請求解款或託收,買賣雙方不會有收不到貨或不付款之顧慮。

　　(五)託收(Collection):屬交貨後付款。賣方備妥貨運單據,經由本地銀行委託當地銀行向買方收取貨款的方式,而銀行的角色則是代收、代付款,不牽涉到墊付款及預收款。可分為付款交單(D/P)和承兌交單(D/A)。

　　(六)記帳(Open Account):屬交貨後付款。賣方將貨物裝運後,將貨運單據逐寄交買方提貨,貨款再依雙方約定的時間付款(以T/T付款居多),實屬賒帳方式,賣方須承擔呆帳風險。

　　(七)分期付款(Installment):這是在高價或量大貨品之採購、與國外代理商或往來良好的熟客戶等常採用的方式。因金額鉅大而讓買方按契約約定分期攤還,可在交貨前、中、後付款;如果金額過高,可要求買方提供擔保。

付款條件

交貨前　　　　　交貨時　　　　交貨後

『付款期限』	買方付款的時間點 →交貨前、交貨時、交貨後。 依雙方實際可接受狀況訂定。 例如：下訂單先支付30%，貨品裝船 　　　付70%
『付款分類』	訂貨付現、憑單據付現、 貨到付現、信用狀、託收、記帳 分期付款等方式

知識補充站

誰能主導付款條件

付款條件有CWO、D/P、D/A、COD及L/C等；付款方法有T/T、M/T及D/T。為了降低交易風險避免呆帳，付款條件的談判是最重要的關鍵，因為這關係到付款的時間點。例如：CWO及即期L/C對出口商較具優勢，相反地，對進口商則不利。付款條件的決定，跟交易商品有很大關係。熱門搶手商品屬賣方市場，賣方有絕對優勢主導付款條件；但如果買方是採購量大的知名進口商，則可掌控主導權，賣方只能按其既定的公司付款規定，無商討空間。一旦付款條件談妥，接下來付款的方式就比較次要。如果付款條件是L/C，要特別注意先談妥即期或遠期；如果以T/T方式付款，也須注意這是付款方法，而非付款條件。因此在報價單上，不能只註明Payment by T/T，這樣容易造成日後付款糾紛，因為事先沒加註T/T的時間點，因此務必加註，例如：Payment: by T/T before shipment或是 by T/T within 20 days after shipment。

Unit 5-6
裝運條件

　　連付款條件都確定了，就要商談如何將貨物裝運交由買方。買賣雙方可先從決定貨物是經由海運、空運、陸運等運輸方式開始，再來詳談相關細節。

一.交貨地點約定

　　(一)決定運輸方式：先決定貨物經由海運、空運、陸運等運輸方式進行。

　　(二)根據不同的貿易條件：國貿條規（Incoterms 2010）十一個條件，交貨地點也隨之不同。

二.交貨時間約定

　　(一)即期交貨：通常用於出售現貨或存貨的情況，但由於未確實載明實際日期，通常會引起雙方認知上的差異，進而引起紛爭，實應儘量避免。

　　(二)定期交貨：約定某日、某日前或某一段期間裝運，宜設定截止日期，避免延遲交貨。

三.交貨附帶條件

　　(一)分批交貨與否：金額或數量龐大的交易，以允許分批交貨緩解交貨壓力；如考量分批對於買賣雙方都會增加成本及風險，則應以限定一次裝運完畢為條件。

　　(二)轉運指示與否：目的地港口有時無直達船航行，或客戶指定的港口為內陸港，則須借助轉運方式，由於可能造成貨物損壞風險及須額外支付「轉船附加費」，非不得已，買方通常不同意轉運。

　　(三)裝運通知：賣方在貨物出貨前宜發裝運通知（Shipping Advise）給買方，其內容包括船名航次、裝船日、訂艙號、裝運港口、貨名、裝運數量、預定啟航日、預定到達日等，以方便買方辦理保險、籌措資金或預售貨物。

SHIPPING ADVISE

RE:SHIPPING ADVISE OF P.I. NO. YG-0298-3

1.Vessel Name（船名）：HYUNDAI FORTUNE

2.Voyage No.（航次）：V-0731-036

3.S/O. No.（裝貨單號）：5476

4.E.T.D.（預定啟航日）：Nov. 20, 2011

5.E.T.A.（預定到達日）：Dec. 18, 2011

6.Port of Receipt（收貨港口）：Taichung, Taiwan

7.Port of Loading（裝船港口）：Keelung, Taiwan

8.Port of Discharge（卸貨港口）：Hamburg, Germany

裝運條件

『交貨地點
約定』

選定「交通工具」

協定「交易條件」

CIF　EXW

CIP

FOB　CFR

『交貨時間
約定』

即期交貨、定期交貨

『交貨附帶條件』

分批與否、轉運與否、裝運通知

知識補充站

裝運的「眉角」

進出口商在裝運貨物時，如果能將裝運細節掌握精確，必定事半功倍。基本上，如果是第一次交易，決定好運輸方式，務必先將交貨地點釐清。尤其是海運方式，交貨地點儘量是著名國際大港，方便貨輪載運；避免約在內陸港，除會造成運送不便，轉運時更會增加成本，也會造成貨物損壞的風險，對出口商甚為不利。再者，交貨時間務必要詳加研究，一旦確定，必須準時出貨，避免延宕，造成客訴；尤其是有季節性的產品，一旦延遲交貨，等同毀約，後果不堪設想。買賣雙方除非有特定原因，都不喜歡分批出貨，因為必須多耗費進出口成本，不過如果買方採購量大卻資金有限，分批出貨可紓解資金壓力；賣方因產能有限，也必須藉由分批出貨，避免生產期間過長，讓買方有斷貨的風險。

Unit 5-7
包裝條件

　　出口商必須根據商品不同的性能、運輸、裝卸條件、客戶指定、生產技術及成本等，選擇包裝方式。良好又吸引人的包裝是行銷的基礎，包裝色彩是否恰當，商標、文字、印刷內容是否符合該買主國的喜禁要求？是否堅固足以保護產品，均須詳察。

一.貨物包裝分類

　　（一）內包裝（Inner Packaging）：即貨物之初次包裝，主要目的是保護貨物的品質，也講究美觀醒目提高貨物價值，以便銷售，亦稱之為「銷售包裝」。常見內包裝有插卡式泡殼（Blister Pack with a Sliding Card）、雙泡殼（Clamshell）、彩盒（Color Box）、展示盒（Display Box）、頭卡（Hanging Header）、收縮膜（Shrinkable Films）及氣泡袋（Blister Bag）等七種。

　　（二）外包裝（Outer Packaging）：即貨物之二次包裝，目的在於保護內包裝之貨物及便利運輸、儲存、檢驗、計數和分配，避免運輸時遭受損害，且易於搬運，亦稱之為「運輸包裝」。常見外包裝有紙箱（Carton）、木箱（Wooden Case）、條箱（Crate）、底板（Wooden Base）、真空包裝箱（Vacuum Packaging Case）、棧板（Pallet）及櫃裝（Container）等七種。

二.包裝重量與體積

　　買賣契約中，對於貨物包裝的重量和尺寸需要列明，以作為船公司計算運費的依據。體積大的貨物以體積噸計價；重量重的貨物則以重量噸計價；另外船公司對於超重、超長、超大的貨物，加收附加費。

三.外箱標誌

　　在包裝的容器外印上標誌（Mark），此裝運包裝標誌又稱刷嘜（Shipping Mark），它所標示的方式如下：

　　（一）正嘜（Main Mark）：主標誌、目的地和卸貨港、包裝箱號及原產國等主要註記。

　　（二）側嘜（Side Mark）：淨毛重、體積、注意標誌等常見註記，也可視需要加上產品名稱、型號、規格、數量等。

四.特殊包裝—中性包裝

　　中性包裝（Neutral Packaging）是指商品內外包裝不標明生產國及廠名，可分指定品牌中性包裝及無品牌中性包裝二種。指定品牌中性包裝是指商品上或包裝都使用買方指定的品牌或商標，但不標明生產國。無品牌中性包裝是指商品或包裝都無任何品牌或商標。要求中性包裝，主要用意是為因應或衝破某些國家（地區）對進口商品實施的歧視和限制（包括關稅壁壘配額限制、分關稅壁壘等），有利於擴大行銷。

包裝條件

BOX

Carton

Wooden Case

Container

包裝種類	內包裝 Inner Packaging 外包裝 Outer Packaging
重量與體積	貨物包裝的重量和尺寸必須列明，作為船公司計算運費依據，船公司對超重、超長、超大的貨物，加收附加費 (Additional Rate)
外箱標誌	正嘜、側嘜

正嘜

ML ← 主嘜頭
LONDON ← 目的地
C/NO. ← 箱號
MADE IN TAIWAN ← 產地

側嘜

ITEM NO.	品項
Q'TY:	數量
N.W:	淨重
G.W:	毛重
CUFT:	材積

知識補充站

完善包裝與禁忌

怎樣的包裝才是完善呢？茲整理包裝必備要件如下：1.堅固完整，規格統一，儘量採用環保材質，以符合注重環保國家的要求；2.儘量節省空間和費用，又不失安全原則；3.包裝材料應適合貨物的特性，且考慮裝卸港口的天氣變化，務必使產品不受溫度、溼度變化及氧氣、光線、微生物等影響；4.包裝的體積、重量須配合碼頭搬運的作業情況，以便裝卸、堆積、計算、檢量及識別等；5.根據不同銷售市場、方法、對象，採用適合的色彩、造型、結構、圖案標記、使用說明及文字等，或是遵照買方的指示，以避免觸犯該國禁忌；6.遵守進出口國的海關規定，以及7.賣方在報價和訂約時，應詳細註明貨物的包裝資料，以免因貨物包裝而產生糾紛。

關於包裝的禁忌方面，在國際市場上，產品的包裝，須視各國喜好及禁忌，特別設計。最須注意的三要素包括色彩方面、圖案方面、名稱方面，可事先跟客戶溝通清楚，例如：中東乃回教國家，買主在包裝的禁忌圖案有三，即女人、酒及星型符號。

Unit 5-8
保險條件

俗話說：「天有不測風雲，人有旦夕禍福」，所以保險是分散風險最好的方式。尤其國與國之間的貿易往來，詭譎多變，風險更大，誰知道明天會發生什麼事？

一.保險承保方

根據Incoterms 2010國貿條規規定保險費由買方或賣方負擔，例如FOB、CFR是由買方自行買保險，而CIF、CIP則由賣方洽購保險，雙方可約定在報價單或契約上訂定保險條件及保險種類。

二.保險種類

(一)海上貨物運輸保險（Marine Cargo Insurance）：1.基本條款（Basic Clauses）：包括協會貨物條款（英文簡稱I.C.C.，以下同）(A)——類似舊條款的「全險」，此條款的保險範圍最大，採列出除外責任的作法；協會貨物條款(B)——類似舊條款的「水漬險」，此條款的保險範圍居中，採列舉式，以及協會貨物條款(C)——類似舊條款的「平安險」，此條款的保險範圍最小，採列舉式等三種；2.附加條款（Additional Clause）：協會兵險條款（I.W.C.-Cargo）及協會罷工險條款（I.S.C.-Cargo）兩種，以及3.附加險（Additional Perils）：常見有偷竊與短交險、淡水損害險、投棄沖刷落海險、鉤損險、滲漏險、凹陷險、撕裂險、浪沖險、污染險、爆炸險、酸類腐蝕險等。

(二)航空貨物運輸保險（Air Cargo Insurance）：1.基本條款（Basic Clauses）：協會貨物空運險條款（I.C.C-Air Cargo）——承保貨物因一切外來意外的因素所致的毀損或滅失，以及2.附加條款（Additional Clause）：協會空運貨物兵險條款（I.W.C.-Air Cargo）及協會空運貨物罷工險條款（I.S.C.-Air Cargo）兩種。

(三)陸上貨物運輸保險(Inland Cargo Transit Insurance)：目前使用陸上貨物運送險條款甲、乙式。甲式為概括式，將不打算保的危險事項（不保事項）加以排除，其餘都在承保範圍之內；乙式為列舉式，將擬承保的危險事項逐項列出，即僅承保列舉範圍之事項。

三.保險金額

洽購保險的一方習慣按發票金額外加一成為保額，但也並非每筆交易保額都是如此，也有按發票金額外加二成為保額。保險費是保險金額×保險費率，保險金額愈高，事故發生時理賠金額愈高。

四.保險賠償

保險公司理賠時，賠償請求權由買方行使，通常約定在交貨目的地賠償，保險支付金額的貨幣以交易當時所使用的貨幣種類為主。

保險條件

| 保險承保方 | 擇定國貿條規後，例如界定保險由買方或賣方承保，報價單或契約尚須約定保險條件及保險種類。 |

空運

基本條款

I.C.C.
(Air Cargo)

附加條款

I. W. C.-Air Cargo 協會兵險條款
I. S. C.-Air Cargo協會罷工險條款

海運

基本條款

I.C.C.(A)
I.C.C.(B)
I.C.C.(C)

附加條款

I. W. C.-Cargo 協會兵險條款
I. S. C.-Cargo 協會罷工險條款

附加險

偷竊與短交險、淡水損害險、投棄沖刷落海險、鉤損險、滲漏險、凹陷險、撕裂險、浪沖險、污染險、爆炸險、酸類腐蝕險等

陸運

甲式：概括式

將不打算保的危險事項(不保事項)加以排除

乙式：列舉式

將打算承保的危險事項逐項列出

077

知識補充站

再加保的好處

國際交易之保險，由買、賣雙方就其各自的風險承擔範圍加以承保。有些出口商通常會因為付款條件不利，像是出貨後付款或放帳等，為了可能會因為貨物運輸途中發生意外而遭買方拒付貨款，而自己再為貨物加保以確保債權。買賣雙方如果都為同一批貨物投保，貨物發生意外出險時，由先提出理賠申請者獲得賠償；當然這得看當時提單在誰手中而定，且其中一方提出理賠獲償後，另一方即無法再提出理賠申請。

曾有臺灣一進口商向芬蘭訂購食品加工機器二臺，價格條件是FOB，空運來臺交貨後，經買方提貨後，發現機器在長途運輸途中毀損。此時買方因作業失誤並未投保，因而向賣方求助。芬蘭廠商的公司規定，出口時不管價格件為何，一向有再自行投保的習慣，在這種FOB的條件下，貨物於運輸途中毀損，責任並不屬芬蘭廠商，但他們有投保，且慨然允諾賠償二臺新機器給臺灣進口商，此事圓滿。

第 **6** 章

交易進行過程

●●●●●●●●●●●●●●●●●●●●●● 章節體系架構 ▼

Unit **6-1**
賣方開發潛在客戶步驟

國際貿易需藉由各種行銷打入市場，尋求潛在交易對手，以達成交易目的。

一.推銷要點

儘管目前行銷方式眾多，賣方在開發新客戶或推銷新產品時，還是以使用推銷信（Sales Letter）的方式推廣居多。尤其現在科技發達，網路盛行，一封封推銷信函經由便捷的通訊方式（mail, fax, e-mail）向潛在買主推廣，可說是最為經濟、方便，甚至是最有效率的方式。在推銷信中，對於新客戶，著重強調公司產品及優勢；而舊客戶則可以主動推銷新設計、新產品。內容除了外文流暢外，產品的認知、行銷技巧及輔助說明的資料都必須完備到位，如此才容易引起買方購買的興趣。

二.注意事項

開發客戶的名單可由外貿協會、各工商會、網路社群、廣告商及展覽會等潛在買主之資料庫查詢，篩選出合適的對象進行開發，避免「天女散花」式的廣告信，浪費資源且不具效力。開發信雖是寫給廣泛的潛在客戶，但也要注意內容是否給收信者閱讀的專屬親切感。例如：收件人一定要有特定的對象，而非制式無特定者的「敬啟者」（Dear Sirs），這是很重要的技巧。

三.推銷內容

(一)引起興趣：首先說明資料的取得來源（如：展覽會、雜誌廣告、工商協會、網路搜尋、客戶或朋友介紹等），再接著說明主要產品系列。

(二)自我介紹：簡述公司歷史沿革、行業資歷及前瞻性、公司品牌在市場上的聲譽及占有率、得獎紀錄等。

(三)優勢說明：公司的核心競爭力、產品優勢、目前合作的知名客戶、具有機密的機器或儀器設備、重要認證等。

(四)結尾部分：強調我方願意與其建立生意關係的意願，並懇請對方儘速回覆。

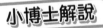

小博士解說

優質的參展成效

開發潛在客戶最有效的方法，目前仍然是參加國際商展。如要參展成效好，選擇對的展覽很重要。選擇欲拓展的市場，展覽則可根據其展會歷史及權威性、知名度及優劣勢的評比一窺究竟，更要詳察展會細節分析，即訪客數有多少？分屬於哪些國家？有效買家有多少？參展廠商有多少？展覽季節是否適宜？展覽的主題是否符合公司產品？另外參展前要先參觀此展覽，以實際評估該展是否真的適合我方參加為宜。

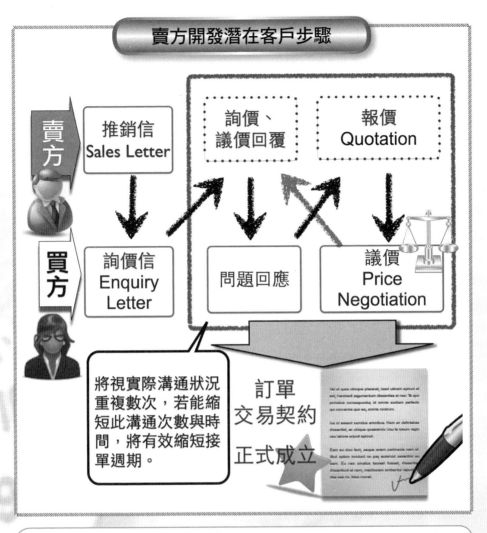

賣方開發潛在客戶步驟

賣方

推銷信
Sales Letter

詢價、議價回覆

報價
Quotation

買方

詢價信
Enquiry
Letter

問題回應

議價
Price
Negotiation

將視實際溝通狀況重複數次，若能縮短此溝通次數與時間，將有效縮短接單週期。

訂單
交易契約
正式成立

081

找客戶跟找對象一樣

知識補充站

每個客戶的屬性不一樣，選客戶一定要根據產品的特性來挑選「對的客戶」。有些產品適合找大型的連鎖店，因他們的通路廣、資源夠，可以快速把產品推銷出去；不過價格一定不好，更要防著他們自己另找代工來做。若找中型經銷商，他們認真、有衝勁；不過通路較少，也無法備有太多庫存。但臺灣中小型企業以穩紮穩打的方式，偏好跟此類型客戶交易。

至於跟小型零售商交易，則要三思，恐怕會花太多時間，但實際的成交量不敷成本；而且零售商通常無法自行進口產品，對交易會是一個很大的障礙。

不實的買方在合作初期，為了要讓賣方看重自己，通常會誇大自己來虛張聲勢，一開口就要談全國總代理，詢價的年需求量比供應商的產量多；這就要賣方仔細檢視，把預設市場的通路架構，再跟客戶詢問詳細歸類，就可以發現真正的潛在客戶。

Unit 6-2
買方詢價步驟

　　如果前面賣方的推銷信能引起買方的興趣，買方即會開始展開詢價動作，也許一家，更多的是貨比三家不吃虧。當然，如果賣方產品獨占市場則另當別論了，或許也能因此激發買方研發商品行銷組合的創意也說不定。

　　在國際貿易的過程中，詢價的動作在報價之前。詢價是進口商向出口商詢問商品的品名、材質、規格、品質等所有細節，還有價格、數量、樣品及其他相關的貿易條件等。

一.詢價要點

　　(一)詢價性質：可分一般詢價及有效詢價。特徵是前者通常是買方未購過此類產品，以先了解產品蒐集資料為目的，通常會要求賣方提供整系列目錄報價及其他資料；後者則是已經採購此類產品，詢價內容會具體指出所需產品型號、規格、材質、訂購數量等詳細資料。

　　(二)涵蓋內容：由買方向賣方發出的詢價並不單指詢問價格而已，通常會詢問其他詳細條件，最常見的詢價要點包含貨品內容（名稱、型號、規格、材質、品質、顏色等）、最低訂量、單價幣別、索取樣品、目錄、價格條件、包裝條件、付款條件、裝運條件、保險條件及其他特殊規定等。

二.注意事項

　　(一)選擇合適賣方：買方選定採購國家區域之後，由各種管道蒐集來的供應商資料，先篩選出適合採購的對象。

　　(二)適度比較擇優：貨比三家不吃虧，但也不要廣發武林帖、天女散花式地發函詢價。一般而言，市場成熟度高的產品，價差必定不大；市場成熟度低的產品，由於競爭者寡，價差就可能較大。

　　(三)價格及品質並重：必須注意「一分錢，一分貨」，品質關係著價格甚鉅，切莫只求低價而因小失大。

三.詢價內容

　　(一)獲知此產品訊息的來源：由開發信、雜誌廣告、中間人介紹、展覽會等。

　　(二)公司簡介：公司歷史沿革、主要經營項目、規模及各地銷售網分布。

　　(三)提出需求：希望獲得的資料，包括型錄（Catalog）、報價單（Quotation）、樣品（Sample）及其他相關資料（Technical Illustration, Brochure）。

　　(四)希望的交易條件：包括價格條件（FOB, CFR, CIF）、交貨（Delivery）、付款方式（Payment）、採購數量（Quantity）等。

　　(五)結尾部分：重述我方需求並與其建立生意關係的意願，懇請對方儘速回覆。

賣方推銷信及買方詢價信

推銷信(Sales Letter)內容

自我介紹	優勢說明
引起買家興趣	強調合作意願

詢價信(Enquiry Letter)內容

1.一般詢價

尚未有相關產品採購經驗

☆客戶通常會要求索取全系列目錄、樣品

2.有效詢價

對產品已有某程度了解，

極有可能成為客戶的買家。

貨品內容(名稱、型號、規格、材質、品質、顏色等)、最低訂量、單價幣別、價格條件、包裝條件、付款條件、裝運條件、保險條件及其他特殊規定

☆把握上列原則，可縮短書信往來的溝通時間。

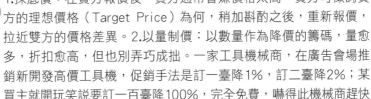

知識補充站

價格談判攻防戰略

1.探底價：在賣方報價後，買方通常會嫌價格太高，賣方可徵詢買方的理想價格（Target Price）為何，稍加斟酌之後，重新報價，拉近雙方的價格差異。2.以量制價：以數量作為降價的籌碼，量愈多，折扣愈高，但也別弄巧成拙。一家工具機械商，在廣告會場推銷新開發高價工具機，促銷手法是訂一臺降1%，訂二臺降2%；某買主就開玩笑說要訂一百臺降100%，完全免費，嚇得此機械商趕快撤銷此方案。3.事實說服：「日式服務、臺灣品質、大陸價格」一直是買主所樂於追求的目標，國外買主常以大陸或東南亞製造的價格，企圖壓低臺灣製品的價格，賣方可以品質保證優勢，業績成長趨勢說服客戶。

Unit **6-3**
賣方準備回覆細節

　　「時間就是金錢」富蘭克林在兩百年前創造的名言，到了二十一世紀仍為資本主義社會奉為最高指導原則，所以賣方的產品及服務一旦打動了潛在客戶，在接到買方的詢價信時，就要立即採取以下行動回覆，如此才能縮短書信往來的溝通時間，搶先贏得商機。

一.回覆要點

　　(一)**重視來函**：對於每一封詢價信，無論是一般詢價或是有效詢價信，都應迅速回覆，必須將所有來函詢價者視為潛在買主，將所有的機會一網打盡，提高成交的機率。

　　(二)**滿意服務**：針對客戶來函所詢問的產品及服務，應先向其致謝，然後再以很樂意及誠懇的態度提供所需之一切服務，最後更要表示願意進一步的服務或幫助。

　　(三)**婉拒洩密**：如果發現來函詢問者所詢及的資料事關公司或產品的機密，而無法提供給對方時，也應措詞禮貌，表示遺憾，並將無法奉告的理由解釋清楚，避免誤解。

　　(四)**技巧推銷**：利用行銷技巧，強調產品優越、價錢公道、交貨迅速、即將漲價、熱賣缺貨、企業之競爭核心，一定是對方絕佳的選擇，務必使買主信心大增，儘速下單。

二.回覆內容

　　(一)**對來函致謝**：先對客戶某月某日對某產品之來函詢價致謝。

　　(二)**全力滿足客戶需求**：提供客戶所要索取的資料，例如：報價單、技術圖及其他相關資料等，如有無法提供的資料，應先說明；或要延後提供，也應給客戶明確的答覆期限，以免客戶空等。

　　(三)**來函語焉不詳之處理**：客戶詢價信如有語焉不詳或資料不齊，必須再去函詢問清楚，避免答非所問。

　　(四)**結尾部分**：再次重申謝意，並懇請對方儘速回覆。

三.回覆詢價信的注意事項

　　對買主寄來的詢價信，不論生意成交與否，廠商均須快速回覆如下重點：

　　(一)**收到詢價信，應立即回覆**：表示誠意及效率。多數買主會同時跟多家供應商詢價，買主不單只會考量價格，服務品質及效率更是考量的重點。

　　(二)**針對客戶所提出的問題或需求，一一答覆**：來函中若有無法答覆或立即答覆的事項，也要告知對方原因或可回覆的時間，避免客戶一再詢問或空等。

　　(三)**收到語焉不詳的詢價信，也應回覆**：禮貌地問清楚對方所要的資料，以方便提供正確符合他所需的資料，千萬不要馬虎帶過。

　　(四)**強調是絕佳合作夥伴**：回覆同時要強調產品優異、價格合理、服務良好、是絕佳的合作夥伴，再加上相關資料佐證，令買主信心大增，放心與我方交易。

賣方準備回覆細節

回覆客戶要點

1. 重視來函
2. 滿意服務
3. 婉拒洩密
4. 技巧推銷

回覆客戶內容

1. 對來函致謝
2. 在許可範圍內，全力滿足客戶需求
3. 來函語焉不詳時，務必詢問清楚
4. 結尾重申我方謝意，請客戶儘速回覆

知識補充站

買方未簽回的風險

實務上，賣方報價後，買方按報價單上的條件下訂單，此時契約已經成立，惟賣方最好還是再製作預估發票(Proforma Invoice)或售貨確認書(Sales Confirmation)，務必寄給買方要求簽回。以L/C付款者，賣方催其儘速開信用狀；以T/T付款者，賣方催其電匯貨款或訂金。若買方延遲未進行，賣方切記勿貿然備料生產，以預防買方臨時反悔取消訂單，到時就要動用法律求償，相當麻煩。

預估發票或售貨確認書買方未簽回，有隱藏風險的可能。例如：尤其熟識客戶，付款條件通常是出貨後付款或放帳的交易，交易時間一久，賣方在接獲訂單時就會立即備料生產；曾有買方收到貨後，藉口貨品未按其規定生產，拒付貨款，賣方表明貨品規格是按其要求生產，買方以當時預估發票（P.I.）未簽名確認為由，否認曾同意賣方之貨品規格，最後賣方不得不認賠了事。

Unit **6-4** 賣方產品成本計算

　　針對買方詢價，賣方須熟諳自己產品成本，以便計算出合理報價。時逢微利時局，出口報價必須經過精算；否則高估，不被買方接受，低估則賣方虧損。

一.構成出口價格之項目

　　（一）貨品成本（Cost）：即基價（Base Price）──貨品基本的進價，或製造廠的出廠價。

　　（二）出口費用（Export Expenses）：

　　1.運費（Freight）：指主要運輸費用，分別有海運、空運及陸運。貨物運輸業者一般均報給客戶全部（all-in）價格，買主會根據貨物多寡需求，要求以整櫃（20呎或40呎）或併櫃方式計算運費報價。

　　1CFT（立方呎）＝1728立方吋，1CBM（立方公尺）=35.315CFT

　　2.保險費（Insurance Premium）：在此係指貨物水險、空運或陸運的基本險保費而言，在CIF 的交易條件下，保險費需由出口商支付，計算公式如下：

　　保險費＝投保金額×保險費率

　　投保金額＝FOB或CIF貨價×（100%＋保險加成）

　　【說明】投保金額應按信用狀規定，若未規定，則為CIF價值加計10%，得數若不足新臺幣400元，則以400計收（最低收費）。

　　3.佣金 （Commission）：給賣方或其代理商的佣金，比率按雙方同意而約定，計算公式如下：

　　佣金＝報價條件×佣金費率

　　【案例】CIF=USD150，則CIFC5是多少？CIFC5=150÷（1－5%）=USD157.89

　　【說明】若以FOB&C，則以FOB為基礎之含佣價，若以CIF&C，則以CIF為基礎之含佣價。

　　4.業務費用（Handling Expenses）：含包裝國內運費、銀行手續費、貼現息、檢驗費、倉儲、報關費、貿易推廣服務費及商港建設費等。

　　（三）預期利潤（Expected Profit）：預期利潤多寡要視交易次數、貨品優劣勢特性、供需關係、進口市場的情形、買方的信用、付款條件等決定。

二.出口計算公式

　　目前在臺灣最常使用報價條件為FOB、CFR、CIF三種，根據右列公式就可很容易計算出這三種價格條件的報價。當然此計算公式只是個概略的估算，一般還需要針對各產品有較精確的成本分析及費用估計。尤其國際貿易出口商面對世界各國的客戶出口價格便像魔術方塊，必須根據買主的要求有千百種的變化組合，才能符合時下流行的客製化服務的精神。

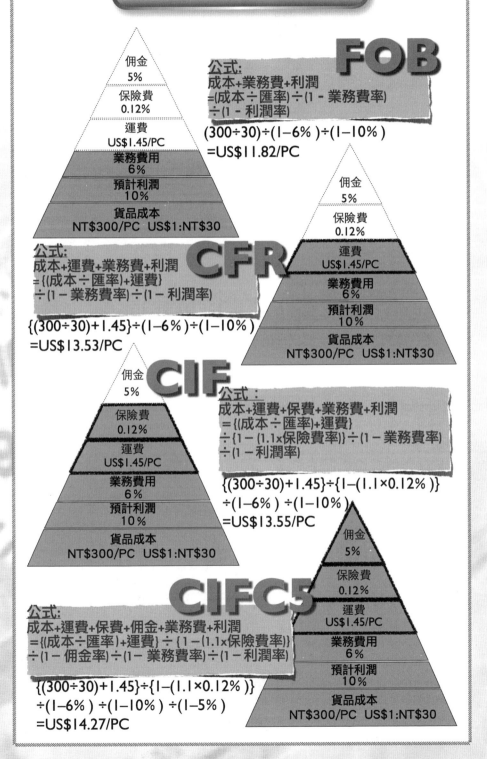

賣方產品成本計算

FOB

佣金 5%
保險費 0.12%
運費 US$1.45/PC
業務費用 6%
預計利潤 10%
貨品成本 NT$300/PC US$1:NT$30

公式:
成本+業務費+利潤
=(成本÷匯率)÷(1－業務費率)
÷(1－利潤率)

(300÷30)÷(1–6%)÷(1–10%)
=US$11.82/PC

CFR

佣金 5%
保險費 0.12%
運費 US$1.45/PC
業務費用 6%
預計利潤 10%
貨品成本 NT$300/PC US$1:NT$30

公式:
成本+運費+業務費+利潤
={(成本÷匯率)+運費}
÷(1－業務費率)÷(1－利潤率)

{(300÷30)+1.45}÷(1–6%)÷(1–10%)
=US$13.53/PC

CIF

佣金 5%
保險費 0.12%
運費 US$1.45/PC
業務費用 6%
預計利潤 10%
貨品成本 NT$300/PC US$1:NT$30

公式:
成本+運費+保費+業務費+利潤
={(成本÷匯率)+運費}
÷{1－(1.1x保險費率)}÷(1－業務費率)
÷(1－利潤率)

{(300÷30)+1.45}÷{1–(1.1×0.12%)}
÷(1–6%)÷(1–10%)
=US$13.55/PC

CIFC5

佣金 5%
保險費 0.12%
運費 US$1.45/PC
業務費用 6%
預計利潤 10%
貨品成本 NT$300/PC US$1:NT$30

公式:
成本+運費+保費+佣金+業務費+利潤
={(成本÷匯率)+運費}÷{1－(1.1x保險費率)}
÷(1－佣金率)÷(1－業務費率)÷(1－利潤率)

{(300÷30)+1.45}÷{1–(1.1×0.12%)}
÷(1–6%)÷(1–10%)÷(1–5%)
=US$14.27/PC

Unit **6-5**
進行價格協商

買賣雙方藉由詢價信函的往返確定所要產品及服務後，再來要進行詳細的報價與議價協商，此時賣方愈能針對買方需求表示最大的誠意，愈能達到成交的終極目的。

一.報價

(一)報價種類：

1.售貨報價：由賣方發出的報價稱之。

2.購貨報價：來自買方欲購的價格稱之，又稱為目標價格（Target Price）。

3.聯合報價：意即報價人將兩種以上貨物，同時發出報價，而被報價人必須全部接受或拒絕，而不能僅接受其中一部分。

4.長效報價：又稱持續報價，即報價一直有效，直到撤銷以前都有效。

5.獨家報價：賣方將產品授權給某區域或某國家買主獨家專賣，所給予的報價。

(二)報價要點：

1.賣主向國外買主提出一定的買賣條件，表示願意依所提條件與對方成立買賣契約，在貿易上稱為「報價」。

2.賣方報價單一產品可直接在信函中報價即可，但如果報價產品別及型號多，則宜以報價單形式方便買方閱讀。

3.報價時，買賣相關條件務必詳盡，避免買主再次詢問，凸顯賣方之不專業。

(三)報價內容：包括1.貿易條件：品質、數量、包裝、價格、付款、裝運、保險等七大條件；2.商品條件：型號、規格、材質、外觀特徵及符合之品質規範標準，以及3.其他規定：最低訂量、樣品、有效期限及特殊規定。

二.議價

議價又稱還價。即被報價人對報價人所報出的條件，全部或有一部分不同意，但仍有意交易而提出變更之請求時，原報價即因而失效，產生一個新的要約。多數交易成交前，買方經常經過議價（Price Negotiation）過程跟賣方討價還價，進而達成雙方共識，完成交易。以樂觀的看法，買方提出殺價就是有購買意願，應正向看待。

(一)買方議價理由：買方原則是不管賣方報價多低，總是嫌貴，聲稱預算有限，極盡所能要多砍些價格，其所提出的理由不外乎是：報價比其他供應商高、手中握有大訂單、報價超過預算、價格不符合市場需求、為了保持市場競爭力等。

(二)賣方回覆方式：賣方剛好相反。不管利潤如何，總是堅稱自己毫無利潤，低於成本，企圖阻擋來勢洶洶的殺價，可因實際狀況採取下列方式回應買方：

1.無條件式接受：重視彼此合作關係、幫助開拓市場、展開促銷活動。

2.有條件式接受：折衷降價、提早付款、增加數量、馬上確認訂單才接受。

3.不接受降價：成本持續上漲（原料、人工、幣值）、品質比其他人優、利潤微薄、推薦買類似價位低之替代品。

議價過程中可能談判的空間

報價內容

貿易條件	品質、數量、價格、包裝、裝運、付款、保險。
商品條件	型號、規格、材質、外觀特徵及品質規範標準。
其他規定	最低訂量、樣品、報價有效期限及特殊規定。

出口價格 Export Price

預期利潤 Expected Profit

出口費用 Export Expenses

業務費用 Handling Expenses
佣金 Commission
保險費 Insurance Premium
運費 Freight

貨品成本 Base Price

報價種類

- 售貨報價
- 購貨報價
- 聯合報價
- 長效報價
- 獨家報價

議價攻守心法

- 視產品特性
- 視客戶特性
- 視公司策略
- 有條件退守
- 以增加附加價值代替降價

Unit **6-6**
訂立成交契約

買賣雙方經過上述報價、議價過程後，如交易成立，買賣雙方就合作之各項條件及細節逐一以書面訂定，應做成正式買賣契約作為遵守之依據，簽發契約以傳真或電子郵件的方式遞送。

一.契約之重要性

（一）**主要功能**：一份契約應具備的基本要件包含有法律依據要項、確定履約內容、解決紛爭的標準、有效的書面證明。

（二）**須經雙方確認**：買賣雙方就合作細節及條件逐一書面化約定，經由雙方確認、簽名後，各執一份以作為交易進行過程的一切依據。

二.契約之種類

（一）**買方發出賣方簽認**：契約由買方發出，寄交賣方請其簽認：

1.訂購單（Purchase Order）。

2.購貨確認書（Purchase Confirmation）。

（二）**賣方發出買方簽認**：契約由賣方發出，寄交買方請其簽認：

1.售貨確認書（Sales Confirmation）。

2.預估發票（Proforma Invoice，簡稱P.I.）。

（三）**共同簽認**：由買賣雙方共同簽認之買賣契約（Sales Contract）。

三.買賣契約之內容

（一）**基本條件**：包含有貨品名稱、規格、嘜頭、品質、數量、價格、包裝、裝運、付款、保險。

（二）**附加條件**：包含有檢驗規定、智慧財產權、匯率變動風險負擔、不可抗力條件、索賠條件、仲裁條件。

四.承諾契約之重要性

買賣雙方因接受契約內容、契約條件，而做出成立契約的行為即為承諾。根據我國民法第158條規定：「當事人相互表示意思一致者，無論其為明示或默示，契約即為成立。」若無承諾的行為則契約不成立。承諾的方式不拘任何形式，但如以口頭承諾，將來買賣任何一方可任意毀約，就很難要求對方履行承諾，負法律責任。所以承諾契約以書面方式，對買賣雙方較有保證，即使雙方在口頭約定之後，也必須再補上正式的書面契約，較為妥當。

最重要的一點，不管由買方或賣方簽發之承諾契約，最好要由雙方簽名確認，否則交易順利便罷；萬一有紛爭時，未經買賣雙方共同簽署的契約，必定會被未簽署的一方，認定為不具效力的契約，進而毀約。

契約重要性

1. 作為法律依據有效書面證明
2. 雙方交易書面化約定的依據
3. 雙方須確認簽名

成交契約

內容

1. 由買方發出
   (1) 訂購單
       (Purchase Order)
   (2) 購貨確認書
       (Purchase Confirmation)
2. 由賣方發出
   (1) 售貨確認書
       (Sales Confirmation)
   (2) 預估發票(P.I.)
       (Proforma Invoice)

一、基本條件

貨品名稱、規格、嘜頭、品質、
數量、價格、包裝、裝運、付款、保險

二、附加條件

檢驗規定、智慧財產權、匯率變動風
險負擔、不可抗力條件、索賠條件、
仲裁條件。

三、買賣雙方共同簽認

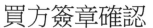

買方簽章確認　　賣方簽章確認

第 **7** 章

信用狀之概念

●●●●●●●●●●●●●●●●●●●●●●●●●● ● 章節體系架構 ▼

Unit 7-1
信用狀之意涵

買賣交易一旦確定，雙方就要開始履行銀貨兩訖的權利與義務。

國內買賣交貨付款方式便捷且易掌握，但對於無法掌控的國際交易市場，一種值得買賣雙方信賴的付款方式便因應而生。

信用狀是一張保障支付的文件，它是既可讓賣方順利收到貨款，又可讓買方收到貨物的保障付款的條件之一。

一.信用狀之定義

信用狀（Letter of Credit），又稱為信用證，簡稱L/C，依據國際商會在2007年修定後第600號版本，簡稱「UCP600」，其解釋為：「跟單信用狀或信用狀，不論其所用名稱或措辭如何，係指開狀銀行，基於本身之需要或遵循開狀申請人之請求與指示所簽發之文件，承諾只要符合其所規定之條件，憑特定單據對受益人或其指定人為之付款，或對受益人所簽發之匯票承兌並付款或授權另一銀行執行上述之付款，或對上述匯票為之付款、承兌或讓購。」

由於信用狀必須依其內容規定隨附其指定的出貨單據（Shipping Documents），才能押匯兌現，因此一般又稱之為「跟單信用狀」（Documentary Credit），而信用狀的所有規範必須遵循「跟單信用狀統一慣例與實務」簡稱UCP600規定，交易當事人於同意遵守此慣例時，須在信用狀上載明之。

二.信用狀統一慣例之解釋及應用規範

（一)UCP600 ：可單獨使用。

國際商會（ICC）所制定全部條文共計39條，最新版本為2007年7月1日起實施。制定目的是對國際信用狀之處理方法、習慣、文字解釋及各當事人責任範圍作統一規定及準則，適用於書面單據之提示，可單獨使用。

（二)eUCP：UCP的補充辦法。

國際商會（ICC）所制定全部條文共計12條，最新版本為2004年4月1日起實施。制定目的是規範電子貿易中有關信用狀之簽發與提示，由於此為補充上述UCP條款有關電子單據單獨提示或併同書面單據提示之效力，不可單獨使用。適用eUCP時，它就成為UCP的補充辦法。

（三)ISBP：補充UCP實務之用。

國際商會（ICC）所制定全部條文共計185條，最新版本為2007年7月1日起實施。制定目的是信用狀下單據審核銀行實務之統一及規範，用於銀行審單人員對現行UCP之應用，不可單獨使用，為補充UCP之實務，非修改UCP之規定。

信用狀之定義與特性

信用狀(Letter of Credit, L/C)
「跟單信用狀」(Documentary Credit)：

1. 信用狀須依其內容規定隨附其指定的出貨單據(Shipping Documents)押匯兌現。

2. 信用狀所有規範必須遵循「跟單信用狀統一慣例與實務」(簡稱UCP600)規定。

3. 交易當事人同意遵守此慣例，需在信用狀上載明之。

信用狀的意涵

跟單信用狀統一慣例與實務
國際商會UCP600定義

執行

開狀銀行

基於**本身需求**或
開狀申請人請求

簽發承諾的文件

憑特定
指定單據

若符合規定條件

對受益人
或
其指定人

直接付款

或

承兌受益人
簽發匯票並付款

或

授權另一銀行執
行上述所有動作

Unit **7-2**
信用狀之功能

　　國與國之間的交易謂之「國際貿易」，買賣雙方通常是陌生且位居於不同國家，基於雙方交易付款的需求，透過信用卓著的銀行作為彼此付款的媒介，以銀行的信用對買賣雙方擔保，促使雙方遵守約定。賣方可順利收訖貨款，買方可收到貨物的保障，於是信用狀因應而生，成為國際貿易交易中，對買賣雙方最有保障的付款方式。

一.信用狀對賣方的功能

　　(一)獲得押匯銀行的資金融通：對於某些需要資金運轉的出口商而言，可以先以信用狀向押匯銀行申請出口融資，等到出口押匯時，再將貸款扣除，融資的利息比一般的貸款低許多，增加企業資金運用的靈活度。

　　(二)交易成立的確定：出口商一接獲信用狀，即表示這筆交易成立確定，一般買方均會開出不可撤銷信用狀，為了顧及自身在開狀銀行的信譽，不會輕易取消也無法擅自修改。對於出口商而言，臨時取消訂單的風險相對減少。

　　(三)獲得外匯的保證：在外匯管制國家，能夠開出信用狀的買主，一定必須通過外匯管制的審核，才可以申請到外匯，一旦開出，即表示該政府有此外匯支付信用狀。對於出口商而言，這是一個非常有力的保證。

二.信用狀對買方的功能

　　(一)防止賣方不履行的風險：進口商可以將所要求的條件一一規定在信用狀中，只要賣方不遵守其中規定，買方有權利拒付。

　　(二)獲得開狀銀行低利資金融通：往來信用良好的進口商，容易得到開狀銀行的融資，只需繳交些許費用和信用狀總額幾成的保證金，即可開出全額的信用狀。

　　(三)交貨期確定：在信用狀上，進口商可以明確規定最遲交貨日，防止出口商遲交而造成買方的損失，同時也可掌控進貨日期。

小博士解說

信用狀的日漸式微

　　早期國際貿易大多以信用狀為付款條件，而且都是即期信用狀，做出口生意等同收現金，引發多數企業捨棄內銷市場而改投入外銷市場，一時信用狀成為最夯的付款條件。貿易商更是藉由這樣優渥的付款方式，買空賣空，根本不必資金就可大做出口生意，拿著007皮箱全球奔波，將臺灣的產品推廣至全球，造就後來臺灣成為亞洲四小龍的最佳推手。

　　曾幾何時全球國際貿易環境丕變，競爭日益白熱化，市場選擇性多，加上微利時代的衝擊，交易條件益發嚴苛，費用高、手續繁雜的信用狀付款，也就日漸式微了。

信用狀對買賣雙方的功能

賣方

可獲得押匯銀行資金融通	增加資金運用靈活度
確認交易成立	減少臨時取消訂單的風險
進口國有足夠外匯保證	表示該政府有足夠外匯

賣方不遵守規定有權拒付	阻止賣方不履行的風險
信用良好，少許費用即可先取得資金	獲得開狀銀行低利資金融通
可規定最低交貨期控制進貨時間	確定交貨期

買方

知識補充站

限押信用狀的不利

若開狀銀行在41D規定受理的銀行，此為限押信用狀；在押匯時，由於受益人在該指定銀行未授信申請額度，無法直接到該行進行押匯，必須透過自己往來的銀行背書進行轉押匯。這樣一來對受益人較不利，包括：1.負擔較多的銀行手續費：經過二個銀行押匯，手續費通常會增加一倍。2.需負擔較多的轉押息：押匯單據及押匯款需透過限押銀行轉交，耗時久入帳速度慢，就必須多付幾天的轉押息。3.押匯期限縮短：限押信用狀的有效日期以限押銀行為準，受益人必須在信用狀的有效期限及提示期限，持押匯相關單據向限押銀行提示，因此必須提早向自己往來的銀行先行申辦押匯，如此一來，才能在信用狀的有效期限及提示期限內辦理轉押匯手續。因此，賣方在開預估發票（P.I.）給買方時務必將自己往來的銀行資料附上，並請買方透過此銀行通知領狀，並且不指定受理押匯之銀行。

Unit 7-3
信用狀之風險

　　信用狀雖是一張保障支付的文件，但不代表一定可以讓賣方順利收到貨款，並讓買方收到貨物。因為它只是買賣交易的單據，而非等同買賣契約之貨物。

　　在信用狀交易中，銀行僅係中介貨款，其責任僅為核對單據，並不查驗貨物本身，且其對單據之審核，僅及於表面文字之記載，而不涉及單據之實質有效性；亦即銀行對於單據之偽造、變造及單據所表彰之貨物是否和實際相符，毋須負責。

　　因此就出口商而言，常有貨物已按契約裝運，而單據遭吹毛求疵拒付之情形；就進口商而言，若收到符合信用狀規定之單據，也不代表一定能收到符合契約項下之貨物。

　　上述即為信用狀交易先天上的死角，因此業者應有充分之認知，方能規避不必要的風險。

一.出口商之風險因應

　　(一)惡意條款：國際交易詭譎多變，如果對進口商了解不深，對於所開立的信用狀，應著重審核，以防一不小心踏入其中有不利於己的條款及陷阱。

　　(二)藉口拒付：貨物已出口，但進口商卻藉機挑剔瑕疵單據或拒付、減價，造成極大損失；亦有開狀銀行基於自身利益，對出口商出具的單據百般挑剔，藉以延遲付款或加收瑕疵費用。

　　(三)利息支出：在實務上，銀行將出口押匯視為墊款性質，為了保障自己的權益，會在「出口押匯質權總設定書」載明，若單據寄出後遭國外銀行或廠商拒付，出口商則必須退還押匯銀行已墊付款項，尚須繳付這段期間墊款的利息。

　　(四)偽信用狀：欲辨別信用狀的真偽可從電傳信用狀的押碼是否符合，若符合即是真的；且信用狀需要經過銀行寄交或轉遞，如由國外客戶直接寄來者，則偽造的可能居多。

二.進口商之風險因應

　　(一)只重單據審核：押匯銀行及付款銀行對信用狀的兌付，以審核出口商所提示的出貨單據為準，只要所有單據及內容符合信用狀要求，即可獲得兌現，並不過問實際貨物內容是否與文件相符。此一盲點，很可能會被惡意的出口商，以不符合契約規定之劣質品貨物出口充數，企圖詐騙貨款，而銀行無法提供保障貨物的風險。

　　(二)開狀費用高：進口商繳納開狀手續費增加成本；另開狀銀行對於資力債信較弱的進口商申請開發信用狀常要求繳納保證金，造成進口商資金週轉困難。

　　(三)開狀門檻高：多數國家對進口商開發信用狀的資格限定頗為嚴苛，一旦信用稍有瑕疵，可能無法申請開狀或要求高額保證金，因此以信用狀為國際貿易的支付工具，已日漸式微。

信用狀對買賣雙方的風險

審慎了解閱讀L/C條款 以避免陷阱	惡意條款
貨物到手故意挑剔 要求減價或拒付	藉口拒付
買家拒付，出口商 必須負責L/C墊款利息	利息支出
1.電傳L/C押碼判斷真偽 2.需經銀行轉遞寄交 3.非客戶直接寄送	偽信用狀

賣方

只著重單據審核	不看實際貨物， 可能以劣質出口貨物充數
開狀費用高	對債信較低進口商， 可能造成資金週轉困難
開狀信用 門檻高	對信用有瑕疵進口商， 可能造成申請開狀困難

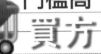

買方

知識補充站

信用狀七成，仍求償無門

一般而言，開發信用狀應將眾多的要求儘量化為完整、精確的規定，而不要流於瑣碎，內容也並非愈詳細、繁雜愈好；否則反而容易造成買賣雙方押匯或提貨上的困擾。

另外，信用狀基本上是開狀銀行為進口商對出口商作財務與誠信上的把關，無法保證實質貨物符合規定無瑕疵。簡而言之，此交易過程中，銀行所能掌握的只有貨運單據。不過信用狀開發，對於買賣雙方達成交易，有一定保障，有助於降低風險；惟信用狀交易也不是萬無一失，還是有其風險存在。一韓國進口商來臺購買車床等工具機五臺含模具製造，言明70%信用狀付款，出貨前30%T/T，臺灣機械廠生產完成後，多次催促韓方電匯30%餘款以便出貨，但對方置之不理。臺方儘管握有L/C，問題是金額只占總額的七成，最後L/C過期，機器仍未出貨，臺方損失數十萬模具費，求償無門。

Unit 7-4
信用狀之關係人

　　哪些人是信用狀的一切利害關係人呢？除了我們熟知的基本買方、賣方與開狀銀行外，還有哪些應該注意的關係人呢？以下說明可幫助我們更加了解以信用狀當作買賣交易付款取貨的流程。

圖解國貿實務

一.基本關係人

　　(一)申請人（Applicant）：向開狀銀行申請開發信用狀的人，通常指買方，根據買賣契約的內容而向其往來銀行申請開發信用狀作為付款條件。

　　(二)受益人（Beneficiary）：信用狀上的受益人通常指的是銷售貨物的賣方，即信用狀的接受人，出貨後按照信用狀內容要求，準備該有的單據並按其要求，即可獲得貨款之支付。

　　(三)開狀銀行（Issuing Bank）：應進口商的要求，以出口商為受益人，而開發信用狀的銀行，通常為進口商之往來銀行或當地銀行。

二.出口地關係人

100

　　(一)通知銀行（Advising Bank）：應開狀銀行請求，通知信用狀受益人（賣方），通常是出口商所在地的往來銀行或開狀銀行的往來銀行。

　　(二)保兌銀行（Confirming Bank）：應賣方要求，開狀銀行請賣方所在地國內著名的銀行加以保兌者，通常是賣方所在地的通知銀行或信譽卓著的銀行，成為保兌銀行。

　　(三)押匯銀行（Negotiating Bank）：出口商備妥信用狀上所要求的單據，要求與自己有往來的銀行或信用狀規定的銀行承購、貼現，又稱「讓購銀行」。

　　(四)轉交銀行（Processing Bank）：信用狀如果指定押匯銀行，而此銀行又非出口商往來銀行，並無信用額度可在該行押匯，出口商可透過其往來的銀行請求押匯，而此出口商委託的銀行只限於轉交的動作，謂之。

　　(五)受讓人（Transferee）：在可轉讓的信用狀中的原受益人可將信用狀的一部分或全部經轉讓銀行轉開給第二受益人，亦稱信用狀之「受讓人」。

三.進口地關係人

　　(一)付款銀行（Paying Bank）：付款銀行係指對押匯銀行付款的銀行，亦即依信用狀規定支付求償匯票的付款人；擔任付款銀行可以是開狀銀行或其委託或授權的一家銀行。

　　(二)補償銀行（Reimbursing Bank）：經開狀銀行授意，按其指示或授權的內容，代其償付押匯銀行求償付的押匯金額，補償銀行僅需就付款的金額及期限負責，對於信用狀內容正確與否並不過問。一般而言，開狀銀行可能因資金集中在國外的銀行，因而在信用狀中指定押匯銀行向此國外銀行要求付款。

信用狀之關係人

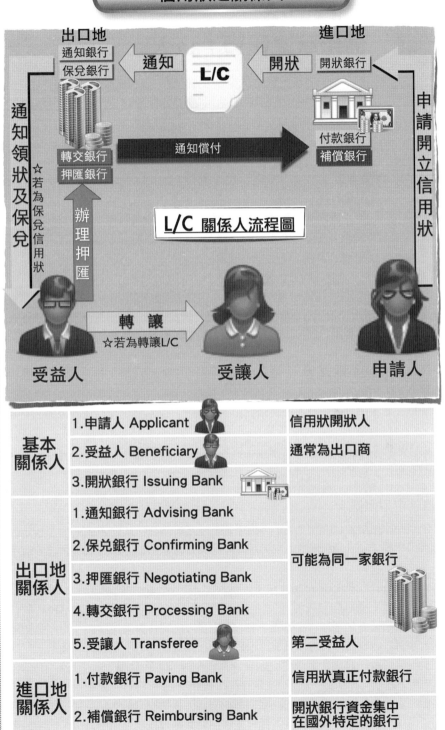

出口地
通知銀行
保兌銀行
通知
L/C
開狀
開狀銀行
進口地

通知償付

付款銀行
補償銀行

轉交銀行
押匯銀行

申請開立信用狀

通知領狀及保兌
☆若為保兌信用狀

辦理押匯

L/C 關係人流程圖

轉 讓
☆若為轉讓L/C

受益人　　　　受讓人　　　　申請人

基本關係人	1. 申請人 Applicant	信用狀開狀人
	2. 受益人 Beneficiary	通常為出口商
	3. 開狀銀行 Issuing Bank	
出口地關係人	1. 通知銀行 Advising Bank	可能為同一家銀行
	2. 保兌銀行 Confirming Bank	
	3. 押匯銀行 Negotiating Bank	
	4. 轉交銀行 Processing Bank	
	5. 受讓人 Transferee	第二受益人
進口地關係人	1. 付款銀行 Paying Bank	信用狀真正付款銀行
	2. 補償銀行 Reimbursing Bank	開狀銀行資金集中在國外特定的銀行

Unit **7-5**
信用狀之種類 Part I

　　國際商會為劃一國際間信用狀之處理方法、習慣、術語解釋及當事人責任範圍，對信用狀訂定統一慣例。然而如何選擇及使用正確的信用狀種類，以配合企業進出口貿易之融資需求和有關追索權的行使？以下我們將信用狀依其使用性質區分為八種型態，分Part I、Part II及Part III三大部分介紹。

一.依可否撤銷區分

　　(一)不可撤銷信用狀（Irrevocable L/C）：通常信用狀上信用狀（代號：40A）註明Irrevocable屬不可撤銷的信用狀，意指信用狀在開出後、已通知受益人、有效期限的狀況下，非經至少三位基本當事人（申請人、開狀銀行、受益人）的同意，不得任意的更改，信用狀若未明確註明是可撤銷或不可撤銷，按UCP600規定，一律視為不可撤銷。

　　(二)可撤銷信用狀（Revocable L/C）：通常信用狀上註明Revocable即屬可撤銷的信用狀。信用狀經開出後，開狀銀行可未經利害關係人同意隨時修改；出口商雖持有信用狀，但在出貨裝船前，隨時有被取消的風險，對出口商毫無保障可言。

二.依是否需要單據區分

　　(一)跟單信用狀（Documentary L/C）：信用狀規定申請受益人押匯時，要同時提供信用狀上要求的隨附單據，此種稱為跟單信用狀，又稱為押匯信用狀。國際交易貨款之支付多屬此類。

　　(二)光票信用狀（Clean L/C）：不需提供任何單據的信用狀，即為光票信用狀。目前只有旅行信用狀屬於此類。

三.依匯票期限區分

　　(一)即期信用狀（Sight L/C）：信用狀上匯票期限註明為「at sight」，規定受益人開發即期匯票（sight draft）或提示單據，經審核無瑕疵，即可取得貨款的信用狀稱之。

　　(二)遠期信用狀（Usance L/C）：開發遠期匯票或交單後若干天才付款的信用狀。在信用狀上匯票期限註明為「at__days sight」。遠期信用狀涉及承兌與利息負擔，以利息負擔者之不同可區分以下兩種：1.賣方遠期：賣方出貨後，直到遠期匯票到期，才可收到貨款，賣方須負擔這一段期間所損失的利息，而買方可先領貨，規定期限到後再付款，在信用狀上會註明匯票期限為幾天之後兌現「at__days sight」，以及2.買方遠期：開狀銀行給予進口商資金的融通，買方自行負擔銀行利息及承兌費用。對於賣方而言，信用狀上的註明跟即期一樣，貨物出口後，只要提示規定的文件連同信用狀押匯，即可取得貨款。此貨款係由開狀銀行先代進口商墊付，而進口商在約定期限到期時，再連同貨款及融資利息償付給開狀銀行。

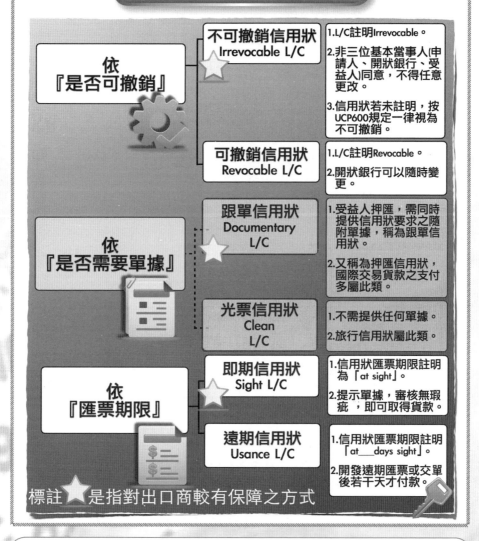

信用狀之種類

依『是否可撤銷』	不可撤銷信用狀 Irrevocable L/C ⭐	1.L/C註明Irrevocable。 2.非三位基本當事人(申請人、開狀銀行、受益人)同意,不得任意更改。 3.信用狀若未註明,按UCP600規定一律視為不可撤銷。
	可撤銷信用狀 Revocable L/C	1.L/C註明Revocable。 2.開狀銀行可以隨時變更。
依『是否需要單據』	跟單信用狀 Documentary L/C ⭐	1.受益人押匯,需同時提供信用狀要求之隨附單據,稱為跟單信用狀。 2.又稱為押匯信用狀,國際交易貨款之支付多屬此類。
	光票信用狀 Clean L/C	1.不需提供任何單據。 2.旅行信用狀屬此類。
依『匯票期限』	即期信用狀 Sight L/C ⭐	1.信用狀匯票期限註明為「at sight」。 2.提示單據,審核無瑕疵,即可取得貨款。
	遠期信用狀 Usance L/C	1.信用狀匯票期限註明「at___days sight」。 2.開發遠期匯票或交單後若干天才付款。

標註 ⭐ 是指對出口商較有保障之方式

知識補充站

你不知道的信用狀

買賣雙方於訂定買賣契約後,若該項契約約定以信用狀為支付貨款之方式,買方必須於約定期限內委請其往來銀行開發以賣方為受益人之信用狀。

進口貨品屬須簽證貨品,進口商如欲申請開發信用狀,須先向授權辦理簽證機構申請核發輸入許可證,始得申請開發信用狀,且其所申請開發之信用狀內容不得與輸入許可證之內容有所牴觸;否則應先請該進口商辦理修改輸入許可證,使其與所申請開發之信用狀內容相符後辦理為宜。如為免除輸入許可證貨品,得憑廠商提供之交易單據(如:Proforma Invoice)向外匯銀行申請辦理開發信用狀。

Unit **7-6**
信用狀之種類 Part II

前文Part I 已介紹兩種基本歸類，相信大家對信用狀種類已有初步了解，現在更以較為繁複但常用的方式歸類說明如下：

四.依可否轉讓區分

（一）**可轉讓信用狀（Transferable L/C）**：信用狀之通知銀行或經授權為延期付款、付款、承兌或讓購之銀行，依受益人（第一受益人）之請求，在統一慣例第48條之內容所規範下，在開狀銀行的明示下將此可轉讓（Transferable）信用狀，全部或部分轉給一個或一個以上之第二受益人謂之。但轉讓費用由第一受益人負擔，且僅能轉讓一次。

（二）**不可轉讓信用狀（Non-transferable L/C）**：信用狀上未註明Transferable即為不可轉讓信用狀。一般實務上較常見的即為「不可轉讓信用狀」。

五.依是否保兌區分

（一）**保兌信用狀（Confirmed L/C）**：經由開狀銀行之外的銀行（通常為出口地的通知銀行或第三國著名銀行），如果受益人提出的押匯單據或匯票符合信用狀之規定，即保證接受付款、承兌或讓購者，謂之。

此種信用狀對受益人來說是第二道確保貨款到位措施，賣方要求信用狀加具保兌原因通常有以下三種：

1.對開狀銀行不夠了解，沒信心。

2.擔心開狀銀行為外匯管制國，可能會影響收款。

3.開狀銀行擔心其所開的信用狀，恐怕不被受益人接受，主動請另一家銀行加具保兌。

（二）**非保兌信用狀（Unconfirmed L/C）**：未經開狀銀行之外的銀行保證兌付約定謂之。如信用狀經由國際上信譽卓著的銀行開出，通常未經過保兌。

六.依是否指定受理銀行區分

（一）**直接信用狀（Straight L/C）**：受益人按信用狀規定，將單據及匯票到指定的銀行請求直接付款稱之，即不必經過押匯即可取得貨款。

（二）**讓購信用狀（Negotiation L/C）**：受益人按信用狀規定，將單據及匯票到押匯（讓購）銀行辦理押匯稱之；讓購信用狀又因是否限制讓購銀行分為以下兩種：

1.限押信用狀：開狀銀行指示受益人須按信用狀上規定，持相關單據及匯票到指定的讓購銀行辦理押匯。

2.不限押信用狀：受益人僅需按信用狀規定，將單據及匯票到自己的往來銀行或其他銀行押匯即可；亦即信用狀未限制受理讓購銀行。

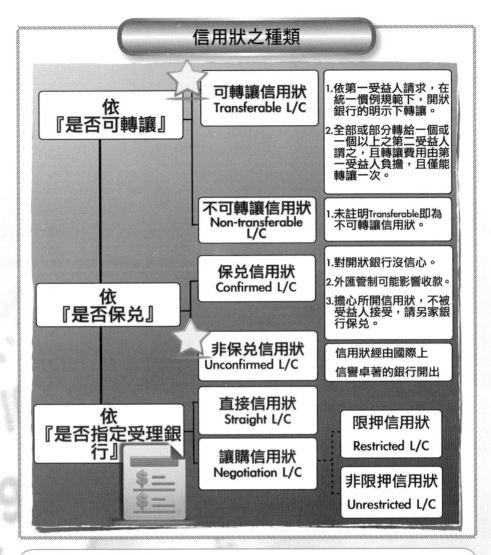

信用狀之種類

依『是否可轉讓』

可轉讓信用狀
Transferable L/C

1. 依第一受益人請求，在統一慣例規範下，開狀銀行的明示下轉讓。
2. 全部或部分轉給一個或一個以上之第二受益人謂之，且轉讓費用由第一受益人負擔，且僅能轉讓一次。

不可轉讓信用狀
Non-transferable L/C

1. 未註明Transferable即為不可轉讓信用狀。

依『是否保兌』

保兌信用狀
Confirmed L/C

1. 對開狀銀行沒信心。
2. 外匯管制可能影響收款。
3. 擔心所開信用狀，不被受益人接受，請另家銀行保兌。

非保兌信用狀
Unconfirmed L/C

信用狀經由國際上信譽卓著的銀行開出

依『是否指定受理銀行』

直接信用狀
Straight L/C

讓購信用狀
Negotiation L/C

限押信用狀
Restricted L/C

非限押信用狀
Unrestricted L/C

知識補充站

不恰當文件

A公司出口手工具一批到美國，付款條件是即期信用狀，L/C中要求提示FCR（Forwarder's Cargo Receipt；貨運承攬人收據），而非B/L（提單），這對出口商風險頗大。因為FCR是貨運承攬自出口商處收到貨物發給的收據，上面記載貨物運抵之目的地及受貨人，受貨人提貨時並不須提示FCR，且其不是有價證券，所以出口商即使握有FCR，也無法掌控貨權。貨物一旦交給貨運承攬人，就等同給受貨人，萬一押匯文件有瑕疵而遭拒付時，很可能貨物已被受貨人提領，導致出口商財、貨兩失的窘境。況且以FOB條件交易，要提示B/L才對；唯有以FCA條件交易，才可以要求提示FCR。

此事經A公司向美國進口商詳細分析，據理力爭，買方最後從善如流修改了信用狀，解除了A公司的潛在危機。

Unit **7-7**
信用狀之種類 Part III

看完繁複但常用的信用狀種類後，請繼續見識因現今科技而演變的信用狀種類。

七.依傳遞方式區分

（一）**電傳信用狀**：係指開狀銀行將有關信用狀之內容以電傳方式傳達通知銀行，而電傳方式包括Cable、Telegram、Telex及Fax等通訊方式。

（二）**郵遞信用狀**：郵遞方式係指開狀銀行將所簽發之信用狀，以航空郵遞方式寄交通知銀行轉達給受益人，或直接寄交受益人之信用狀。

（三）**網路傳輸信用狀**：拜現今網路科技方便之賜，信用狀以網路傳輸為大宗，且主要以SWIFT信用狀為主。SWIFT乃「Society for Worldwide Interbank Financial Telecommunication」環球銀行財務通訊系統之簡稱，各銀行均利用此系統作為訊息的傳遞，以此方式發出的信用狀均附有密碼，銀行會自動審核密碼，以確定此信用狀的真偽。SWIFT信用狀之內容與傳統電傳方式所記載的並無不同，不過將文章格式或表格改為條列式，以代號（Tag）指出其內容。目前使用的信用狀，均屬此類型居多。

八.其他常用信用狀

（一）**預支信用狀（Anticipatory L/C）**：俗稱「紅條款信用狀」。為了讓資金融通便利，允許受益人在出貨前，先開立匯票，可向開狀銀行指定之銀行預支一定金額貨款，貨物出口後，受益人備妥單據至銀行押匯，由預支銀行扣回預付款項及利息，支付餘款給受益人。

（二）**擔保信用狀（Stand-by L/C）**：又稱為保證信用狀（Guaranty L/C）或備付信用狀，不是以清償貨價為主。如果開狀申請人在信用狀有效期間內無法履行付款，受益人可提示信用狀規定的單據向開狀銀行求償，此乃開狀銀行為了保證申請人履約為目的而開發的信用狀，通常用於履約保證、投標保證、借款保證、工程保證等。

（三）**轉開信用狀（Back to Back L/C）**：受益人屬非直接供應商的中間商，為了防範買方知道後，直接跟供應商交易，於是將此國外開來的主信用狀（Master L/C）給本身往來的銀行轉開另一張第二信用狀（Secondary L/C）給下游的供應商，如果此供應商在國內，則開立國內信用狀（Local L/C）。

（四）**循環信用狀（Revolving L/C）**：指在一定期間內、一定金額內，可以由受益人按規定條件條款循環週期回復使用信用狀。回復的方法有很多種，視進口商實際需求可規劃為每個月或每隔三個月回復使用一次。使用此方式的信用狀，通常是交易金額大，同時又須在較長時間進行分批交貨、分批結匯之交易；或是進口商向供應商下年度單採購商品，為了簡化每次申請L/C的程序及節省相關銀行費用並減少繳納開狀保證金等而採行的變通方法；而循環方式可分為循環金額自動回復、半自動回復、經開狀銀行通知回復等使用方式。

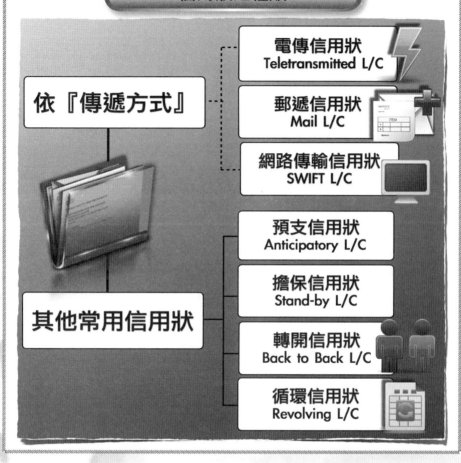

信用狀之種類

依『傳遞方式』

電傳信用狀
Teletransmitted L/C

郵遞信用狀
Mail L/C

網路傳輸信用狀
SWIFT L/C

其他常用信用狀

預支信用狀
Anticipatory L/C

擔保信用狀
Stand-by L/C

轉開信用狀
Back to Back L/C

循環信用狀
Revolving L/C

信用狀的修改

知識補充站

信用狀在開出送達受益人後,因某種原因必須修改。可能是應出口商要求而改的情況,通常是出口商於接獲信用狀審核之後,發現受益人的資料有誤、信用狀的條款及內容與協議好的買賣契約不符、生產情況發生改變等;也有是應進口商要求而改,例如:追加訂單或數量改變等突發的狀況。

在當事人(申請人、受益人及開狀銀行)的同意下,於信用狀的有效期限內,請其開狀銀行修改信用狀的內容。

不論信用狀的修改是買方或賣方之意,信用狀修改之申請,都是必須由買方向開狀銀行申請,並提出信用狀修改申請書;而開狀銀行同意申請人的要求,就依據申請書,簽發信用狀修改書給受益人。

根據UCP600第9條規定,除受益人要求申請人修改條款之外,對於其他修改,受益人有權決定是否接受。受益人對修改必須以書面通知表示同意與否,若是保兌信用狀,尚須通知保兌銀行。

第 **8** 章

交貨期的掌控

●●●●●●●●●●●●●●●●●●●●●●●●●● 章節體系架構 ▼

Unit **8-1**
準時交貨的訣竅

　　商場上常見企業經營特色之訴求，不外乎強調自家產品是「高品質、服務好、選擇多、準時交貨……」，其中準時交貨攸關買賣雙方的權利與義務，非常重要；尤其已預收貨款之交易行為，更勿拖延，而影響到買賣之間彼此既有的誠信基礎。

一.準時交貨的要件

　　(一)**買賣雙方之責任與義務**：簽署買賣契約後，賣方就有義務依契約內容，遵行貨品交貨時間及各項條件；買方除了提供相關資料，也應準時履行付款義務。

　　(二)**生產起始點的拿捏**：如買方為熟識且信用良好的客戶，則賣方一旦接到訂單簽訂契約後，即可投入生產；如買方為新客戶或之前信用不佳的舊客戶，則應等到信用狀寄來或是訂金匯款後，才備料生產，如此才能降低賣方風險。

二.精確的備料技巧

　　(一)**物料需求規劃的盲點**：現今企業普遍採用MRP或ERP等系統來備料，然而銷售預測不準、訂單變化過大、採購期過長等難以掌控的變動因素，造成製造商面臨「已備料的用不完，已接單的尚有缺料」或「已生產的賣不完，客戶訂製的做不出來」等窘境。

　　(二)**安全庫存的危機**：目前臺灣製造商是以「量少、樣多、交期快」之差異化為優勢；若以傳統預先備妥的「安全庫存」方式備料，勢必有資金的壓力。若可取得原料廠商的同意，以「少量多批次交貨」方式供貨，危機將能紓解。

　　(三)**齊全原料，製程基石**：原物料是生產製程中最為重要的基礎，更對交貨期有絕對的影響。原物料採購量及時間點的拿捏，更是一大學問；唯有透過適當的技巧，讓製程順暢，企業方能穩當獲利。

小博士解說

十分鐘化妝術的龐大商機

日本人重視外表，視「裝扮」為一種禮儀、一種價值觀。在日常生活中，很少看到日本女人上街儀容不整。她們追趕時尚，讓日本成了「亞洲的巴黎」；在美容化妝上也懂得自我創新，使日本化妝品獲得肯定，成為一個名副其實的「化妝大國」。根據統計，日本的化妝品每年銷售額高達19,000億日圓，名列世界第二，僅次於美國。

許多女性上班族為了兼顧上班前的基本保養程序與妝容，早上常必須提早一到兩個小時起床化妝。為了能美美出門，常必須犧牲睡眠，還得所費不貲，才能滿足各種保養與妝效。跟出貨一樣，要如何準時上班，成為日本女性追求的話題。這也成為一種商機，各種快速上妝的書籍與用品，形成一個龐大的市場。

準時交貨的訣竅

交貨期的掌控

準時交貨要件	精確的備料技巧
買賣雙方責任與義務	物料需求規劃
生產起始點的拿捏	少量多批次交貨

善用經驗及客戶特性，掌握備料及生產的時間點及數量，可為企業增加可觀獲利機會。

齊全且穩定原物料供應源

知識補充站

Dell公司的「Just in Time」

卓越的企業一般都不會建立僵化固定的供應鏈。因為市場供需結構及公司策略經常改變，企業必須具備高度調適能力因應。國外諸多高科技大廠意識到亞洲經濟的興起，因此必須將生產設施移往亞洲（中國、臺灣、印度、印尼等）。

然而隨著亞洲的製造能力與品質提升，許多中小型公司有能力以遠低於行情的成本，生產其關鍵零組件。國外科技大廠如自己已擴充設廠，不願進行產能外包（Outsourcing），就會面臨大勢已去，被迫關閉自設的亞洲廠，改採外包為主的供應鏈。不過有時為時已晚，失去過去在全球電子產業的主導地位。Dell公司「Just in Time」24小時的即時供貨系統，完全顛覆性改變了企業的經營與人類生活型態。根據他們對電腦這個產品的了解和認識，設計了一套產品組合，以滿足顧客的需要。從設計、提供、訂購、組裝到銷售，一貫作業連續完成。Dell的客戶由電腦網路下單，公司在24小時內組裝完成，由快遞公司送交客戶。Dell從無到有，成就了一個虛擬實體化最成功的例子。

Unit 8-2
製造過程的掌控

掌握準時交貨及精確備料技巧後,再來各階段生產製造過程事項,更不能輕忽。

一.生產前階段

(一)確認訂單細節及付款確認:1.以信用狀(L/C)付款,收到信用狀後才開始生產,以及2.以電匯(T/T)付款,收到訂金(30~50%)後,才開始生產。

(二)包裝確認:1.買方給賣方包裝指示:包括外箱嘜頭、裝箱方式、內盒製作等資料,以及2.賣方給買方包裝確認:按買方指示完成包裝製作,並供其做最後確認。

(三)充裕時間:如果本身自行生產組裝,必須算準精確的生產時間,安排好生產線;如果付款條件是以信用狀,須注意最遲裝運日;如向其他供應廠購貨,更應注意交貨期須按買方的要求。

(四)謹慎接急單:生產線製程要流暢,一定要按日程計畫,如果中途插單,必定影響正常單之生產;若要接急單時,最好仔細衡量及考慮生產線及企業內部的應變能力是否可以配合,同時也要考量買主交易歷史及信用狀況,因急單非常態,千萬別讓買主養成下急單的壞習慣,不然會弄亂企業原本從容流暢的製程,不可不慎。

二.生產中階段

(一)慎選供應商:目前出口商通常將產品各部分製造發包(Outsourcing)給外部廠商,以降低成本;惟應嚴選配合之供應商,不但品管嚴格、交貨準時外,信用更要良好。此乃時勢所趨,最好選擇國際公認機構認證的供應商為佳(例如:ISO認證)。

(二)跟催準時交貨:務必隨時跟催品質及生產進度。有些生產工廠,為增加營業額而盲目接單,經常在交貨日將至才火速趕工,稍有差池,即無法準時交貨。所以生產中的跟催是確保準時交貨的重要步驟。

(三)交貨控制表(Shipping Control Sheet):此表功能在幫助出口商控制進度,從準備貨品到出口報關的進度都能掌控如宜,以避免貨物內容及出貨時間的失誤。

三.生產完成階段

(一)組裝及包裝:半成品須再經組裝成成品,再進行內外包裝;成品則直接加內外包裝,準備出口。

(二)船期洽訂:生產完成時間應符合預定船期,以利貨物能準時出貨,不延誤。訂完艙位後,宜發裝船通知(Shipping Advise)給買主,讓買主可以掌握出貨概況,預先做進口手續的準備。

(三)驗貨確保品質:品質要求須有認證或數據化的依據。交貨之前的驗貨是確保雙方品質認可的解決方法。驗貨員可按貨品的特性,檢驗包含:產品品質、規格、數量、包裝規定等是否與契約協定確實相符。

製造過程的掌控

生產各階段注意事項

生產前	1.訂單細節及付款確認
	2.計算生產充裕時間
	3.謹慎承接緊急訂單

生產中	1.慎選供應商
	2.跟催生產品質及進度
	3.交貨控制表

生產完成	1.組裝及包裝
	2.船期洽訂
	3.產品品質確認及驗收

知識補充站

熱處理一如煮麵？

熱處理是金屬產品製造過程的一道手續，也是很重要的一個過程，因為它關係著產品的「口感」。一般熱處理常有的名詞，如果沒有學過機械材料的人，是很難理解的。想深入了解，就必須認真研究，用自己的方式把它有系統地記起來。

將熱處理的過程想像成煮麵一樣，以鐵材為例，鐵合金的成分影響它可被處理後的強度，就像麵條裡高筋與低筋的比例，同樣也影響它煮後的口感一樣。

1.把鐵加熱到快到液體的狀態，一般稱為正常化：就像要把麵煮熟一樣要煮滾。

2.然後將鐵快速冷卻（淬火），目的是讓鐵變硬（但相對也比較脆）：就像我們把煮過的麵條放進冰水一樣，使麵條硬些，不會太爛。

3.再來將鐵加熱使它達到我們所需要的硬度（回火）又不會太脆：就像我們把麵條再煮一下，達到我們想吃的Q度又不容易斷掉。

以上整個表面處理過程稱為調質，整個過程跟煮麵有異曲同工之妙。

Unit **8-3**
驗貨的重要性

圖解國貿實務

賣方貨物能如期製造完成,固然意味著製程流程的順暢及效率,但能否如買方之期待?因此賣方貨物未出貨前的驗貨,尤其重要。驗貨能幫助賣方提早發現產品質量的缺陷,使得買賣雙方得在第一時間內採取應急和補救措施,從而確保雙方的利益。

一.專業買主的要求

國內部分小型供應商,為了節省成本,並未建立專門的品質管制部門,產品品質經常無法符合買主的要求。具規模的國外買主通常會委任專業公證行、貿易商、在臺分公司或代理商在賣方貨物生產前後,出貨前進行「驗貨」,以確保出貨的品質。

二.避免產生糾紛之依據

出貨之前的「驗貨」,在國際貿易上已經成為一種不可或缺的慣例。它能幫助賣方及時避免交貨延誤和發現產品質量缺陷,使得買賣雙方得在第一時間內採取應急和補救措施,從而確保了雙方利益。

三.委任專業檢驗公司

買主在下單後,除特定貨物須委任專業檢驗公司檢驗外,一般貨品通常委派其代理或分公司經驗豐富的驗貨員,擇期前往驗貨,以確保貨品是否符合雙方契約規定,而驗貨內容如下:1.品質方面:各種品質條件是否合乎規定要求;2.外觀方面:規格、樣式、圖案、材質、顏色是否按買賣契約規定;3.數量及包裝方面:數量是否充足,包裝方式及外箱嘜頭是否正確,以及4.交貨時間:能否依契約規定如期交貨。

四.檢驗的種類

買主會根據自己公司需求及預算,訂出一套檢驗計畫。驗貨種類概分以下幾種:

(一)生產前檢查(Initial Production Check):工廠進行生產前,買主派定的驗貨員會預查所有原料、零件以及生產方式,視察是否符合買主契約上的標準或要求。

(二)生產中檢查(During Production Check):工廠開始生產的最初期,產品完成20%或50%時,到生產廠家進行抽樣檢驗,驗證其是否符合訂單的要求,驗貨員以抽樣方式檢查生產原料、零件、半製成品及製成品的品質,藉此及早發現問題,並建議適當的改進方法。

(三)出貨前抽樣檢查(Final Random Inspection):驗貨員會對包裝完畢的成品進行出貨前抽樣檢查,依據統計學的隨機抽樣方式,抽出特定數量樣品。倘檢驗結果滿意,或達到預定驗收品質標準(AQL),便會簽發證書給工廠,以便安排出貨。

(四)裝貨監督 (Loading Supervision):貨物完成後裝櫃時,驗貨員會親臨裝貨現場,實際檢查貨物數量、標籤和包裝材料及方式,是否符合指定要求,並在包裝成品內抽取樣品,檢查貨品有否混入代替品或不良品。

驗貨的重要性

貨物檢驗的重要性

專業買主的要求

避免產生糾紛的依據

委任專業檢驗公司

貨物檢驗的內容

品質標準是否合乎需求

產品內容是否符合契約

數量、包裝是否正確

是否可如期交貨

檢驗的種類

生產前檢查
Initial Production
Check

⬇

生產中檢查
During
Production Check

⬇

出貨前抽樣檢查
Final Random
Inspection

⬇

裝貨監督
Loading
Supervision

115

知識補充站

熱處理一如滷肉？

前文用煮麵來描述熱處理，接下來要以滷肉方式解釋其他熱處理方式：1.用滷的：將肉放到鍋子裡加熱，慢慢讓滷汁滲到肉裡，讓肉吃起來有味道，一般以鐵來説就是「滲碳」，將鐵放進一個充滿二氧化碳的爐子裡加熱，讓碳滲入鐵的表面增加表面硬度及耐磨性；2.用抹的：吃過蜜汁叉燒嗎？一層層的蜂蜜塗在叉燒肉上，切片時白裡透紅，吃起來軟軟的肉加上一圈甜甜硬硬的外層，真是色香味俱全（燒烤吃多有礙健康，改吃虎皮蛋糕好了）！我們可以把陽極、電鍍等想像成上蜜汁，既可增加表面硬度，又可增加美觀並防鏽，以及3.用燒的：廣式燒臘店有一種燒肉便當，外皮用火烤脆脆地的五花肉，咬起來特別有口感。

在熱處理中有一種方式稱為高週波處理，用類似微波爐原理的方式，將鐵的表面變硬。看完上述比喻是不是很像呢？

Unit **8-4**
公證檢驗的功能

俗諺：「公說公有理，婆說婆有理」，當買賣發生糾紛時，到底責任的真正歸屬如何？此時一個獨立、公正、值得各界信賴的公證機構，其所扮演的角色可就非常重要。

一.貿易糾紛時的佐證

鑒於國際間貿易日漸頻繁，可能發生的買賣糾紛機率相較之下也變大，因此一個獨立公正的評鑑機構乃因應而生。公證（Public Survey）意指獨立、公正的第三者，持特定標準為標的物做公正的評鑑；公證報告在買賣雙方發生糾紛時，是不可或缺的佐證。

二.SGS遠東公證

全世界最具公信力的公證機構首推SGS（Société Générale de Surveillance S.A.），創建於1878年，總部設在瑞士日內瓦，其分支機構遍布全球。其在臺灣的公司為瑞士商遠東公證股份有限公司，是目前世界上專門從事國際商品檢驗、測試和認證的第一大集團公司，其在國際貿易中是一個頗具影響力的民間獨立檢驗機構。

三.貨物裝船前檢驗

公證行除了提供一般客戶各式各樣的檢驗外，同時也應一些開發中國家的要求在出口地執行「PSI」，即是裝運前檢查（Pre-Shipment Inspection）。因這些國家的海關制度、設備、人手都不完善，主要任務是防止走私及增加稅收等，因而規定出口國須在出貨前配合實施「PSI」，隨貨出具信譽卓著公正機構開立的公證報告。

小博士解說

可能致命的一擊

驗貨在國際貿易的交易中為重要環節，稍一疏忽，可能引起客訴糾紛，嚴重更可能交易破局。驗貨服務在國際上已成為一種通行慣例，能幫助賣方及時避免交貨延誤和產品質量缺陷，使得買方在第一時間採取應急和補救措施，從而確保了買賣雙方利益，並保證消費者買到放心的產品。九〇年代國外一兒童不慎誤吞玩具狗熊的眼珠入肚內，為此一錯誤，當初承接這批玩具驗貨業務的某國外驗貨中心，付出了幾十萬美元的高昂代價，只因當時驗貨員忽略漏檢了眼珠拉力指標。而美國自從911恐怖攻擊事件後，實施更嚴謹的防範措施，進口時會要求出口商進行「PSI」，甚至是「C-TPAT」（供應鏈安全管理），確保貨運過程安全，杜絕任何風險產生。

公證檢驗的功能

預防發生貿易糾紛時 如何自保？

| 貿易糾紛時的佐證 | 尋求具有公信力的公證單位 | 裝運前檢驗 PRE-SHIPMENT INSPECTION |

達成客戶需求‧完成生產交貨

117

知識補充站

SWOT

這是一種企業競爭態勢分析方法，是市場營銷的基礎分析方法之一，通過評價企業的優勢（Strengths）、劣勢（Weaknesses）、競爭市場上的機會（Opportunities）和威脅（Threats），用以在制定企業的發展戰略前對企業進行深入全面的分析以及競爭優勢的定位。而此方法是由Albert Humphrey所提出來的。

（資料來源：維基百科）

Strength：優勢	**Weakness：劣勢**
S 列出企業內部優勢： ◎人才方面具有何優勢？ ◎產品有什麼優勢？ ◎有什麼新技術？ ◎有何成功的策略運用？ ◎為何能吸引客戶上門？	**W** 列出企業內部劣勢： ◎公司整體組織架構的缺失為何？ ◎技術、設備是否不足？ ◎政策執行失敗的原因為何？ ◎哪些是公司做不到的？ ◎無法滿足哪一類型客戶？
Opportunity：機會	**Threat：威脅**
O 列出企業外部機會： ◎有什麼適合的新商機？ ◎如何強化產品之市場區隔？ ◎可提供哪些新技術與服務？ ◎政經情勢的變化有哪些有利機會？ ◎企業未來10年之發展為何？	**T** 列出企業外部威脅： ◎大環境近來有何改變？ ◎競爭者近來的動向為何？ ◎是否無法跟上消費者需求的改變？ ◎政經情勢有哪些不利企業的變化？ ◎哪些因素的改變將威脅企業生存？

Unit **8-5**
國際常見規定

　　國際貿易的多元性及交易的複雜化，買方對賣方的要求不再只局限品質及價格，還要根據產品別及地區別的不同，提出查驗的特殊要求；供應商如果未能事先準備，往往面臨延遲交貨，甚至無法出貨，茲事體大。

　　查驗項目包括有：人權驗廠、反恐驗廠、歐盟環保指令（WEEE 及 RoHS）及突擊驗廠等。

　　以下列舉幾個外國客戶較常提出的特殊要求，只要跟對方交易，就必須按其規定依序提出相關之合格文件。賣方在報價前應該先要清楚對方是否有何特殊要求，因為有些要求所費不貲，會造成很大的成本負擔，不得不慎。

一.工廠查驗

　　為了落實各項關於產品的要求，確保供應商符合所求，愈來愈多的文玩具、服裝、五金、鞋類、雜貨等歐美進口業者，在進行交易前會要求查驗其供應商的工廠，一般稱為「工廠查驗」（Factory Audit）。

二.商業人權規範

　　隨著全球對人權保護意識的高漲，公司對人權保護的責任則成為不可避免的商業情勢，因此一些已開發國家或特殊的案例中，會要求一些無關產品本身的要求。

　　在聯合國「商業人權規範」（The Human Rights Norms for Business）中，有提到八項關於商業活動中對於人權的基本規範，包括：1.反歧視；2.保護戰爭中人民及法律；3.安全人員的濫用；4.勞工的權利；5.賄賂、消費者保護及人權；6.經濟、社會及文化權利；7.人權及環境，以及8.原住民的權利。

三.供應鏈安全管理

　　美國911事件發生後，使得以美國為首的全球供應鏈特別關注商業貨物運輸程序的安全。為了因應911事件而特別重視反恐的運輸安全計畫，一項由美國海關推動，與進口商、物流業及製造廠商合作參與的供應鏈安全管理──「海關─商貿反恐怖聯盟」（Customs-Trade Partnership Against Terrorism, C-TPAT）。

四.歐盟RoHS環保指令

　　該指令是歐盟在2006年7月1日起生效的一項環保指令，全文是「危害性物質限制指令」（Restriction of Hazardous Substances Directive 2002/95/EC, 縮寫：RoHS），主要規範電子產品的材料及工藝標準，其目的在於限制產品中的六種物質，明定這些物質須限用及限值，以保護人類及環境的安全及健康。雖為歐盟指令，若產品最終銷售地為歐盟會員國，生產者也必須遵守。

國際常見規定

一. 工廠查驗(Factory Audit)

為落實各項關於產品的要求，確保供應商按其要求，歐美進口業者，在進行交易前會要求查驗供應商的工廠稱之。

二. 商業人權規範
(The Human Rights Norms for Business)

推行地區：已開發國家
要求內容：與產品較無相關，例如反歧視、勞工的權利、消費者保護及人權、經濟，社會及文化權利、人權及環境、原住民的權利。

三. 供應鏈安全管理C-TPAT
海關－商貿反恐怖聯盟
Customs-Trade Partnership Against Terrorism

推行地區：美國
要求內容：為因應911事件而特別重視反恐的運輸安全計畫使得以美國為首的全球供應鏈特別關注商業貨物運輸程序的安全。

四. 歐盟RoHS環保指令

推行地區：歐盟
要求內容：危害性物質限制指令，全文為Restriction of Hazardous Substances Directive 2002/95/EC，規範電子產品材料及工藝標準，目的在於限制產品中明定6種物質限用及其限值，保護人類及環境的安全及健康。

知識補充站

不能忽視的要求

左述列舉四個特殊要求是國外客戶較常提出的，實務上還有兩種：
1.生產零件核可程序：客製化生產的時代來臨，針對客戶要求開發的新產品，量產前供應商透過「生產零件核可程序」（Production Part Approval Process, PPAP），證明已正確理解客戶工程設計紀錄和規格的所有要求，及其相關生產計畫與量測系統，為QS-9000當中的一個重要部分。PPAP通常分為五個階層（Level），其中Level3最常被要求。2.產品責任險：全球消費者意識提高，以保護消費者為主要目標的產品責任險，是進口業者要求的重點。尤其美國大型連鎖企業，對消費者保護向來不遺餘力，要求產品進口前，必須加保產品責任險；如遇客訴央求賠償，一旦出險，隔年保險費立即增高。對如此鉅額費用的負擔，常讓供應商苦不堪言。建議供應商可洽各大產物保險公司諮詢保險細節，以分散風險。

Unit **8-6**
商品進出口檢驗

　　商品檢驗為國家行政業務之一，目的在於提高商品品質、建立國際市場信譽、促進國際交易、保障國內外動植物安全及消費者權益等，由經濟部標準檢驗局辦理該項檢驗，檢驗項目主要包含品質檢驗、衛生檢驗及包裝檢驗等。

一.商品出口檢驗

　　(一)出口商應施檢驗的範圍：1.經濟部公告應施檢驗者：依經濟部視實際情況而增減檢驗品目，以及2.出口商品應國外客戶要求檢驗者：並非為國家公布應檢驗貨品，但基於特殊要求，可向檢驗局要求特約檢驗。

　　(二)出口檢驗程序：1.報驗：向檢驗單位索取「商品輸出報驗申請書」填寫，據此申請檢驗；2.繳費：包括檢驗費、標籤費、臨場檢驗差旅費；3.取樣：先行外觀檢驗，再給取樣憑單；商品與報驗申請書不符不予取樣，非經報准，不能移動；4.檢驗：準檢驗局執行檢驗的方式有自行檢驗、代施檢驗、分等檢驗，檢驗標準可依國家標準、暫行標準、雙方約定標準，以及5.發證：經檢驗合格發「合格證書」；不合格發「不合格通知書」，15天內再免費複驗一次，可以原樣複驗或重新取樣。

　　(三)港口驗對：出口商品經公告為應施檢驗之輸出商品，由出口商運抵港口後，持原領之「輸出檢驗合格證書」，向當地標準檢驗局港口分局報請驗對。

二.商品進口檢驗

　　(一)進口檢驗的產品範圍：除了動植物須按我國檢疫規定施行檢疫外，目前須實施檢驗的產品項目大多數與安全相關，經濟部會視情況隨時公告。詳細項目可向經濟部標準檢驗局洽索「應施檢驗商品品目表」。

　　(二)進口檢驗程序：

　　1.報驗：向檢驗單位索取「報驗申請書」與合格證書及相關結匯文件，據此向到貨的港口（機場）檢驗機構報驗申請檢驗；繳費則是一般商品的檢驗費按進口CIF價之0.15%～0.3%計價，特殊貨品另計，以及領取並貼掛檢驗標識。

　　2.取樣：在卸貨地點，先做外觀檢查；依國家標準規定取樣，同時開給取樣憑單；報驗商品未獲檢驗結果前，不得擅自移動，以及如進口體積龐大或須特殊取樣工具之商品，無法在碼頭倉庫取樣，檢驗機構得指定地點取樣檢驗。

　　3.檢驗：依國家規定標準執行檢驗，評定是否合格；未定標準者，依暫行規範或標示成分檢驗；基於特殊原因，貨物標準低於規定標準者，應先經由國貿局申請核准，以及檢驗時限超過五日以上得申請具結先放行。

　　4.發證：經檢驗視合格與否，發給合格證書或不合格通知書，如不合格者，報驗人可於接到通知後十五日內請求免費複驗一次，以及複驗時，若原樣品無剩餘或不能再加檢驗者，得重行取樣，否則就以原樣品為之即可。

商品進出口檢驗

出口

範圍

1. 經濟部公告應施檢驗者
2. 出口商品應國外客戶要求檢驗者

檢驗程序

報驗　繳費　取樣　檢驗　發證

港口驗對

出口商品經公告為應施檢驗之輸出商品由出口商運抵港口後，持「輸出檢驗合格證書」，向當地標準檢驗局港口分局報請驗對。

進口

範圍

1. 動植物檢疫
2. 與安全相關
3. 『應施行檢驗商品品目表』中項目

檢驗程序

報驗　繳費　取樣　檢驗　發證

注意事項

1. 檢驗時限超過五日以上得申請具結先放行。
2. 不合格者，報驗人於接到通知後十五日內請求免費複驗一次。
3. 複驗時，若原樣品無剩餘或不能再加檢驗者，得重行取樣，否則就以原樣品為之即可。

第 9 章

國際貨物裝運

●●●●●●●●●●●●●●●●●●●●●●●●●●● ● 章節體系架構 ▼

Unit **9-1**
海上貨物運輸

　　臺灣是島國，四面臨海，因此在各項運輸中，又以海洋運輸與航空運輸為最主要運輸工具，合稱國際運輸。船舶無遠弗屆，運費低、裝載量大，加上貨櫃興起，更便利貨物的裝卸，絕大多數貨物是透過海洋運輸的方式完成。

　　近年來海洋運輸航道四通八達，更結合陸運，載運多種貨物是其優勢所在。全世界國際貿易運輸總量三分之二是由海洋運輸完成。但速度慢，航行風險大，航行日期不易準確，是其不足處。當然一些內陸國家尚須利用空運或陸運彌補海運的不足。

一.海運經營模式

　　(一)**定期船運**（Liner Shipping）：指在特定航線上，依照預先排定的船期表規律往返航行的船隻，不但船期航線固定，停靠港口固定，運費也都固定，而各家船公司在各地區均設有固定航班，熱門地區通常一星期二至三班船往返，而冷門的航線，約二星期一班，有時甚至可達一個月一班，因此出貨前船期的洽詢，往往是準時履約出貨的關鍵。而定期船承運之貨物是以一般雜貨（General Cargo）為主，由於承載不同種類性質的雜貨，又稱為雜貨輪。

　　定期船運的特性如下：1.船期作規則性之往返航行，船期、航線均固定；2.承攬數量不拘，種類繁多之貨物，託運人數眾多；3.通常加入海運同盟，收費按規定標準，議價空間低；4.以公共運送人身分營運，受所停靠港埠政府之監督；5.以一般不特定的多數託運人為服務對象，每一貨物單位之價值及運價較高，貨物裝卸及搬運費用較高，且大多由船方負擔，以及6.簽訂裝貨單（Shipping Order）洽訂艙位，憑大副收據（Mate's Receipt）換提單。

　　(二)**不定期船運**（Tramp Shipping）：指航線、航行時間不固定的貨船，無一定行駛路線、停靠港，船期及運費標準，端看貨物的性質、數量及流動需要而定，通常以整船出租為其主要營運型態，裝載內容以礦砂、穀物、木材等原料居多，貨物不必預先包裝過，直接送至船艙內。

　　不定期船運的特色如下：1.船舶之航行視貨載需要而定，並無固定航線與船期；2.以艙位包租方式承攬業務，因此船東是私運送人（Private Carrier）；3.運價未訂有運價表，由船、貨雙方依據市場趨勢協議訂定之；4.每一單位價值較低，運價亦較廉，費用便宜，且大多由傭船人負擔；5.船公司規模小且組織單純，以及6.不定期船通常透過經紀人介紹，由託運人與船東簽訂傭船契約，並無刊登船期廣告。

二.運送人的選擇

　　(一)**船公司**（Carrier）：經營船舶之業者，一般而言，國內除少數國輪外，多數為外商或其臺灣總代理，未來船公司將以提供運輸工具為主。

　　(二)**海運承攬業**（Freight Forwarder）：未經營運輸工具，但承攬運送任務者，未來海運承攬業將以提供運輸服務為主。

海上貨物運輸

海運經營模式

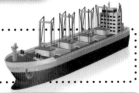

定期船運 (Liner Shipping)

- 航班、時間、運費固定
- 託運貨物多為雜貨
- 貨物單價高
- 不特定之託運人眾多
- 公共運輸人身分 受港埠政府監督

不定期船運 (Tramp Shipping)

- 航班、時間、運費不一
- 託運貨物種類單一
- 貨物單價較低
- 通常整船為同一託運人
- 私運送人身分

運送人的選擇

船公司 Carrier

經營船舶之業者，提供運輸工具為主。

海運承攬業 Freight Forwarder

未經營運輸工具，承攬運送責任者，海運承攬業以提供整合運輸服務為主。

Unit **9-2** 船務洽詢程序

前文提到臺灣是島國，加上近年來海洋運輸航道四通八達，絕大多數貨物是透過海洋運輸的方式完成。因此對如何與船務洽詢之程序，當然非了解不可。

一.詢問運費

出口商（託運人）若以CFR、CIF條件報價，必須先查詢運費，最好是請船公司（運送人）報「ALL IN」價格及運費含附加費，這樣可避免附加費隨國際情勢上漲時，成本難以計算，可電洽船公司，請其以書面報價。

二.詳查裝船規定

交易如以信用狀付款，出口商必須詳讀信用狀內容有關裝船之規定，若以其他方式，則出口商必須事先詢問進口商是否有特殊的裝船規定，可先規劃船運細節。

三.洽詢船公司

在運輸旺季或原油上漲時，運費的波動劇烈，報價有效期短，先前詢獲之價格，可能已經改變。因此必須先確定運費，然後查明船期及洽定艙位，確定後，船公司發給出口商一份「裝貨單」（Shipping Order, S/O）。

四.報關裝船

（一）**領取裝貨單**：託運人應於結關前或最遲當日將書面「裝貨單」（S/O）交給運送人，以確定裝貨單之內容，可憑此單向海關辦理出口報關手續。

（二）**裝櫃**：有以下兩種方式：

1.併櫃貨（CFS）：出口商按規定將貨物運至港口指定收貨地點，通常是貨櫃場或碼頭倉庫。

2.整櫃貨（CY）：在結關三四天前領取空櫃，貨物裝櫃後，將貨物運至港口指定收貨地點，通常是貨櫃場或碼頭倉庫。

（三）**結關裝船**：多數出口商會委由報關行代辦結關、報驗、查驗，最後由船公司派專人將貨物裝入船艙，裝船完畢後，由大副簽發大副收據（Mate's Receipt）。

（四）**提單換領**：貨物裝運完畢後，出口商在交易條件為CFR及CIF之下，要付清運費後，在憑大副收據換取正式的提單，即「Bill of Lading」，已付清的運費提單上會註明「Freight Prepaid」（運費已付）；而在交易條件為FOB時，提單上則註明「Freight Collect」（運費待付），領單時，如大副收據有批註，船公司會據此登載在提單上，此提單即為「非清潔海運提單」，這會造成信用狀押匯時，提單遭銀行拒收。提單提領完後尚要留意一些事項，將於右文說明。

船務洽詢程序

詢問運費

詳查裝船規定
依不同付款方式
須仔細了解裝船規定
再規劃運輸細節

洽詢船公司
取得「裝貨單」
Shipping Order
(S/O)

☆小叮嚀：
裝運貨物若有瑕疵或不符，大副將會在收據有批註，船公司會據此登載在提單上，此提單即為「非清潔海運提單」，這會造成信用狀押匯時，提單遭銀行拒收。

報關裝船

(一) 領取裝貨單

(二) 裝櫃
1. CFS (併櫃貨)
   出口商按規定將貨物運至港口集中收貨地點
2. CY (整櫃貨)
   裝櫃後運至港口指定收貨地點

(三) 結關裝船
由報關行代辦結關、報驗、查驗，最後由船公司派專人，將貨裝船。由大副簽發大副收據
(Mate's Receipt)

(四) 提單換領特別注意
1. 電放提單處理
2. 遺失提單處理
3. 提單修改處理

知識補充站

提單的例外

1.電放提單：出口商因實際需要，並非一定要選擇領提單正本。對於航程短的鄰近國家，通常貨到達目的地港口，而提單才剛簽好，此時如果再經郵寄提單方式，唯恐提貨太遲，因而可考慮電放提單方式，先由船公司電報通知對方船公司先放貨，然後再將正本提單補上。

2.遺失提單：正本提單共一式三份，只需一份提領貨物，其他二份自動失效。若三份均遺失，往往相當麻煩。船公司對於開發第二套正本提單的規定及限制頗多，除須出具提單遺失擔保書外，如擬重開提單，船公司甚至要求出具貨價金額的支票保證，實務上也可以銀行擔保提貨的方式提貨。

3.提單修改：因國家地區的不同，對於提單的修改及限制也不一。要修改前最好先向原簽發船公司洽詢，修改後必須蓋更正章。一些特殊國家對更正章有數量限制，例如：巴拿馬海關規定一筆提單僅可蓋三個更正章；委內瑞拉之提單，最多只能蓋兩個更正章，超過則重作提單；巴西、厄瓜多爾海關更嚴格，規定貨載提單，不能蓋更正章，提單上有錯誤須重作提單，以避免當地海關挑剔而延遲放貨。

Unit 9-3
貨櫃運輸業務

　　貨櫃運輸是一種包含海、陸及空運的聯合運輸作業。為一結構堅固、可重複使用的大容器，適合多種運輸工具互相配合，構成整體一貫性作業的運輸系統。內部容積高達一立方公尺以上。其優點在於簡化貨物包裝、方便運輸、降低運輸成本、增加運輸速度、確保貨物安全完整等。

一.貨櫃用途的種類

　　(一)乾貨貨櫃：裝載不需特別環境又裝得進這些貨櫃的一般雜貨，為用途最廣、運費也相對便宜的貨櫃。

　　(二)冷凍貨櫃：裝載低溫冷藏、冷凍貨物或需維持較低恆溫的貨品之用，如生鮮食品、蔬果類產品。

　　(三)特殊貨櫃：使用機率較少，運費較高，可細分五種：1.全高開頂貨櫃：裝載一般用於裝超高或大件貨物；2.開側貨櫃：裝載散貨，如穀類，側邊開門方便裝卸；3.角柱可折疊式之床式、平臺兩用貨櫃：裝載車輛；4.前後板框可折疊式之床式、平臺兩用貨櫃：裝載車輛、鋼板、木材、電纜等，以及5.超高成衣櫃：裝載成衣。

二.常用的貨櫃尺寸與容量

　　關於常用的貨櫃尺寸與容量，請見右下圖表摘自長榮海運之資料，僅供參考。實際尺寸及重量應以各櫃櫃體所標示者為準。

　　至於輕貨／重貨之重量，各家船公司的限制與要求不一，宜於出貨前再次詢問船公司作最後確認，提供資料為一般性貨物，僅供參酌。

三.貨櫃運輸裝卸作業方式

　　(一)整裝／整拆（FCL/FCL；CY/CY）：整個裝、拆作業與船公司無關，船公司只負責運送，由託運人自行裝櫃送至船公司在出口地貨櫃場（CY），貨櫃由船公司運至目的地的貨櫃場（CY），由受貨人自行拆櫃，即同一託運人及同一受貨人。

　　(二)整裝／分拆（FCL/LCL；CY/CFS）：由託運人自行裝櫃送至船公司在出口地貨櫃場（CY），船公司負責將貨物運送至目的地的貨物集散地（CFS），船公司拆櫃後將貨物交給受貨人，即同一託運人，不同一受貨人。

　　(三)併裝／分拆（LCL/LCL；CFS/CFS）：由船公司負責貨櫃的裝櫃，在出口地貨櫃集散地（CFS）接收不同託運人貨運併櫃，然後運至目的地貨櫃集散地（CFS），由船公司拆出貨櫃內貨物交給不同受貨人，即不同一託運人，不同一受貨人。

　　(四)併裝／整拆（LCL/FCL；CFS/CY）：在出口地的貨櫃集散地（CFS），接收不同託運人的貨物併裝，由船公司將貨櫃運至目的地的貨櫃場（CY），由受貨人自行拆櫃，即不同一託運人，同一受貨人。FCL等於是CY，LCL等於是CFS，歐洲國家慣用FCL／LCL系統，而美日國家則普遍採用CY/CFS系統。

貨櫃運輸業務

貨櫃的種類

依貨物需求的用途分類
1. 乾貨貨櫃(一般最常用皆為此類)
2. 冷凍貨櫃(適用於需溫度控制的貨物)
3. 特殊貨櫃(通常運費較高，特定貨物適用)

貨櫃運輸裝卸作業方式

	託運人	裝櫃	運送	拆櫃	受貨人
(一)整裝/整拆 FCL/FCL CY/CY	單一	託運人	船公司	受貨人	單一
(二)整裝/分拆 FCL/LCL CY/CFS	單一	託運人	船公司	船公司	眾多
(三)併裝/分拆 LCL/LCL CFS/CFS	眾多	船公司	船公司	船公司	眾多
(四)併裝/整拆 LCL/FCL CFS/CY	眾多	船公司	船公司	受貨人	單一

☆只要是託運人或受貨人非單一的部分，皆由船公司負責進行
　裝櫃、或拆櫃工作。

註：FCL等於是CY，LCL等於是CFS。
　　歐洲國家慣用FCL / LCL系統。
　　美日國家則普遍採用CY / CFS系統。

常用的貨櫃尺寸與容量

單位(Inch) 種類	20呎 20'×8'×8.6'	40呎 40'×8'×8.6'	40呎高櫃 40'×8'×9.6'	45呎 45'×8'×9.6'
貨櫃內部容積	1,169cft(立方呎)	2,385cft(立方呎)	2,690cft(立方呎)	3,040cft(立方呎)
限載貨物淨重	21,670kgs(公斤)	26,480kgs(公斤)	26,280kgs(公斤)	27,800kgs(公斤)

Unit **9-4**
航空貨物運輸

　　近年來航空事業發展迅速，各類進出口貨物利用航空運送日益普及。航空運輸有海陸運輸無法比擬的優越性。運費固然較高，但時效快，尤其貨物必須運送到內陸，若以海陸聯運，不僅費時也易因搬運而毀損。利用空運可直接到達，既快速又安全。

一.航空貨運之特色

　　（一）運輸時效佳：空運最主要的特色就是快速，除了縮短貨物運輸時間，也較能應付市場上瞬息萬變的需要，有利於爭取商機。

　　（二）節省包裝費及保險費：空運的貨物破損率及遺失率比海運低，因此運輸包裝成本比海運低，加上運輸時間短，保險費率較低。

　　（三）適用於高經濟價值的產品：空運費成本高，較適合運送輕薄短小價值高之商品、生鮮商品、具時效性及季節性的產品、活體動物等，如：花卉、新鮮食品、新聞報紙、電子相關商品等。近年來，航空運輸的競爭激烈，促使航空運費率逐年降低，增加貨主利用航空運輸的利基。

二.航空貨物相關機構

　　（一）國際航空運輸協會（IATA）：各國為了有效處理國際各航空公司間之票價、運費等商務事項達成共識，於1945年由各飛航國際航線之航空公司聯合組成「國際航空運輸協會」（International Air Transportation Association, IATA），總部設於加拿大蒙特婁，目前世界各航空公司均透過該協會相互連結與從事商務協調，該會已成為全球民航事業所公信之民間組織。

　　（二）航空公司（Air Lines）：航空公司是運送人，自身擁有機隊，以載運客、貨、郵件為主要業務。

　　（三）航空貨運代理公司（Air Cargo Agent）：經航空公司授權代理航空公司承攬貨運業務，經授權以航空公司名義簽發空運提單，再由航空公司支付佣金給此業者。

　　（四）航空貨運承攬業者（Air Cargo Consolidator）：未經航空公司授權，只承攬零星的航空貨物，集貨後以整批交運，此業者藉以賺取運費差額為其獲利來源。目前絕大多數的空運貨物都是委託此業者代為辦理。

　　（五）郵局國際快捷（International Express Mail Service）：國際航空郵件經國外郵局同意互寄，以最快捷的方法處理，在最短時間送達給收件人，稱為國際快捷郵件（EMS），填具國際快捷五聯單及備好商業發票，交由各地郵局寄送。

　　（六）航空國際快遞公司（Air Express Service）：航空快遞業務是由快遞公司和航空公司合作，向貨主提供的快遞服務，有些專業的快遞業者更有自己所屬的機隊，其業務包括由快速公司派專人從發貨人處提取貨物後，以最快航班將貨物出運，飛抵目的地，再由專人接機提貨，辦妥進關手續後直接送達收貨人，稱為「門對門運輸」（Door to Door Service）。

航空貨物運輸

航空貨運特色

航空貨運特色	航空貨運的相關機構
運輸時效佳	「國際航空運輸協會」 International Air Transportation Association, 簡稱 IATA
節省 包裝費及保費	航空公司 Air Lines
	航空貨運代理公司 Air Cargo Agent
適合運送貨物 1.價值高 2.輕薄短小 3.生鮮商品 4.具時效 5.季節性 6.活體動物	航空貨運承攬業者 Air Cargo Consolidator
	「郵局國際快捷」 International Express Mail Service, 簡稱 EMS
	「航空國際快遞公司」 Air Express Service 門對門運輸 Door to Door Service

Unit **9-5**
航空貨物的託運

既然航空貨物運輸速度快又安全準確，雖然運費較高，但該用時也不能省。

一.託運方式

（一）**直接託運**：貨主（託運人）自行洽定，空運貨物的託運手續比海運要簡便許多，託運人可自行向航空公司或其代理人洽定艙位，繕製貨物託運申請書（Shipper's Letter of Instructions）或俗稱託運單，經航空公司或其代理人接受後，將貨物運到機場進倉、報關，經海關檢驗放行後，航空公司立刻發行空運提單（Airway Bill）交與託運人，貨品數量通常會採用自行洽訂艙位的方式。

（二）**集中託運**：貨主委託航空貨運代理商或航空貨運承攬商洽定，一般使用航空運輸的出貨人最常採用此方式。實際上，多數會採空運的貨物，數量不多，將貨交給航空貨運承攬商，或併裝業者辦理託運的通關手續，最為便利，託運人填寫航空貨運承攬商的空運貨物委託書（Instructions for Dispatch of Goods by Air）。航空貨運承攬業或併裝業再以他們的名義簽發小提單或分提單（House Air Waybill, HAWB）給貨主，從不同貨主集貨運往同一地區，併裝成批（櫃），再以自己為託運人的名義，將整批貨物交付給航空公司或其代理人負責運送，透過航空公司或其代理人處取得主提單（Master Air Waybill, MAWB），在空運貨物抵達目的地後，再由當地「併裝貨運分送代理商」收取貨物並拆櫃及通知各個受貨人辦理報關提貨等手續。

二.飛機航班種類

（一）**定期班機運輸**（Scheduled Airline）：通常係指具有固定啟航時間、航線和停靠航站的飛機。通常為客、貨混合型飛機，貨艙容量較小，運費較貴，但由於航期固定，有利於客戶安排少量、高價商品、易腐商品、生鮮商品或急需商品的運送。

（二）**契約包機運輸**（Chartered Carrier）：通常為貨機，是指航空公司按照既定的條件和費率，將整架飛機租給一個或幾個包機人（指航空貨運承攬業者或航空貨運代理公司），從一個或數個航空站裝運貨物至指定目的地。包機運輸適合於大宗貨物運輸，費率低於定期班機，但運送時間則比定期班機要長些。

三.航空貨物出口注意事項

航空貨物出口要注意：1.不同航線地區，規定不盡相同，宜先查明，避免延誤通關，造成損失；2.未取得國外買主同意，勿以「運費到付」出貨，否則對方拒付，貨品會被棄留當地機場，航空貨運公司將轉向託運人收費；3.貨物包裝規格及重量均應符合航空公司及海關規定，避免卡關；4.貨物包裹禁止夾帶違禁品或仿冒品，且須如實申報，避免觸法；5.出貨前須確認國外買主接受分提單（HAWB），否則務必提供主提單（MAWB），以及6.空運貨物出口要以符合班機時刻先在機場進倉，貨機要6～10小時前進倉，客貨機要4～6小時前進倉，以利安檢、報關、裝櫃等作業。

航空貨物的託運

託運方式

直接託運

託運人自行洽訂艙位

填寫貨物託運申請書

運送→進倉→報關→
檢驗→放行

受貨人取得空運提單

集中託運

由航空貨運代理商或航空貨
運承攬商集中貨物

承攬商簽發小提單
或分提單
（House Air Waybill, 簡稱HAWB）

承攬商取得主提單
(Master Air Waybill, 簡稱MAWB)

『併裝貨運分送代理商』
收貨並通知各受貨人
辦理通關提貨

飛機航班種類

1. 定期班機運輸
（Scheduled Airline）

2. 契約包機運輸
（Chartered Carrier）

航空貨物出口注意事項

1.不同航線、地區之規定，宜先查明。
2.未取得國外買主同意，切勿以「運費到付」出貨。
3.貨物的包裝規格及重量，均應符合規定。
4.貨物包裹禁止夾帶違禁品或仿冒品，如實申報貨物內容。
5.出貨前須確認國外買主接受分提單(HAWB)與否。
6.空運貨物出口提前運至機場進倉，以利貨物安檢、
　報關、裝櫃等作業等程序。

Unit 9-6
複合運輸

　　複合運輸（Combined Transport）係指含二種以上運送方式的運輸。比較詳細的說法，是指貨物自起運地至目的地間的運送，經由二種以上的運送方式完成，主要目的是讓貨物在起訖點的流程中，利用最短時間與最經濟方式達成運輸，重要的精神是由單一運送人簽發一份涵蓋運送全程的「複合運輸提單」，並收取「單一費率」。

一.發展過程

　　談到複合運輸的發展過程，一開始的出發點只是想提高搬運效率，間接降低營運成本，之後採取單位包裝的方式，以方便機械設備的裝卸搬運，後來逐漸演變為貨櫃化運輸；後來由於技術不斷創新，引進了艙格式貨櫃船及跨橋式起重機的使用，更提高貨櫃的搬運效率。由於貨櫃運輸的發展，使得廠商們開始重視整體運輸的觀念，有些公司陸續合併組成聯運公司，後來演變成聯合多種運具服務的複合運輸系統（Intermodal Transportation）。

二.路線分類

　　複合運輸依其行經路線是否跨國進行，又分為國際複合運輸與地區性複合運輸。近年來運輸科技不斷更新，針對不同貨物快速省時運輸的要求，複合運輸的型態也愈見多樣化與彈性化，國際與地區性複合運輸兩者方式之結合也日益增多。

三.常用的四種模式

　　(一)海陸空聯運：結合海陸空運輸，適用於運輸路程遙遠、地理位置較偏遠，難到達之目的地。

　　(二)空陸聯運：空運結合鐵路或公路運輸，目的地內陸，需要時效的貨物為主。

　　(三)海空聯運：海運結合空運，數量不大，考量成本，需要時效的貨物為主。

　　(四)海陸聯運：以海運結合陸地的鐵路運輸為主，數量大，考量運費成本及縮短運輸時效，最常見的方式為陸橋運輸，分為下列三種：1.陸橋運輸（Land Bridge Service）：位於二大海域間，船公司利用大陸作為聯結橋樑，貨櫃船抵達大陸一端之港口後，再以卡車或火車接運橫跨大陸到另一端港口，再以貨櫃船運抵目的港，以節省海運繞道航程，形成「海運→陸運→海運」之運輸方式。著名有北美陸橋、西伯利亞陸橋、新歐亞陸橋，為亞東區出口至美國、歐洲的好選擇；2.小型陸橋運輸（Mini-Land Bridge Service）：這也是海運及路運的複合運送，貨櫃船抵達大陸一端之港口後，再以卡車或火車接運橫跨大陸到另一端目的港貨櫃場，接著由內陸貨運運至目的地，形成「海運→陸運」之運輸方式。亞東區出口至美國沿岸城市常用此方式，以及3.微型陸橋運輸（Micro-Land Bridge Service）：貨櫃船抵達大陸一端之港口後，再以卡車或火車等內陸運輸將貨物直接運到內陸之目的地，形成「海運→陸運」之運輸方式。亞東區出口至美國內陸地區常用此方式。

複合運輸

定義

所謂複合運輸（Combined Transport），係指貨物自起運地至目的地間的運送，經由二種以上的運送方式完成而言。

發展過程

| 提高效率 | 降低成本 | 貨櫃運輸 | 聯運公司 | 複合運輸系統 |

常用模式

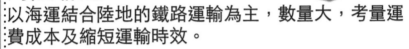

海陸聯運

以海運結合陸地的鐵路運輸為主，數量大，考量運費成本及縮短運輸時效。

1. 陸橋運輸 (Land Bridge Service)
2. 小型陸橋運輸 (Mini-Land Bridge Service)
3. 微型陸橋運輸 (Micro-Land Bridge Service)

西伯利亞陸橋
波羅的海
鹿特丹
新歐亞陸橋
連雲港
海參崴港 (俄羅斯)
太平洋

範例：
歐亞陸橋作業

第 10 章
進出口貨物通關業務

● 章節體系架構 ▼

Unit 10-1
自動化貨物通關之實施

關稅總局業務電腦化自民國66年成立資訊管理中心開始，自84年6月已全面實施海空運貨物通關自動化作業，大幅改善通關速度及品質，績效卓著，使我國繼日本、新加坡之後，成為亞洲第三個實施通關自動化的國家。

民國89年完成空運通關系統轉型上線，建置全新空運通關運作環境，提高通關效率。另實施空運快遞貨物簡易申報制度，加速空運快遞貨物通關作業。民國90年利用網際網路提供海關通關作業透明化資訊，完成物流中心海空運通關作業。

一.貨物通關自動化之概念

貨物通關自動化係指海關設「關貿網路」（Trade-Van, T/V），其為開放型加值網路，是透過該網路系統連線彼此傳輸資料。因此相關民間業者均應與T/V主機連線，成為其用戶之一。其功能是在做傳輸、轉接、轉換、存證等工作，每週除固定利用假日抽出兩小時從事維護外，平日均可二十四小時作業（Mail Box），連線者利用電腦網路，將貨物進出口的相關政府機構與民間業者做多向串聯，彼此交換與共享貨物資訊，俾加速貨物通關，並有效提升業者競爭力及節省時間、成本：1.以關區區分：包括基隆、臺北、臺中、高雄四個關稅局；2.以貨物流向區分：包括進口、出口及轉運業務；3.以通關流程區分：進口包括貨物抵岸至放行提領，出口自貨物進倉至船機開航；4.以控管標的區分：包括船機、貨物及貨櫃，以及5.以連線對象區分：包括航運業、倉儲業、報關業、承攬業、國際網路、銀行業、金資中心、簽審機關、保稅工廠、保險業、進出口商、國貿局及其他相關業者等。

二.貨物通關自動化之效益

（一）**隨時收單**：關貿網路二十四小時開機運作，所有連線業者可隨時透過網路投單，方便而迅速。

（二）**加速通關**：電腦化作業加速通關，節省各相關單位時間及成本。

（三）**先放後稅**：通關網路中保證金額度檔，提供進口商先從該檔中扣除稅款，貨物可先放行。

（四）**電腦通知放行**：各相關業者可經由電腦取得放行資料，可迅速辦理提貨。

（五）**加值服務**：透過關貿網路，可查詢公共、EDI、海關等資料庫，亦提供法規全文檢索及電子布告欄，資訊透明，滿足連線者所需。

（六）**線上查看報關狀態**：報關業者可在線上監控貨物報關狀態，隨時掌握進度。

（七）**篩選案件通關**：利用專家系統篩選高危險群案件，避免延誤一般案件的通關效率。

（八）**避免人工疏失**：電腦化一貫作業處理，避免人為因素，影響通關。

進出口貨物通關業務

自動化貨物通關概念

「關貿網路」（Trade-Van, T/V）為開放型加值網路，其功能是在海關及其他民間單位做傳輸、轉接、轉換、存證等工作

效益

1. 隨時收單
2. 加速通關
3. 先放後稅
4. 電腦通知放行
5. 加值服務
6. 線上查看報關狀態
7. 篩選案件通關
8. 避免人工疏失

分類

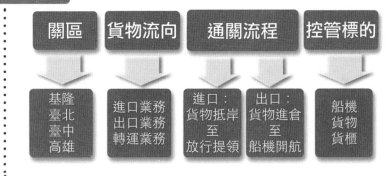

關區	貨物流向	通關流程		控管標的
基隆 臺北 臺中 高雄	進口業務 出口業務 轉運業務	進口： 貨物抵岸 至 放行提領	出口： 貨物進倉 至 船機開航	船機 貨物 貨櫃

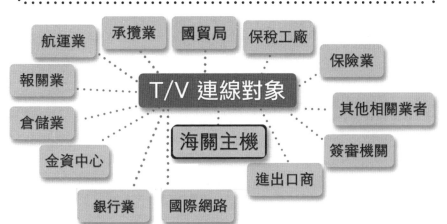

T/V 連線對象

航運業　承攬業　國貿局　保稅工廠　保險業　報關業　倉儲業　金資中心　銀行業　國際網路　海關主機　進出口商　簽審機關　其他相關業者

Unit 10-2
出口貨物通關程序 Part I

　　貨物通關自動化實施後,對國際貿易業者真是輕省不少,尤其資訊透明與即時化,更是便利業者對成本與時間的掌控。由於內容豐富,本單元Part I 先就自動化通關的流程做一簡單扼要的說明,至於出口報關相關事宜則於Part II 介紹。

一.收單

　　首先,就是要將出貨的資訊讓關稅總局知道,必須將以下三種資料透過「關貿網路」進入海關電腦之後,便會執行邏輯檢查及比對:1.船舶業者傳截止收貨結關及開航日等資料;2.報關業者在船舶結關前24小時前傳「出口報單」,以及3.倉儲業者確定貨物進艙後傳進艙證明。

二.選取通關方式

　　報關資料經海關電腦收單後,即進入報關檔,經過「專家系統」中,分別依「貨品分類檔」、「簽審檔」、「抽驗檔」、「廠商資料檔」運作後,隨即產生C1、C2、C3三種通關方式。

　　(一)C1通關方式:免審免驗。

海關免審核主管機關許可或證明等合格文件自動放行。

　　(二)C2 通關方式:文件審核。

報關人須於規定時間內提供主管機關許可或證明等合格文件供海關審核,經審核相符後,免驗貨通關放行貨物。

　　(三)C3通關方式:應審應驗。

報關人須於隔天出具書面文件,供海關審核外,查驗時並須會同驗貨關員查驗貨物,再由業務單位審核後,通關放行貨物。

三.貨物查驗

　　選到C3的通關方式,由海關驗貨員會同報關行到貨物現場查驗,查驗之重點為出口貨物申報是否相符、商標申報、產地標示、退稅審核。

四.分類估價

　　C2之書面審核及C3應審應驗案件,經分類估價手續,以作為統計管理與核退稅款之用,出口貨品一般以FOB價為估算基準。

五.放行

　　海關經由電腦將放行訊息傳輸給報關行及倉儲業者「放行通知」,報關行持此通知,海運者加上裝貨單向船公司申請裝船,空運者加上託運單向航空公司申請裝機。

出口貨物通關程序

⑥ 領取提單

⑤ 放行裝船／裝機

④ 分類估價　　③ 查驗

書審

C1 免審 免驗	C2 文件 審核	C3 應審 應驗

運作專業系統

1. 貨品分類檔

2. 簽審檔

3. 抽驗檔

4. 廠商資料檔

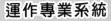

出口通關流程Ⅰ

① 收單

運輸業－開航預報單

報關業－出口報單

倉儲業－進艙證明

關貿網路
T/V

海關電腦

邏輯
檢查

② 選取通關方式

Unit **10-3**
出口貨物通關程序 Part II

　　前文我們提到了從收單到放行等五個自動化通關的流程及其內容，再來就是其他諸如出口報關之截止收貨期限、寄送配件或樣品的報關方式，以及出口商結關注意事項了。

一.出口報關之截止收貨期限

　　(一)貨櫃場正常收貨時間：

　　1.整櫃（CY）：上午八時至晚上十二時。

　　2.併櫃（CFS）：上午八時至下午五時。

　　(二)逾時進倉：限於船公司向海關列印放行單之前。

　　(三)連續假日前進倉：倘若連續假日前一日之進倉時間為中午十二時前，且必須於當日放行時，萬一抽到C3需檢驗，可是海關卻已下班，則必須請其加班驗貨，代價就是得支付額外的特別驗貨費。

二.寄送配件或樣品的報關方式

　　(一)**郵包寄送**：對於無出口管制或限制的產品，在數量不多的情況下，可利用郵包寄給國外客戶，較為簡便。

　　(二)**快遞寄送**：如果客戶亟需樣品或配件，應基於時效考量而言，利用快遞公司遞送方式，簡便快速。

　　(三)**直接報關**：若利用海運或空運出口，可直接向海關報關，空運約需二小時，而海運則需四小時，便可完成通關手續。

三.出口商結關注意事項

　　(一)**收貨截止日期**：這是由船公司控制的，並不是由海關控制，故必須留意不要過期，以免耽誤出貨的時效。

　　(二)**併櫃貨（CFS）於基隆結關時**：應於結關前一日出貨，以免必須專車送抵，而耗費不貲。

　　(三)**交辦送貨司機事宜**：除與送貨司機確認送貨地點外，司機卸貨完畢，應告知報關行卸貨區域及件數。

　　(四)**最遲繳交資料期限**：出口商報關資料最遲應於結關當天中午前提供，以免延誤投單。

　　(五)**其他輸出規定之辦理**：財政部規定，兩家以上出口廠商將兩批以上貨物出售給國外同一買家，貨物不得併裝在同一貨櫃，也不能以其中一家廠商作為「貨物輸出人」，合併以同一份出口報單辦理申報。財政部也限制兩家以上出口商，不可以利用同一張報單的「其他申報事項」欄，藉由在申報「項次」貨物上，註明提供廠商名稱、統一編號及離岸價格的方式報運出口。

出口貨物通關程序

出口截止收貨時間

(一)貨櫃場正常收貨時間：
   1.整櫃(CY)：上午8時至晚上12時
   2.併櫃(CFS)：上午8時至下午5時
(二)逾時進倉：
   限船公司向海關列印放行單前
(三)連續假日前進倉：
   儘量提早一天前到貨，
   避免若萬一抽到C3檢驗，
   需要負擔特別驗貨費用

寄送配件及樣品之報關

| 郵包寄送 | 快遞寄送 | 直接報關 |

重要注意事項

報關收貨截止期限

結關前一日出貨

確認送貨地點及件數

報關資料提供時限

其他特殊輸出規定

其他特殊輸出規定

1.兩家以上出口廠商將兩批以上貨物出售給國外同一買家，貨物不得併裝在同貨櫃。

2.不能以其中一家廠商為「貨物輸出人」合併同一出口報單辦理申報。

3.財政部限制兩家以上出口商，不可利用同一報單「其他申報事項」欄，藉由申報「項次」貨物上，註明提供廠商名稱、統一編號及離岸價格的方式報運出口。

Unit **10-4**
進口貨物通關程序 Part I

　　前文我們提到了出口貨物通關程序及其內容，你會發現與本單元要介紹的進口貨物通關程序，其實大致雷同；好比自然人的出入境，入境時總會多一道有關稅負的處理的手續。

　　本單元Part I先就進口貨物自動化通關的流程及報關期限做一簡單扼要的說明，至於進口貨物的提領相關事宜則於Part II介紹。

一.自動化進口通關流程

　　(一)收單：運輸業者在運輸工具啟運後，出具進口艙單、報關業者備妥進口報單及倉儲業者確定貨物進艙後之進艙證明等三種資料，都透過「關貿網路」進入海關電腦之後，便會執行邏輯檢查及比對。

　　(二)選取通關方式：報關資料經海關電腦收單後即進入報關檔，經過「專家系統」中分別依貨品分類檔、簽審檔、抽驗檔及廠商資料檔等運作後，隨即產生C1、C2、C3三種通關方式：

　　C1（免審免驗），即直接進入關稅系統計算應繳納之稅額，然後放行。

　　C2（文件審核），即將書面文件送至分估單位審核無誤後，開始進入關稅系統計算應繳納之稅額，然後放行；如海關書審後覺得需驗貨，則需改為C3驗貨無誤後，才繳稅放行。

　　C3（應審應驗），即查驗貨物及審核書面文件均無誤完成後，開始進入關稅系統計算應繳納之稅額，然後放行。

　　(三)查驗：選到C3的通關方式，由海關驗貨員會同報關行到貨物現場查驗。

　　(四)分類估價：海關根據進口貨物核定稅則及稅率，估算出應繳稅額。

　　(五)繳稅：海關發出繳稅通知，由報關行連線列印供納稅義務人繳納，完稅後的訊息也會進入海關主機，經比對後自動登帳。

　　(六)放行：海關經由電腦將放行訊息傳輸給報關行及倉儲業者「放行通知」，報關行持此通知加上提貨單向倉庫提領貨物，完成通關手續。

二.進口報關之期限

　　(一)正常申報時間：正常進口貨物應自裝載貨物之運輸工具進口之次日起「十五日」內向海關申報。

　　(二)海運申報時間：海運者可在船舶抵埠前五日（全貨櫃輪為七日）內預報。

　　(三)空運申報時間：機場空運進口鮮貨等，全天分三班二十四小時辦理收單、驗貨、分估、稅放，同時取消機邊驗放貨物預行報關，惟經進口組專案核准者除外。

　　(四)報關逾期罰則：進口貨物不按規定期限內報關者，自期限截止日翌日起，按日加罰滯報費新臺幣二百元，罰滿二十日後，由海關將貨物變賣。

進口貨物通關程序

進口通關流程一

6. 放行提貨

5. 繳　稅

4. 分類估價　3. 查驗

書審

| C1 免審免驗 | C2 文件審核 | C3 應審應驗 |

運作 專家系統
1.貨品分類檔
2.簽審檔
3.抽驗檔
4.廠商資料檔

1.收單

運輸業-進口艙單

報關業-進口報單

倉儲業-進艙證明

關貿網路 T/V

海關電腦

邏輯檢查

2. 選取通關方式

Unit 10-5
進口貨物通關程序 Part II

　　前文我們提到了從收單到放行等六個進口貨物自動化通關的流程及四種報關期限，再來就是如何提領進口貨物的相關事宜了。

一.海運提貨

　　進口商在付款贖單取得單據後，將其中的大提單B/L（Bill of Lading），交由船務公司，付清相關費用後換領小提單D/O（Delivery Order），再連同其他相關文件向海關辦理進口通關手續，放行後憑「小提單」提貨。

二.空運提貨

　　航空公司貨物到站後，向進口商發出「到貨通知書」，在付清相關費用後取得航空提單正本，據此向銀行辦理結匯手續，取得相關單據後，向海關辦理報關提貨。

三.擔保提貨

　　在進口貨物較正本出貨文件先到進口地狀況下，可持整套副本單據到銀行提出擔保提貨申請，簽發擔保提貨書（Letter of Guarantee），憑此單先提貨。

四.副提單背書提貨

　　進口商於開狀時，在信用狀規定將一份正本提單寄給進口商，此提單叫「副提單」（Duplicate B/L），此副提單需經開狀銀行背書後，進口商可憑以提貨。

小博士解說

GSP Form A

優惠關稅產地證明書英文簡稱GSP Form A。一般優惠關稅制度是從1970年聯合國貿易開發會議第四屆優惠特別委員會再度開會期間，獲十八個先進國家贊同，進行實施之一種制度。本制度以一般無差別（即對開發中國家一視同仁）與非互惠主義為原則，對由開發中國家進口的產品予以免稅或課以低關稅為原則。

一般優惠關稅產地證明書（Generalized System of Preference Certificate of Origin）係在一般優惠關稅制度下，優惠之授與國家（一般為已開發國家），為防止進口貨品濫用此優惠利益，特規定貨品來源為優惠之接受國（一般為開發中國家），而要求在進口報關時，必須提示的特殊證明文件。（資料來源：中華民國對外貿易發展協會）

中國出口商可提供此產地證明，而臺灣是已開發國家，目前無法提供GSP Form A給買方，國外買主如要求此產地證明，必須聲明解釋無法提供。

進口貨物通關程序

進口貨物提貨方式

海運提貨

大提單B/L

↓ 交船運公司 付清費用

小提單D/O

↓ 連同其他單據 辦理通關

憑『小提單』提貨

空運提貨

到貨通知書

↓ 付清費用

航空提單正本

↓ 辦理結匯 取得相關單據

辦理通關提貨

擔保提貨

貨物較提貨文件早到時

全套副本單據

↓ 向銀行辦理 擔保提貨

擔保提貨書
Letter of Guarantee

副提單背書提貨

副提單
Duplicate B/L

↓ 開狀銀行 背書

『背書副提單』
辦理通關提貨

進口報關期限

貨到15日內	空運即時
海運到貨前5日預報	注意報關逾時罰則

Unit 10-6
其他通關方式

除了前述正常進出口貨物的通關方式外，也有其他特殊卻常見的通關方式。

一.三角貿易

一般所稱三角貿易，係指我國廠商接受國外客戶（買方）之訂貨，而轉向第三國供應商（賣方）採購，貨物經過我國轉運銷售至買方之貿易方式。報關時，應由進口人同時填報進出口報單，經海關查驗無訛後，簽放裝船出口，並依規定辦理。

運用方式：需經臺灣轉運，可分成下列二種方式運作：

1.入境：亦即進口，必須課徵關稅、貨物稅及營業稅等，目的是為了取得產地證明或是為產品組合與更換包裝及產地。

2.不入境：亦即不進口，則不必課徵關稅、貨物稅及營業稅等，分為：(1)轉運：進口提單上到貨通知人（Notify Party）為境外公司，方能事先委託（協商）船務代理公司代為辦理「轉運准單」與轉運手續，(2)進轉出：通常進口提單到貨通知人（Notify Party）為臺灣買方（進口商），應由進口人申報轉運出口（進轉出），持進、出口報單向海關申報，經一般通關程序驗關簽放後，裝船出口（參加抽驗），辦理進轉出手續。(3)保稅倉庫：檢具申請書向海關申請准單進儲保稅倉（需銷艙及向船務代理貨櫃場繳清費用與調派吊櫃、拖櫃），根據報單較常見的類別可分為：D5-保稅倉貨物出口、D8-外貨進保稅倉、D9-國貨進保稅倉。

二.復運進出口

通關程序：出口貨品自國外退回，如果已辦理沖退手續，按規定應將已沖退之關稅繳還給海關。如果外銷貨品復運進口係為整修，並於修護後再復運出口者，於復運進口時可依關稅法第三十三條第二項規定提供擔保，於六個月內整修或保養後並復運出口者，免予補徵已沖退之原料關稅。

復運進口之外銷品，報關時納稅義務人應提供原出口報單副本或影本，經海關核符後，按下列通關程序辦理：

1.需再復運出口：(1)納稅義務人得向海關申請提供擔保後放行，並於放行之翌日起六個月內復運出口後解除擔保，逾期補徵已退還原料關稅，以及(2)納稅義務人得繳回原沖退稅用出口副報單正本由海關保管，免徵成品關稅放行。出口副報單正本俟貨物復運出口後發還，海關保管期間，應自規定沖退稅期限內予以扣除。逾六個月未復運出口者，由原出口單位註銷或更正其供退稅用出口副報單正本，並函知有關退稅單位。

2.不再復運出口：(1)由海關補徵已退還之原料關稅後放行；(2)如納稅義務人急於提貨，得向海關申請提供擔保後放行，其應徵稅費於事後由海關補徵；(3)經繳回原沖退稅用出口副報單正本由海關註銷者，免徵成品關稅予以放行，以及(4)放行後，由進口單位將復運進口報單影本送原出口單位，於原出口報單註記。

其他通關方式

三角貿易

入境

視同一般進口，須課徵關稅、貨物稅及營業稅等。

目的：
取得產地證明或是為產品組合與更換包裝及產地。

不入境

轉運

到貨通知人：
境外公司，方能事先委託(協商)船務代理公司代為辦理「轉運准單」。

進轉出

到貨通知人：
臺灣進口商，須申報轉運出口，持進、出口報單向海關申報。

保稅倉庫

D5-保稅倉貨物出口
D8-外貨進保稅倉
D9-國貨進保稅倉

復運進出口

須再復運出口

向海關申請提供擔保後放行。

繳回原沖退稅用出口副報單正本由海關保管，免徵成品關稅放行。出口副報單正本俟貨物復運出口後發還。

不須復運出口

海關補徵已退還之原料關稅後放行。

急於提貨者，向海關提供擔保後放行。

繳回原沖退稅，用出口副報單註銷者，免徵關稅放行。

放行後，於原出口報單上註記。

第 11 章

貿易相關單據

● ●──章節體系架構 ▼

Unit 11-1
貿易單據之定義

　　整個國貿交易過程中，需要相關單據很多。根據功能不同分類，有進出口商製作的單據與由其他相關單位製作的單據；如將所有貿易單據分門別類，可分為三大類。

一.單據的種類

　　(一)契約單據（Contract Document）：這是以買賣條件為主要內容，即報價單（Quotation）、買賣契約書（Sales Contract）、訂單（Purchase Order）及預估發票（Proforma Invoice）。

　　(二)財務單據（Financial Document）：與貨款收付相關，包括信用狀（Letter of Credit）、匯票（Bill of Exchange）及借、貸款項通知書（Debit Note/Credit Note）。

　　(三)貨運單據（Shipping Document）：與貨物運送相關，一般狹義貿易單據即指「貨運單據」，又可分為基本單據及附屬單據如下：1.絕對需要之單據：包括商業發票（Commercial Invoice）、海／空運提單（Bill of Lading/Air Waybill）及保險單（Insurance Policy）；2.通常需要之單據：包裝單（Packing List）；3.特定國家需要之單據：包括產地證明書（Certificate of Origin）、海關發票（Customs Invoice）及領事發票（Consular Invoice）；4.特種商品需要之單據：檢驗證明書（Inspection Certificate），以及5.交易完成後之單據：包括受益人證明書（Beneficiary's Certificate）。

二.單據製作注意事項

　　為免文件瑕疵造成後續問題，出口商單據必須依照契約或信用狀規定製作：

　　(一)單據簽發準時勿延遲：交易之付款條件如果是以非信用狀的方式付款，例如電匯，除買方要求外，較不會有單據簽發時效性的問題；如果是以信用狀為付款條件，則會有最遲裝船日及信用狀有效期的問題。通常需特別注意的是提單，它是裝船後才簽發，應避免過期；另外如果要求的單據中規定文件必須經過大使館簽證，需要的時間較長，更容易過期，一旦過期就會造成押匯文件的瑕疵。

　　(二)單據內容必須精確不矛盾：所有單據內容，除數量、金額或條件等都要正確外，而且前後必須一致，例如交易條件是CFR，則提單上必須註明「Freight Prepaid」而非「Freight Collect」，FOB交易條件卻規定要出具保險單，則是矛盾。

　　(三)按規定取得所有單據：以信用狀為付款條件的交易，必須按照契約或信用狀上規定儘早備妥所有單據，缺一不可；如果非信用狀交易，則須詢問買主需要何種單據。不過如果對方要求的單據，我方無法提供時，必須事先說明，例如我國無法提供的優惠關稅證明（GSP Form A），僅能提供原產地證明書（Certificate of Origin）。

　　(四)單據符合相關國貿法規：所有單據必須符合相關國貿法規，例如國貿條規Incoterms 2010及規範信用狀的UCP600；不符合規定者，除押匯可能造成文件瑕疵外，在發生貿易糾紛時，賣方必定是輸家，不可不慎。

貿易單據之定義

貿易相關單據

僅列一般最常使用

(一)契約單據(CONTRACT DOCUMENT):

以 買賣條件 為主要內容。
1. 報　價　單 (QUOTATION)
2. 買賣契約書 (SALES CONTRACT)
3. 訂　　　單 (PURCHASE ORDER)
4. 預 估 發 票 (PROFORMA INVOICE)

(二) 財務單據(FINANCIAL DOCUMENT)

與 貨款收付 相關。
1. 信 用 狀 (LETTER OF CREDIT)
2. 匯　　票 (BILL OF EXCHANGE)
3. 借、貸款項通知書
　　　　(DEBIT NOTE/CREDIT NOTE)

(三) 貨運單據(SHIPPING DOCUMENT)

與貨物運送相關『貨運單據』，下列為 基本單據
1. 絕對需要之單據
　◎商業發票 (COMMERCIAL INVOICE)
　◎海/空運提單
　　　　(BILL OF LADING/AIR WAYBILL)
　◎保險單 (INSURANCE POLICY)
2. 通常需要之單據
　◎包裝單 (PACKING LIST)

單據製作注意事項

| 單據簽發準時勿延遲 | 按規定取得所有單據 |

單據內容必須精確、不矛盾

單據符合相關國貿法規

Unit 11-2
貿易單據之匯票

實務上，匯票在國際貿易上是一種追討債務的憑證，其製作與分類以下探討之。

一.匯票的功能

　　國際貿易結算，基本上是非現金結算。使用以支付金錢為目的，並且可以流通轉讓的債權憑證——票據為主要的結算工具，屬票據的一種，用於押匯之匯票，可作為支付、信用以及結算的工具，可以向押匯銀行索取，一式兩聯，由出票人（出口商）簽發，要求付款人（開狀銀行或進口商）在指定到期日，無條件支付一定金額給受款人或持票人（即押匯銀行或託收銀行）。

二.匯票的分類

　　(一)根據發票人來區分：1.銀行匯票：以銀行為出票人簽發的匯票，及2.商業匯票：以出口商為出票人簽發的匯票。

　　(二)根據是否附貨運單據來區分：1.跟單匯票：附有貨運單據的匯票，及2.光票：無須附有貨運單據的匯票。

　　(三)根據付款期限來區分：1.即期匯票：付款人在見票時無條件支付給收款人或持票人的匯票，及2.遠期匯票：付款人在未來指定某一日期支付給收款人或持票人的匯票。

三.匯票製作要點

　　實務上，匯票製作項目及其填製方式與內容，可歸納以下十二點：1.匯票名稱（Draft Name）：此匯票名稱印製為 Bill of Exchange；2.匯票號碼（Draft No.）：出票人編製，大都與商業發票號碼一致；3.小寫金額（Amount in Figures）：填上幣別及阿拉伯數字之金額，多數應與商業發票金額一致，惟信用狀上另行規定者除外；4.簽發地點、日期（Issuing Place & Date）：此乃必要記載事項，通常以出票人的營業處，簽發日期應在信用狀的最後提示期限或有效期限內；5.匯票期限（Tenor）：(1)即期匯票：在此欄位打上xxx，表示見票即付（at sight），及(2)遠期匯票：在此欄位打上天數（例如：at 60 days after bill of lading date）；6.受款人（Payee）：匯票的主債權人通常是押匯銀行或託收銀行（託收時），已有印定之格式不必繕打；7.大寫金額（Amount in Words）：以文字表示金額，與上述小寫金額一致；不一致時，則以大寫金額為準，最後以「ONLY」表示結束；8.信用狀號碼（L/C No.）：匯票是根據信用狀簽發，必須載明該信用狀的詳細資料，方便銀行對照審核；9.開狀日期（Issuing Date）：內容同8.信用狀號碼；10.開狀銀行（Issuing Bank）：內容同8.信用狀號碼；11.付款人（Drawee）：匯票的主債務人以信用狀交易時，通常為開狀銀行或信用狀指定銀行；非信用狀交易時，一般以進口商為付款人，以及12.出票人（Drawer）：信用狀未規定時，則由出口商（受益人）簽發為出票人。

貿易單據之匯票

匯票（Bill of Exchange, Draft）

出票人簽發，委託付款人在見票時或者在指定日期無條件支付確定的金額給收款人或持票人的票據。通常為一套二份。

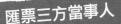
匯票三方當事人

出票人(Drawee)
簽發匯票

交付匯票 →

收款人(Payee)
憑票取款

承兌

付款人(Payer)
承兌付款

付款 →

匯票說明範例：

(1) **BILL OF EXCHANGE**

Draft No. __(2) 110522__

For __(3) USD17,500.00__　　　　　　　__(4) Taipei,Taiwan May 02, 2011__

At __(5) 30 DAYS__ sight of this FIRST of Exchange (Second unpaid) Pay to the order of

(6) *The Shanghai Commercial & Savings Bank Ltd.*

The sum of __(7) U.S. DOLLARS SEVENTEEN THOUSAND FIVE HUNDRED ONLY.__

value received

Drawn under Letter of Credit No. __(8) ABC12345__　Dated　__(9) MARCH 20, 2011__

Issued by　__(10) BAYERISCHE LANDESBANK OF BREMEN__

To　__(11) BAYERISCHE LANDESBANK OF BREMEN__

(12) YOGO ENTERPRISE CO., LTD.

_____XXX_____

Authorized Signature

知識補充站

匯票的定義

所謂匯票（Bill of Exchange, Draft）是由出票人簽發，委託付款人在見票時或在指定日期無條件支付確定金額給收款人或持票人的票據。由此可知，匯票是一種無條件支付的委託，有三個當事人：出票人（Drawee）、付款人（Payer）和收款人（Payee），國際貿易上使用的匯票通常是一套二份。

儘管匯票使用於以信用狀付款交易居多，若使用於以託收為付款條件，則於DRWAN UNDER之後填上「D/A」或「D/P」即可。

Unit 11-3
貿易單據之商業發票

圖解國貿實務

　　所謂商業發票（Commercial Invoice）是由售貨人寄給買貨人之關於交運貨品名稱、金額及數量之詳細說明文件，是一種「交貨清單」，也是雙方的「買賣憑證」。在貨物交運後，更是售貨人出具給買貨人的「債務清單」，此單據是所有單據的重點依據，一旦發生貿易糾紛時，商業發票是首要的證明文件。

一.商業發票的功能

　　一般售貨人會先將商業發票副本傳真給買貨人，供其先作付款準備。進口商（買貨人）憑它向其國家的海關辦理通關，核對計算進口關稅的重要文件；萬一買賣雙方發生貿易糾紛，它也是很重要的證明文件。商業發票是一切貨運單證的中心，交運的貨物內容以該文件上所記載的內容為準。

二.商業發票的種類

　　(一)普通商業發票：出貨時由出口商或委託報關行製作，應由賣方簽署的憑證。
　　(二)簽認商業發票：此發票需由特定單位簽認才有效，例如領事簽證商業發票需經進口國駐本地領事館或相關單位簽證。

156

三.商業發票製作要點

　　實務上，商業發票製作項目及其填製方式與內容，可歸納以下二十一點：1.信頭：出口商的公司名及地址；2.單據名稱：發票有很多種型態，信用狀規定提示「Commercial Invoice」，標示為「Invoice」亦可；3.發票號碼：由出票人自行編製，可以簽發日期或公司流水號；4.簽發日期：宜跟結關日同一天，且不遲於信用狀有效日或提示日；5.品名及總數量：載明裝運貨物的明細，包括數量及品名等內容；6.抬頭人：通常是進口商，載明名稱和地址；7.出貨人：通常是出口商，亦是信用狀受益人；8.運輸工具名稱：在per之後海運填入船名航次，空運則填airfreight；9.啟航日：宜跟提單的裝船日一致；10.裝運地：跟信用狀及提單所載相符；11.卸貨地：跟信用狀及提單所載相符；12.信用狀號碼：跟信用狀所載之號碼相符；13.開狀日期：跟信用狀所載之日期相符；14.裝運嘜頭：跟運送單據上的記載相同，以信用狀交易，則按信用狀規定；15.貨物明細：必須跟信用狀所載內容相符，包括貨物名稱、品質、規格及其他附帶說明等；16.數量：按實際交運數量與單位申報，除非信用狀規定容許5%上下差異；17.單價：幣別及單價要跟信用狀規定相符；18.總金額：進口商應付的金額，發票及匯票的金額必須一致，不可超過信用狀規定可使用的餘額；19.大寫金額：商業發票上的大、小寫金額必須一致；20.其他備註：若信用狀有規定在商業發票，須寫明開狀銀行、開狀日期及信用狀號碼等，以及21.出貨人簽署：通常是信用狀之受益人，由其在商業發票簽字。

貿易單據之商業發票

商業發票 Commercial Invoice

發票説明範例：

(1) **YOGO ENTERPRISE CO., LTD.**
NO.211,SEC.1,Chung-Cheng Rd.,Taichung City,Taiwan, R.O.C.

(2) INVOICE

No. **(3) 110502**   Date. **(4) MAY 02, 2011**

INVOICE of   **(5) LED HEAD LIGHT**

For account and risk of Messrs.   **(6) SUPERSTAR GMBH & CO.**

MATHILDENSTRAGE 11123, D-28907, BREMEN, GERMANY

Shipped by   **(7) YOGO ENTERPRISE CO., LTD.**   Per **(8) S.S. HYUNDAI V. 009W**

Sailing on or about **(9) MAY 05, 2011**   From **(10) TAICHUNG**   To **(11) HAMBURG**

Drawn under L/C No.   **(12) ABC12345**   Dated **(13) March 20, 2011**

Mark & Nos.	Description Of Goods	Quantity	Unit Price	Amount
			FOB TAICHUNG,TAIWAN	
(14)	**(15)**	**(16)**	**(17)**	**(18)**
S.G.	**LED HEAD LIGHT**			
(IN DIAMOND)	**YO-009**	**500PCS**	**USD15.00**	**USD 7,500.00**
HAMBURG	**YO-010**	**500PCS**	**USD20.00**	**USD10,000.00**
C/NO.1-100				
MADE IN TAIWAN				
R.O.C.				
		1,000PCS		USD17,500.00
		VVVV V		VVVVVVVV
	(19) SAY TOTAL U.S. DOLLARS SEVENTEEN THOUSAND FIVE HUNDRED ONLY.			
	(20) DRAWN UNDER BAYERISCHE LANDESBANK OF BREMEN L/CNO.: ABC12345 DATED: MARCH 20, 2011			
			YOGO ENTERPRISE CO., LTD. (21)	

Unit **11-4**
貿易單據之包裝單

所謂包裝單（Packing List）是貨物數量及包裝方式的記載，同時也補充商業發票對貨物花色、數量描述的不足，也是由出口廠商自行製作好之文件，將該批貨物按件數與實際包裝的數量方式、體積、淨重及毛重繕打好，以作為各種功能之使用，屬於交貨後押匯的必備文件。

當進口商欲將貨物轉賣給其他買主時，為了預防終端買賣方直接聯絡，會要求出口商提供中性包裝單（Neutral Packing List），此係出口商之名稱不在包裝單上，出口商亦不必簽署之無信頭之包裝單。

一.包裝單的功能

包裝單不僅可作為出口國或進口國的海關查驗依據，也可作為承運人核算運費的依據，更是保險公司理賠的重要文件之一，進口商提領與清點也少不了它。

綜上所述，茲簡要歸納其功能如下：1.對運送人之功能：可作為交貨時點交及計算運費的依據；2.對進口商之功能：核對貨物數量的參考；3.對海關之功能：通關時查驗貨物之參考；4.對公證行之功能：查驗貨物數量之參考依據，以及5.對保險人之功能：可作為辦理出險理賠的必備文件。

二.包裝單製作要點

實務上，可歸納以下二十一點：1.信頭：一般是出口商的公司名稱及地址，如按信用狀規定中性包裝，則依進口商要求以空白信頭或第三者名義製作；2.單據名稱：信用狀未特別規定時，如標示為「Packing List」或「Packing and Weight List」均可接受，但是單據內容必須符合信用狀之要求；3.包裝單號碼：與商業發票號碼一致，亦可免標示；4.簽發日期：與商業發票日期一致；5.品名及總數量：載明裝運貨物的明細，包括數量及品名等內容；6.抬頭人名稱及地址：通常是開狀人（進口商）或是以其國內客戶為此抬頭人；7.出貨人：通常是出口商，亦是信用狀受益人；8.船名或其他運輸工具名稱：在per之後海運填入船名航次，空運則填airfreight；9.啟航日：宜跟提單的裝船日一致；10.裝運地：跟信用狀及提單所載地方相符為宜；11.卸貨地：跟信用狀及提單所載地方相符為宜；12.裝運嘜頭：跟運送單據上的記載相同，但部分單據嘜頭之內容較信用狀多，例如型號、易碎標誌及重量級原產國標記等，亦可接受；13.包裝件號：與商業發票及提單記載相符；14.貨物明細：必須跟信用狀所載之內容相符，包括貨物名稱、品質、規格及其他附帶說明等；15.貨物數量：與商業發票及提單記載相符；16.貨物淨重：按實際貨物之總淨重填寫；17.貨物毛重：跟運送單據上之總毛重一致；18.貨物總材積：跟運送單據上之總材積一致；19.貨物總件數及大寫：與運送單據上所載相符，例如「SAY TOTAL ONE THOUSAND CARTONS ONLY」；20.其他備註：若信用狀規定包裝單上，須寫明開狀銀行、開狀日期及信用狀號碼等，以及21.出貨人簽署：跟商業發票一樣，由出口商簽署。

包裝單 Packing List

用以載明貨物數量及包裝方式
補充商業發票對貨物花色、數量描述的不足

包裝單範例：

(1) **YOGO ENTERPRISE CO., LTD.**

NO. 211, SEC. 1, Chung-Cheng Rd., Taichung City, Taiwan, R.O.C.

(2) PACKING LIST

No. (3)110502   Date. (4)MAY 02, 2011

PACKING LIST of ___(5)LED HEAD LIGHT___   MARKS & NOS.

For account and risk of Messrs. (6) SUPERSTAR GMBH & CO. (12) S.G.

MATHILDENSTRAGE 11123, D-28907, BREMEN, GERMANY   (IN DIAMOND)

Shipped by ___(7) YOGO ENTERPRISE CO., LTD.___   HAMBURG

Per (8) S.S. HYUNDAI V. 009W   C/NO.:1-100

Sailing on or about (9) MAY 05, 2011   MADE IN TAIWAN

From ___(10) TAICHUNG___   To ___(11) HAMBURG___   R.O.C.

Packing No.	Description	Quantity	Net Weight	Gross Weight	Measurement
(13)	(14)	(15)	(16)	(17)	(18)
	LED HEAD LIGHT				
01-50	YO-009	@10PCS	@12.00KGS	@12.50KGS	@0.045CBM
		500PCS	600KGS	625KGS	2.25CBM
51-100	YO-010	@10PCS	@13.00KGS	@13.50KGS	@0.045CBM
		500PCS	1,250KGS	675KGS	2.25CBM
100CTNS		1000PCS	1,250KGS	1,300KGS	4.50CBM
		VVVVV	VVVVVV	VVVVVV	VVVVVV

(19) SAY TOTAL ONE HUNDRED (100) CARTONS ONLY.

(20) DRAWN UNDER BAYERISCHE LANDESBANK OF BREMEN
L/CNO.: ABC12345 DATED: MARCH 20, 2011

YOGO ENTERPRISE CO., LTD.

(21)
....

Unit **11-5**
貿易單據之提單

　　貿易商選擇不同的運輸工具，就會有不同的提單方式——海運提單種類多，但認單不認人；空運提單種類少，卻認人不認單。哪個較好，則有賴從業者多多思量了。

一.海運提單

　　海運提單（Bill of Lading）是由貨物運送人（船公司或其代理人）所簽發，證明收取運送貨物或已裝載於運輸工具上，並約定好將這一項貨物運往目的地交給持有人的一種文件，有收據、契約和憑證三合一之功能。海運提單為有價證券，不能直接提貨，必須換取小提單（Delivery Order, 簡稱D/O）才可憑此報關提貨。海運提單一式三份正本，只要提示其中一份正本，其他二份自動失效。

　　(一)五種分類：1.根據提單是否轉讓分為：(1)可轉讓提單：可以空白背書（受貨人欄註明「To order of」），亦可記名背書（受貨人欄註明「To order of shipper/issuing bank」），及(2)不可轉讓提單：亦稱記名提單，受貨人欄直接記載受貨人資料，如以L/C交易，通常銀行較不接受此提單；2.根據是否有批註可分為：清潔提單（Clean B/L）即提單上無批註，及不清潔提單（Unclean B/L）即提單上有批註；3.根據內容詳簡可分為：詳式提單（Regular Long Form B/L）及簡式提單（Short Form B/L）；4.根據運費是否付訖可分為：運費已付提單（Freight Prepaid B/L）及運費待付提單（Freight Collect B/L），以及5.第三者提單（Third Party B/L）：以L/C受益人以外的受益人為託運人，例如報關行，通常是中間商為了預防買方日後直接跟供應商洽購，以此方式讓真正供應商隱形。

　　(二)特性——認單不認人：國際海運實務上，海運提單具此特性，拿到提單者，有提貨權利，惟只憑提單無法提貨，受貨人必須以提單向船公司換取提貨單（Delivery Order, D/O），方可報關提貨。

二.空運提單

　　空運提單（Air Waybill）係託運人將貨物交給航空運送人託運，由其開發收到貨物的憑證給託運人，此憑證也是託運人及航空運送間運送貨物之證明、貨物通關的文件、運費帳單的證明。IATA統一規定格式，空運提單全套包括正本三份、副本六至十四份。第一份正本由承運人留底，第二份正本隨同貨物交給收貨人，第三份正本由承運人交給託運人，如果付款以信用狀支付，託運人根據此單至銀行辦理出口押匯。

　　(一)兩種分類：1.根據簽發人可分為：(1)主提單：指由航空公司或其代理人所簽發的提單（Master Air Waybill, 簡稱MAWB），及(2)分提單：指由貨運承攬業者或貨運併裝業者所簽發的提單（House Air Waybill, 簡稱HAWB）。

　　(二)特性——認人不認單：空運提單只有提單上所記載的收貨人才有權提貨，以信用狀付款的交易時，為保障貨物貨權，收貨人最好是開狀銀行，再由銀行委任進口商提貨，確保交易安全。

提 單 Bill of Lading

海運提單

1. <u>認單不認人</u>

2. 海運提單為有價證券,不能直接提貨,必須換取小提單(Delivery Order,簡稱D/O)才可憑此報關提貨

3. 一式三份正本,只要提示其中一份正本,其他二份自動失效。

空運提單

1. <u>認人不認單</u>

   提單上記載的收貨人才有權提貨

2. 正本三份、副本六至十四份

3. 第一份正本承運人留底

   第二份正本隨貨物交給收貨人

   第三份正本由承運人交給託運人
   如果付款是以信用狀支付的話,託運人根據此提單至銀行辦理出口押匯。

Unit **11-6**
貿易單據之其他 Part I

圖解國貿實務

本主題要介紹的貿易單據大都屬於特定的貨運單據，特分Part I 與Part II 介紹。

一.保險單

保險單（Insurance Policy）適用於海運貨物保險，係指進出口貨物經由海洋運輸所使用的保險單據，此單據在國際貿易中是對被保險人的承保證明，規定保險人及被保險人彼此需承擔的義務及享有的權利。保單內容有投保人名稱、商品名、嘜頭、號碼、數量、起運地、目的地、航行日期、船名、保值、保險費率等。重要特點如下：1.海上貨物保險一般均採要式契約，亦即契約成立應以保險單為憑證；2.買賣交易條件是CIF條件，保險單即是必要的押匯文件之一；3.保險單也是各進出口單位透過銀行結匯時的單據之一，以及4.在貨物發生事故遭受損失時，必須以此單據向保險人提出賠償，也是唯一具有法律效力的證明文件。事實上，海運貨物保險也適用於航空貨物，在被保險貨物遭受損失時，它是被保險人向保險公司索賠的主要依據，是保險公司理賠的主要依據，也是銀行結匯時，重要的單據之一。

162

二.產地證明書

產地證明書（Certificate of Origin）證明這項產品的輸出，確實屬於這個國家生產或加工製造，而且由於各進口國對出口國的關稅壁壘，優惠關稅或管制進口及配額限制之目的不同，要求進口商在進口報關時，一起提出產地證明書。目前有優惠關稅產地證明書（GSP Form A）及一般產地證明書（C/O）二種。此證可依契約或信用狀規定由政府機構、同業公會、商會等單位簽發；若無規定，則任何單位簽發也可。

三.受益人證明書

按信用狀規定，受益人必須提示證明自己出具一套正本或副本之單據已寄送給進口商的證明書，目的在確保出口商務必於事先寄出相關單據，以利進口商在押匯單據未到時，可以此單據提早辦理擔保提貨。

受益人證明書（Beneficiary's Certificate）主要記載如下：1.信用狀內容資料：信用狀號碼、金額、開狀日期及開狀銀行等；2.貨品明細：品名、型號、數量、單價及總金額等，以及3.貨品裝運情況：裝運貨物之船（機）名、航次、起運及抵達港。

四.檢驗證明書

檢驗證明書（Inspection Certificate）證明貨物品質規格，符合買賣契約規定標準之文件。出口國為提高貨品品質，增進國際信譽，規定部分貨品必須出口前辦理檢驗，方可辦理通關；另外進口商的目的，則是防止出口商裝運品質不良或數量不足的貨物。簽發單位依契約或信用狀規定有五種：政府機構（商品檢驗局）、公證人與公證行（公司）、進口商駐出口地分公司或指定代理人、製造廠商及同業公會等。

保險單 (INSURANCE POLICY)

重要性：
(一) 海上貨物保險一般要式契約，即意契約成立以保險單為憑證。
(二) 貿易條件是CIF，保險單即是必要的押匯文件。
(三) 是各進出口單位透過銀行結匯時的單據之一。
(四) 在貨物發生事故遭受損失時，需此單據向保險人提出賠償的重要證件，是唯一具有法律效力的證據文件。

產地證明書 (CERTIFICATE OF ORIGIN)

證明這項產品的輸出，確實屬於這個國家的生產或加工製造者。目前有下列兩種：
　　　　◎優惠關稅產地證明書（GSP Form A）
　　　　◎一般產地證明書（C/O）

受益人證明書
(BENEFICIARY'S CERTIFICATE)

目的是確保出口商務必事先寄出相關單據，以利進口商可於押匯單據未到時，以此單據提早辦理擔保提貨。

受益人證明書主要記載的項目如下：
信用狀內容資料、貨品明細、貨品裝運情況等等。

檢驗證明書 (INSPECTION CERTIFICATE)

　　　　政府機構（商品檢驗局）
　　　　公證人、公證行（公司）
　　　　進口商駐出口地分公司或指定代理人
　　　　製造廠商
　　　　同業公會

Unit **11-7**
貿易單據之其他 Part II

圖解國貿實務

前文介紹四種屬於貨運類的單據，本單元繼續介紹其他幾種更為特定的單據。

五.領事發票與海關發票

（一）領事發票（Consular Invoice）：是指進口國派駐出口地之領事，證明出口廠商所開發票是真實的證明書。例如中南美多數國家規定進口貨物應提出此發票，替代產地證明，可供課徵進口關稅及查緝有無傾銷事實之依據。領事發票格式因各個國家有所不同，大多由出口商填製後，再請領事簽證；有些國家則以普通商業發票簽證即可。領事發票的申請手續繁複，容易影響出口時間，但有許多國家仍為收取簽證費，繼續實施；出口商必須注意如果進口國未在我國設立領事館，則無法提供此單據。

（二）海關發票（Special Customs Invoice）：是指輸入國對輸入物品決定貨物之課稅價格、統計、查核貨物原產地與防止傾銷，也是一價值及原產地證明書，規定在進口報關時，須向當地海關呈驗的海關發票。海關發票和領事發票一樣，屬於官用之發票；不過海關發票出口商僅須依進口國海關當局所制定的特定格式填製海關發票後，自行簽署即可，不必像領事發票，必須由領事簽署，手續上簡便不少。

六.借項通知書與貸項通知書

（一）借項通知書（Debit Note）：是指債權人對欠款人表示享有債權的通知文件。例如代墊款或發票少計入金額，以致發生應收債權時，就可以向對方發出借項通知書，表示已將此款項列入出口帳上的借方，含有向對方索討欠款之意。國際交易上最常見的情況為買方追加訂單數量之貨款，賣方開出借款通知書，讓買方收執，在下一張訂單付款時一起付訖。

（二）貸項通知書（Credit Note）：是指欠款人向債權人表示對其負有支付一定金額義務的通知書，亦即欠款通知書。國際交易上最常見的情況為賣方短出買方訂單上的貨物，因此開出貸項通知書交給買方，讓買方收執，在下一張訂單付款時可扣除。

七.煙燻證明書與商標使用授權書

（一）煙燻證明書：是指進口國政府為預防進口貨品將有害細菌或病蟲隨著貨物進入國內，因此規定一些特定貨物在進口通關時，務必提出煙燻證明書（Fumigation Certificate），否則不予通關。例如以農業立國的澳洲政府嚴格要求，舉凡進口貨品無論產品本身或包裝含木製品者，進口時都必須提出煙燻證明書。

（二）商標使用授權書：現今國際貿易的趨勢講求自我品牌，因此各企業之「商標」成為產品的胎記，無形的商業價值日趨受到重視。出口通關時，產品上如果有買方的商標，海關會要求出具「商標使用授權書」；有賣方的商標時，則出具「商標註冊證」；如果商品同時出現買方與賣方商標，則應該出具上述二種證明，以利海關查驗，否則違者查到罰鍰，更會留下不良紀錄，應盡量避免。

貿易單據之其他

領事發票 (CONSULAR INVOICE)

領事發票是進口國派駐在出口地之領事,證明出口廠商所開發票確定是真實的證明書,許多國家以此替代產地證明。

★出口商必須注意如果進口國未在我國設立領事館,則無法提供此單據。

海關發票 (SPECIAL CUSTOMS INVOICE)

海關發票是輸入國對輸入物品決定貨物之課稅價格、統計、查核貨物原產地、防止傾銷,也是一價值及原產地證明書。僅需依進口國海關當局所制定的特定格式填製海關發票後,只要自行簽署即可。

借項通知書 (DEBIT NOTE)/貸項通知書 (CREDIT NOTE)

借款通知書:債權人對欠款人表示享有債權的通知文件。

貸項通知書:欠款人向債權人表示對其負有支付一定金額義務的通知書,意即欠款通知書。

煙燻證明書 (FUMIGATION CERTIFICATE)

進口國政府為了預防進口之貨品將有害細菌或病蟲隨著貨物進入國內,因此一些特定貨物在進口通關時,務必提出煙燻證明,否則不予通關。

商標使用授權書

出口產品上若有買方商標,通關時海關會要求出具「商標使用授權書」,有賣方商標,則須「商標註冊證」。

第 12 章

進出口貨款結匯

● 章節體系架構 ▼

Unit 12-1
外匯與匯率

外匯與匯率在國際貿易的交易中扮演著舉足輕重的地位，可讓進出口商考慮成本與收益，以及是否要進行買賣交易。

一.何謂外匯

「外匯」（即 Foreign Exchange）一詞，簡而言之，即指一國所擁有的國外資產，不論公有或私有財產中的各種外幣、有價證券、票據、基金等。原則上，可分為動態與靜態兩種。就動態而言，顧名思義指的是「國際匯兌」，為兩國之間通貨的兌換；就靜態而言，即是可作為國際支付工具的外國通貨。

根據我國中央銀行「外匯管理條例」第二條規定，「外匯指外國貨幣、票據，及其他有價證券」，其外匯的定義較為具體；在外匯市場交易上，外匯狹義的定義指的是「外國貨幣」（Foreign Currency）。而為了交易或清算的方便，每個國家乃有必要保有一些外國貨幣或可兌換通貨，這就是所謂的「外匯存底」（Foreign Exchange Reserves）。

二.外匯的意義

各國貨幣因各國的經濟情勢，貨幣強弱各有不同，也與該貨幣發行國國內經濟狀況密切相關，即該國貨幣的強弱狀況是其國家經濟實力的直接表現。如果一國經濟保持高速增長率、就業程度、設備利用率和開工率等都有較佳表現，即表明該國投資機會多，因此會吸引大量外來資本。如此一來，外匯市場上就表現為搶購該貨幣和以該國貨幣表示的金融資產，造成該貨幣供給不足，那麼這種貨幣就會升值。相反地，如果一國經濟增長率低，甚至是負增長，失業率高、大量工廠和企業倒閉等，就表明該國投資機會少，即會產生資本大量流出，造成該國貨幣供給過多，那麼貨幣就會貶值。總而言之，一國經濟狀況會影響該國貨幣的中長期走勢。

三.外匯匯率

兩國之間，因貿易、投資、旅遊等經濟往來，產生了貨幣支付關係。由於各國使用不同貨幣，在支付同時，就必須先購入擬用的外幣，而未使用完的外幣攜回國內或自國外賺取的外國貨幣，均須換回本國貨幣，才能在國內流通。

匯率（Exchange Rate）就是本國貨幣在外匯市場上兌換他國貨幣的比率，例如：一美元兌換新臺幣三十五元，此即新臺幣對美元的匯率，指兩國貨幣兌換之比例。

外匯的另外一種意義是指外匯買賣的價格，因為從銀行實務上，外匯如同貨物一樣，依價格買賣，所以匯率另一個意義為貨幣的買賣價格，故又稱為匯價。外匯需求增加，則外匯價格上升；需求減少，價格降低，例如：臺灣股票指數上揚時，外資進場買股票，則會帶動新臺幣需求量大增，造成新臺幣升值；外資獲利了結大賣股票出場，結售新臺幣，則會造成新臺幣貶值。

外匯與匯率

☆小叮嚀：
這是國際貿易相當重要的一環，所有的交易皆以談定的匯率作為交易的標準，必須特別注意！

何謂外匯？
動態：國際匯兌
靜態：外國流通貨幣

匯率（**Exchange Rate**）指本國的貨幣在外匯市場上兌換他國貨幣的比率，指兩國貨幣兌換之比例。

國別	國旗	中文名稱	國際簡稱	常用符號 Symbol
美國 United States		美元	USD	$
英國 United Kingdom		英鎊	GBP	£
日本 Japan		日圓	JPY	￥
歐盟 European Union		歐元	EUR	€
中國大陸		人民幣	RMB	￥

?

通常會以

國際簡稱+貨幣符號

作為幣別辨別

EX：新臺幣對美元的匯率，通常會表示成

USD$1：TWD$ 29

169

Unit 12-2
如何規避匯率變動風險

一國經濟國力的強弱,通常也反映在外匯匯率上。我們從向來屬強勢貨幣的美元,近來卻呈現疲軟不振,就不難了解該國為何財政赤字和貿易赤字居高不下了。

一.匯率對產業的衝擊

無外匯管制的國家,採自由浮動匯率制度(Floating Exchange Rate),匯率是由市場人士各自依據供需平衡原則,透過公開市場及全球國際銀行連線,集合全世界投資者的意願與資金,共同評估合理價位。透過國際知名新聞機構(如:美聯社及路透社等)即時的資訊傳遞,更能無遠弗屆地將透明化與公開化的市場訊息和匯價,呈現於投資大眾。

無論貨幣的升值或貶值,對一國的進出口產業,都有相當程度的衝擊,必須加以妥善安排,規避風險。

二.規避匯率變動風險的方法

(一)深入了解當地貿易及變遷,預測未來經濟變動:會發生匯率變動必定有其背景原因,國際經濟的影響和金融的變化,均會影響匯率的變動。進出口商必須評估當地情形及預測未來情況,再予以投資。不要把雞蛋放在一個籃子裡,抵消貿易變動的風險進、出口必須維持平衡。本國貨幣貶值對出口有利,升值對進口有利,若同時對進口和出口能維持平衡,那麼匯率的風險就能抵消。

(二)使用各種貨幣:最好以強勢貨幣為交易單位,但並非絕對穩定,若能分散貿易地區,可降低風險作規避之效。以本國貨幣交易可掌握匯率變動風險並藉此轉嫁風險,本國可置身為優勢地位,但必須要外國認可本國貨幣才行。同時在還未交易前必須在合約中註明匯率變動風險由誰負擔,才不至於引發糾紛,造成不必要的麻煩;另外可將資產放在強勢貨幣,負債放在弱勢貨幣。

(三)調整價格:不管匯率上升或下降都有解決方案——就是調整價格,出口商在新台幣貶值時調低售價,升值時調高售價,使交易有彈性以規避風險,但這也是最不得已的方式。在競爭激烈的國際交易市場,價格的變動在在影響交易的持續性。

(四)避免簽發或接受長期訂單:訂單期限愈長,相對匯率變動風險愈高,因此應避免接受長期訂單。除非預期本國貨幣以後會升值,進口商就可接受長期訂單,或預期本國貨幣貶值,出口商也可接受長期訂單。

(五)同時經營進出口:匯率變化對於進、出口業的影響剛好相反,可藉由同時經營進、出口業務,將匯率變動之風險抵消。

(六)預購或預售遠期外匯:為避免外匯變動造成進口成本增加及出口收益減少,進出口商可與銀行簽定遠期外匯契約以鎖定匯率,屆付款期限時,進口商再將所預購之遠期外匯進行交割付款,出口商則可將收受款項交割之前預售之遠期外匯,由於兌換之匯率在簽訂遠期契約時已經與銀行敲定,故能規避風險。

如何規避匯率變動風險

未卜先知- 預測當地 經濟變動	發生匯率變動必定有其背景原因，國際經濟的影響和金融的變化。
狡兔三窟- 使用 各種貨幣	1.以強勢貨幣為交易單位 2.分散貿易地區 3.於合約註明匯率風險擔當 4.資產放強勢貨幣， 　負債放弱勢貨幣。 
風吹草動- 調整價格	最簡易的解決方案就是調整價格，使交易有彈性以規避風險，但這也是最不得已的方式。
一步一腳印- 避免簽發或 接受長期訂單	訂單期限愈長，相對匯率變動風險愈高，除非匯率預期對我方有利。
攻守兼備- 同時經營 進出口貿易	匯率變化對於進、出口業的影響剛好相反，可藉由同時經營以抵消匯率變動風險。
防患未然- 預購或預售 遠期外匯	可與銀行簽訂遠期外匯契約以鎖定匯率。

Unit 12-3
出口結匯

　　出口商將出口的外匯貨款結售給銀行，稱為「出口結匯」。我國目前不是外匯管制國家，出口商所獲得的外匯並不一定要結售給外匯銀行，也可以外匯方式持有。出口結匯之方式因付款條件不同而異，大致可分為以信用狀押匯、預付貨款、跟單託收、寄售、分期付款等方式。

一.以信用狀方式的出口押匯

　　出口押匯為出口結匯的一種。當出口商把整批貨物裝運出口賣給國外進口商後，根據信用狀所記載之條款，備妥必須之單據，持向辦理之銀行，請求讓購墊付貨款，押匯銀行即依L/C指示，將有關單據送至開狀銀行或指定銀行代其收取貨款。

　　所以當出口商要進行押匯時，應對交易對象多做了解，調查對方的信用有無問題，信用調查良好才進行申請押匯；押匯銀行也擔負許多風險，很可能開狀銀行破產，或沒有信用造成貨款收不回來的風險。信用狀是單據交易，當單據有瑕疵時，開狀銀行也會拒付貨款，所以銀行若要承作押匯必須小心。

二.出口押匯之處理程序

　　當出口商首次向其往來銀行辦理押匯時，必須先行辦理開戶，之後再到押匯銀行時，銀行才會受理。其作業流程如下：

　　(一)徵信調查：銀行對出口商墊款、融資以賺取手續費，所以押匯銀行必須對出口商進行授信調查，經調查結果為該銀行所接受時，就可辦理開戶手續。

　　(二)繳交簽章登記卡：出口商簽名式樣及印鑑章登記卡交給受理銀行，以作為對文件負單據的責任。

　　(三)質押權利總設定書：此為出口押匯約定書。銀行將印好之單據給押匯申請人，各個銀行內容不同，但重點在於所約定的權利義務。當押匯申請人破產，無法付款時，押匯銀行可以此保障自己的權利；若是質押物品變賣之後，不足以清償欠款，餘額得向押匯申請人的連帶保證人請求賠償。

　　(四)開立外匯活存帳戶：舉凡出口所收得的外幣均須存入銀行的外匯存款帳戶，此一帳戶通常是外幣帳戶，藉以調節匯率升貶值時，規避風險之用。

三.出口押匯應提示之文件

　　(一)出口押匯申請書應載明之內容：有關單據之份數、存款帳號、戶名或存入外匯存款戶之帳號、統一編號及聯絡電話並加蓋申請人印鑑。

　　(二)信用狀正本全套：包括通知書及修改書全部。

　　(三)匯票：除非另有規定，一般均須使用該銀行的匯票。

　　(四)保結書（Letter of Indemnity，簡稱L/I）：押匯單據如有瑕疵，必須出具此保結書辦理保結押匯。

出口結匯

出口押匯之處理程序

徵信調查 押匯銀行對出口商進行授信調查

繳交簽章登記卡 出口商簽名式樣及印鑑章登記卡交給受理銀行

質押權利總設定書 出口押匯約定書,銀行將印好單據給押匯申請人

開立外匯活存帳戶 出口所收得的外幣均需存入銀行的外匯存款帳戶

出口押匯應提示之文件

(一)出口押匯申請書。

(二)信用狀正本全套:包括通知書及修改書全部。

(三)匯票:一般均須用該銀行的匯票。

(四)保結書(押匯單據有瑕疵,才須出具)。

Unit 12-4
押匯單據的審查方法

　　客戶交易前，已事先在銀行申請出口押匯額度，交易後即可向該銀行提示出口押匯申請書及押匯文件，申請出口押匯業務。該銀行收件後，再依信用狀內容審單。審單人員一般而言都是依信用狀統一慣例為依據，應逐項審慎審查信用狀規定之一切單據，且僅以單據決定其表面所示與信用狀條款是否相符，以各單據表面顯示無相互牴觸為原則，因此審單人員必須熟諳信用狀統一慣例，才能加速工作效率。

一.銀行受理出口押匯之要素

　　上述銀行受理出口押匯的主要要素有四：1.單據之嚴格一致性；2.開狀銀行之信用狀況良好；3.出口商之財務健全，以及4.進口國家政治安定等。依照這四個要素審單記錄於Check Memo上，以便日後察看。

二.辦理出口押匯應準備的文件

　　(一)出口押匯申請書：這類申請書在各押匯銀行均有空白格式可以索取，僅須在申請書填上匯票號碼、信用狀號碼、金額，並於申請書註明單據份數就完成了。

　　(二)匯票：一般銀行要由出口商開發匯票，除非信用狀規定無須匯票求償，銀行才會受理。一般而言，押匯均須匯票並附信用狀及其規定必要單據，銀行方可受理。

　　(三)信用狀：正本全套信用狀，如果修改過，也須一併附上修改書，押匯銀行可藉此審核單據及匯票是否符合所規定的內容。

　　(四)貨運單據：依信用狀所規定的內容製作的交易文件，例如：商業發票、包裝單、保險單、提單及產地證明書等。

　　備妥上述文件後，尚須檢查信用狀規定文件是否備齊、各項單據是否均按信用狀規定製作、彼此有無互相矛盾之處，也須查看押匯日期是否符合信用狀的有效期限。

三.付款及計費

　　(一)手續費：通常以出口押匯額的0.1%計價，每筆最低酌收新臺幣五百元。

　　(二)郵電費：地區不同，費用也不同，以實際的情形進行收支。

　　(三)出口託收手續費：每筆以0.05%計收，每筆最低酌收新臺幣五百元。

　　(四)匯款費用：出口商支付外國佣金時必須收取匯款費用。

　　(五)出口押匯墊款利息：外國銀行付款前對押匯貿易商收取墊付貨款之利息，以亞洲及歐美地區不同，金額也不一樣。

　　(六)轉押匯息：信用狀上限制押匯銀行，則必須轉押匯，轉押息約0.08%左右。

　　(七)出口押匯瑕疵息：當單據交給銀行時，若發生一些瑕疵以致收款速度慢，銀行墊款時間也較長，就須收取瑕疵息，通常以七天計算，若是轉押匯就再加收七天利息。各家銀行的收費費率，略有不同，而且對於業務往來良好、具業務貢獻之優良客戶，銀行通常會依相關業務規定或經單位主管核准採取彈性優惠計費方式。

押匯單據的審查方法

押匯單據審查

銀行受理出口押匯之要素

1. 單據之嚴格一致性
2. 開狀銀行之信用狀況良好
3. 出口商之財務健全
4. 進口國家政治安定

押匯審單程序

1. 申請出口押匯額度
2. 向銀行提示出口押匯申請書
3. 押匯文件
4. 銀行收件
5. 依信用狀統一慣例審單

押匯的費用

- 手續費
- 郵電費
- 出口託收手續費
- 轉押匯息
- 匯款費用
- 出口押匯墊款利息
- 出口押匯瑕疵息

出口押匯應備文件

出口押匯申請書	填寫各押匯銀行的空白押匯申請書。
匯票	一般而言，押匯均需匯票及附信用狀及其規定的必要單據，銀行方可受理。
信用狀	正本全套信用狀，如果修改過，也須一併附上修改書。
貨運單據	依信用狀所規定內容製作的交易文件例如：商業發票、包裝單、保險單、提單、產地證明書等。

Unit 12-5
押匯單據的注意事項

前章提到國際貿易交易過程中，需要很多單據。根據功能不同分類，需進出口商親自製作的單據有報價單、訂單、交易契約、匯票、商業發票、包裝單等；而由其他相關單位製作的單據，則有信用狀、提單、保險單、檢驗證明產地證明等。因此一樁買賣交易到此已近尾聲，可別讓押匯相關單據填寫失誤，而讓美事有了瑕疵。

一.匯票常見瑕疵

匯票常見填寫有誤的情況是：1.出票人與L/C規定不符：除非L/C為可轉讓L/C且已轉讓，否則出票人應為第一受益人，以及2.發票日期早於B/L日期：受益人應於出貨裝運後，始可開出匯票求償。

二.發票常見瑕疵

發票填寫最常出現的瑕疵有以下六種：1.單價不符：發票記載之單價與L/C不相符；2.貿易條件不符：例如發票記載CIF，但B/L上記載「Freight Collect」；3.未載明簽發日期：所有單據均應記載簽發日期；4.發票金額與匯票不一致：除非L/C另有規定，否則各單據間之金額應一致；5.貿易條件漏列：有關價格之貿易條件應正確記載，以及6.發票未經證明、公證、簽證或副署：如L/C特別規定發票必須經過特定單位證明、公證、簽證或副署者，應從其規定。

三.運送單據常見瑕疵

運送單據填寫最常出現的瑕疵有以下十種：1.未註明裝運日期；2.不清潔運送單據：除非L/C另有規定，否則若運送單據上記載貨物本身或包裝有不當情況或附註條款者，即構成瑕疵；3.單據份數不符規定：全套海運單據為三份，若L/C規定一套三份，而僅提出兩份者，即視為瑕疵；4.提單未經適當背書：指示提單應經託運人背書始能流通轉讓，因此未經背書之提單，持有人無法辦理提貨手續；5.運送單據上之船名與其他單據所記載不相符；6.運送單據未註明經由港口：若L/C規定的航程有指定經由港口者應從其規定；7.運送單據之毛重與包裝單所記載不符；8.未註明運費已付或待收；9.運送單據之貨品名稱與L/C規定不符，以及10.受貨人與L/C規定不符

四.保險單據常見瑕疵

保險單據填寫最常出現的瑕疵有以下六種：1.投保條款與L/C不符：例如L/C規定投保全險（ICCA），而實際上僅投保平安險（ICCC）者；2.貨物數量與其他單據之記載不相符；3.保單未經背書：保單若無正確背書，則進口商無法取得受益人權利以申請理賠；4.保險金額不足：保險金額通常為CIF或CIP價值加10%，若無法認定CIF或CIP價值者，則應以發票金額或匯票金額中較大者為準；5.保單日期遲於裝運日：保單之生效日期不得遲於裝運日期，以及6.保險金額之幣別與L/C規定不符。

押匯單據的注意事項

小叮嚀：

避免各項押匯單據瑕疵的原則，各項單據中所填寫的資料、日期必須交易及出貨流程相互對應，一般跟信用狀L/C登載有出入跟最常出現瑕疵。

最容易出現瑕疵的狀況項目

| 單價 | 數量 | 金額 | 貿易條件 | 單據關係人 |

| 各項單據日期順序 | 信用狀上附加規定 |

特別注意上述幾點，可減少押匯發生的瑕疵

常見瑕疵

發票
☆單價不符
☆貿易條件不符
☆未載明簽發日期
☆發票及匯票金額不一致
☆貿易條件漏列
☆不符合L/C特別規定

匯票
☆出票人與L/C不符
☆發票日早於B/L日期

運送單據
☆不清潔運送單據
☆單據份數不符
☆提單未適當背書
☆單據船名不符
☆運費未註明
☆受貨人與L/C不符

保險單據
☆條款與L/C不符
☆數量不符
☆提單未適當背書
☆保險金額不足
☆保險日遲於裝運日
☆幣別不符

其他
☆逾期提示單據
☆未按指示裝運

知識補充站

也是常見瑕疵

除左述各種單據的瑕疵外，還有兩種無法歸類的常見瑕疵，即1.逾期提示單據：單據之提示不得逾L/C規定，若L/C未規定，則不得逾裝船日後二十一日，惟不可逾L/C有效期限，以及2.未按指示裝運：延遲裝運、短裝、分批裝運、不規則裝運、轉運、貨物裝在甲板上、裝載港不符規定、卸貨港不符規定、併裝、超押信用狀金額或信用狀金額用罄、檢驗證明書內容與L/C規定不符、檢驗日期遲於裝運日期及單據之名稱與L/C規定不符等。

Unit **12-6**
押匯單據瑕疵之處理

當押匯單據發生瑕疵時，可先判定原因為何，儘速修正可修正的部分，無法修正再想解決方式。處理方式通常根據下列兩種情形，而有了及時的補救與妥善的處理。

圖解國貿實務

一.瑕疵單據不嚴重且可更正

當出口商製作票據時，可能因為人為因素而造成瑕疵，這種瑕疵可以事後再補正。例如：未註明訂單號碼或日期、受貨人及通知人不全或金額忘記填寫，這些可以請出口商或報關行進行更正，只要加蓋更正章即可。瑕疵修改完成，押匯銀行才會履行付款義務。

二.瑕疵單據嚴重無法更正者

例如信用狀過期、卸運港口未符合信用狀規定或運輸工具不符，銀行通常會站在服務出口商的立場，徵求出口商的解決方式；銀行也會衡量出口商的信用及從前交易情況，給予適當評估，提供下列幾種解決方式：

（一）修改信用狀：如果時間允許，出口商可商請進口商向開狀銀行提出修改信用狀不符或不適當之條款。

（二）託收方式：出口商對於自己的票據有瑕疵，不知道是否為國外廠商所接受，尤其處於戰爭或動亂地區，不能以電報押匯處理，只能以託收方式處理，當開狀銀行接受此票據，也經押匯銀行確認此託收款項已存入國外存款銀行，那麼銀行就會履行付款之責。

（三）電報押匯：出口商對於自己的單據有瑕疵，不知道是否為國外廠商所接受，或銀行認為出口商信用不好或進口商處於外匯風險地區，或是當地政府法令關係，禁止某些地區使用保證書，只能電報押匯，意即以電報詢問開狀銀行是否願意接受電報中所描述的瑕疵，若開狀銀行同意就會准予押匯。

文件瑕疵對於出口商押匯的影響，可大可小。一般而言，在文件瑕疵的狀況，都是由付款行扣瑕疵費用就可以順利償付貨款了，但如遇上進口商有特殊狀況發生，付款行為免於自己的本身權益受損而採取必要的行動，拒付該信用狀就勢在難免了。

（四）保結押匯：在出口商出具有瑕疵的文件押匯時，押匯銀行往往要求出口商出具「保結書」（Letter of Indemnity，簡稱L/I），並由有權人核定承作出口押匯，若一切都符合程序，則可撥款入客戶帳戶。若文件送達國外銀行後久未付款，則須去電催收，以免銀行蒙受損失；如果國外屢催不入帳，則押匯銀行須要求出口商返還押匯款及相關費用，因此保結押匯又名為「瑕疵押匯」。押匯銀行准予出口商押匯，但要提出保結書（L/I），必要時須提出擔保品，開狀銀行可能會接受墊付貨款，也可能拒絕接受；如開狀銀行拒絕接受，出口商須將之前從押匯銀行收到的貨款及利息一併歸還。

押匯瑕疵怎麼辦？

先確認瑕疵因素

瑕疵單據不嚴重可更正時

通常是漏填重要資訊：
1.請出口商或報關行更正
2.加蓋更正章

瑕疵單據嚴重無法更正時

1.修改信用狀

若時間充裕，提出修改信用狀之請求。

2.託收方式

票據有瑕疵，不知道是否為國外廠商所接受，若處於戰爭及動亂地區，無法電報押匯處理，只能以託收方式處理。

3.電報押匯

意即電報詢問開狀銀行是否願意接受電報中所描述的瑕疵，若開狀銀行同意就會准予押匯。

4.保結押匯

出口商出具有瑕疵的文件押匯時，押匯銀行往往要求出口商出具「保結書」（Letter of Indemnity，簡稱L/I），由有權人核定承作出口押匯，一切符合程序，則可撥款入帳戶。

Unit **12-7**
進口結匯

進口結匯是指進口商透過兌換取得相關外幣以支付應付款項之程序，計有五種。

一.電匯

電匯（Telegraphic Transfer, T/T）是由買方向當地匯款銀行買外匯，由該銀行通過「環球銀行金融電信協會」的電腦網絡系統（SWIFT）、電傳或電報形式等，由國外聯行或代理行轉給賣方所在地受託解款銀行，將款項解付給賣方，匯款幾乎等同現金，通行於國際金融中心間，匯款通常短則一天，長則三天內即可收到，由銀行負責匯款，手續簡便、風險低，減少資金呆滯及利息損失，再則匯款時間極短，避免匯率巨大變動。目前實務上大部分國際交易，大多採此付款方式替代傳統信用狀。

二.信匯

信匯（Mail Transfer, M/T）是屬於順匯的方式之一，買方向當地匯款銀行繳款，由該銀行以付款委託書委託賣方所在地銀行受託解款給賣方的清償方法，寄送的方法常以航空郵件遞送。由於需耗時甚久，目前較少採用。

三.票匯

票匯（Demand Draft, D/D或Draft Transfer, D/T）是由買方將款項交給當地銀行，由該當地銀行簽發一張以賣方所在地分行為付款人的即期匯票，交給買方自行寄給賣方，賣方應憑該匯票向付款銀行取款，與電匯功能一樣，屬順匯交易。

四.信用狀

買方契約成立後，即依所記載的條件請當地開狀銀行開出信用狀給賣方，賣方收到信用狀（Letter of Credit, L/C）時，立即準備將貨裝運，並備好信用狀所有單據，依規定開具匯票後，連同信用狀，全部交給押匯銀行請求解款。押匯銀行在審核單據之後，隨即按信用狀規定，簽發以開狀銀行或其指定銀行為付款人的匯票、信用狀及出貨單據寄給開狀銀行，並由該銀行負責兌現，再通知買方付款贖單。

五.託收

託收（Collection）指賣方向買方收取貨款或勞務費用，經由本地銀行委託當地銀行向買方收取貨款的方式，而銀行則負責代收、代付，不牽涉墊付款及預收：1.付款交單（D/P）：進口商接到進口地代收銀行根據國外銀行轉來託收指示及貨運單據所作託收通知書時，即籌足款項赴銀行辦理結匯，繳清所有款項後贖單，進口商藉以辦理通關提貨，以及2.承兌交單（D/A）：進口商接到進口地代收銀行根據國外銀行轉來託收指示及貨運單據所作託收通知書時，即至銀行辦理匯票承兌手續領取貨運單據，進口商得先辦理通關提貨，等匯票到期，再到銀行辦理結匯付清貨款及費用。

進口結匯

透過兌換取得相關外幣以支付應付款項之程序謂之「進口結匯」

結匯方式

現代貿易最常用結匯方式

電匯
(Telegraphic Transfer, T/T)

利用SWIFT、電傳或電報形式等，由國外聯行或代理行轉給賣方所在地受託解款銀行，將款項解付給賣方，實務上大部分的國際交易，大多採用此付款方式替代傳統的信用狀。

信匯
(Mail Transfer, M/T)

票匯
(Demand Draft, D/D或Draft Transfer, D/T)

信用狀
(Letter of Credit, L/C)

託收
(Collection)

(一) 付款交單：(D/P)　　(二) 承兌交單：(D/A)

第 **13** 章

貿易糾紛索賠與陷阱

● ●● 章節體系架構 ▼

Unit 13-1
國際貿易之糾紛

國際貿易從貨品製造由出口商出口，經過國際運輸運抵國外到進口商的整個過程，時間長，風險大，貨物一旦受損，即產生索賠情況。

一.發生的原因

　　(一)處境與觀念、知識與經驗的差異：二個不同國度的當事人從事國際買賣交易，雙方各有其語言與生長環境背景上、文化上的差異，造成觀念及看法上的不同；而且一般的貿易約定多憑藉電子郵件或電話往來的方式洽商，常常無法把意思表達得透澈完全，導致溝通不良，產生誤解而引發紛爭，加上如果國際貿易相關知識及經驗之欠缺，更容易引起糾紛。

　　(二)運輸風險所致：國際貿易貨物的運輸多屬長途輾轉運送，費時頗久，所以遭受意外事故的機會相當大。尤其我國乃一島國，對外貿易均須透過海、空運輸，遭受風險的機率更高。雖然這類風險可透過貨物運輸的保險獲得保障，或由運送人負責，但是若遇到介於保險與運送人之間，責任無法明確歸屬時，難免會有糾紛的產生。

　　(三)履約不當：契約內容不完備、詞彙意義不明或契約內容太簡略，交易雙方對於契約文字認知不同，例如：契約對於賣方交貨期限訂為「立即交貨」（Prompt Shipment），雙方認知可能差異很大。

　　(四)信用問題：貿易索賠最常見的就是交易對手信用不佳、故意或有過失行為，甚至是詐欺行為，導致其中一方受損。

　　(五)非人力控制問題：不可抗力事故之發生，例如：天災而無法如期交貨、法令政策的改變，甚至是政變而無法出貨，如果在契約中事先載明不可抗力事故的免責條款，則此項就很容易解決。

　　(六)國際市場因素：匯率或運費發生劇烈變動、物資來源或運輸工具中斷，流行性過高的產品，季節性貨物因時機已過的影響，導致買賣任何一方無法履行合約。

二.處理的步驟

　　(一)賣方責任：進口商（買方）提領貨物時發現有瑕疵，除了立即向出口商（賣方）反映外，應請公證行出具檢驗報告，以作為日後向賣方索賠之佐證。

　　(二)買方責任：交易契約簽訂或交貨後，買方故意退貨、不付款、故意違約，賣方除了持續動之以情，持續催促要求履行其任務外，另一方面可積極準備求償證據，以便日後如果沒有獲得好的回應，可依法律程序解決。

　　(三)運輸公司責任：進口商卸貨時發現短裝，馬上申請公證手續，並取得承運人簽發的短卸報告書；如卸貨後才發現短缺，應要求公證行出具公證報告書，日後可向承運人求償。

　　(四)保險公司責任：保險單承保的運輸工具上危險所導致的損失，出險時都可歸保險公司的責任，買、賣雙方應互相協助對方，向該承保單位爭取應獲得的賠償。

國際貿易糾紛與索賠

糾紛產生原因

信用問題

運輸風險所致

處境與觀念、知識與經驗的差異

非人力控制問題

185

履約不當

國際市場因素

發現異常的處理步驟

| 買方 | 發現瑕疵 | 公證單位驗證 | 請求賠償 | 賣方 |
| | 發現短裝 | | 請求賠償 | 運輸公司 |

| 賣方 | 買方違約 | 積極蒐證 | 持續催促 | 訴諸法律 |

| 保險公司 | 承保範圍內,皆為保險公司責任 |

Unit 13-2
糾紛索賠的處理

國際貿易萬一發生糾紛時，要如何進行索賠，才能成功獲得理賠呢？

一.索賠的種類

（一）**運輸索賠**：這是指貨物因在海、陸、空等運輸途中損害，責任係屬承運公司而言，包括裝貨、卸貨、保管、倉儲及設備不齊全所發生的損害等，請求賠償的對象是承運公司（船公司或空運公司），但是不管海運或空運提單都是制式合約，均訂有廣泛的免責條款，貨主能對承運公司主張求償的機會並不多。

（二）**保險索賠**：貨物損害是要按照保險單承保範圍，向保險公司要求賠償損失；如果損害項目不在承保範圍，則無法主張請求。

（三）**貿易索賠**：國際貿易中最常見的索賠即屬貿易索賠。進口商跟出口商常因各種因素導致糾紛，引發索賠，通常可以金錢索賠或非金錢索賠進行。由於貿易糾紛時常發生，處理恰當與否，關係日後生意往來，不可不慎。

二.索賠的技巧

上述三種索賠，可以是單獨索賠，也可能是合併索賠，端看事件發生的內容。買賣雙方除要掌握充分的專業知識外，更須冷靜處理，以期妥善解決。

（一）**安撫對方情緒**：客訴糾紛發生之時，首重安撫對方情緒，可減少對彼此合作關係的殺傷力。先傾聽不必急於辯白，再確認是否存在任何誤會；也可藉由安撫情緒的談話中，找到應對的蛛絲馬跡，對日後的事件處理很有幫助。

（二）**釐清責任歸屬**：1.賣方責任：在賣方出貨時，就產生問題，大致上有貨品損壞、貨物不符、短裝、包裝不良、貨品瑕疵、延遲出貨、文件錯誤、違法裝運；2.買方責任：買方的人為因素，例如訂錯貨、不景氣故意退貨、不付款、故意違約等；3.運輸公司責任：即運輸途中所遭受的損失，例如卸錯港、延船期、貨物損壞、包裝損害、貨物短少等，以及4.保險公司責任：根據船公司投保範圍的損害，例如運輸途中遺失、損壞或短少等。

（三）**解決方式**：客訴索賠會以抱怨（Complain）開始，如果處理不當，則會演變成索賠（Claim），到最後可能必須申請國際商務仲裁（Arbitration），最下策的方式則是司法訴訟（Litigation）。1.賣方疏失之故：(1)補償方式：請對方退回不良貨品，接著分析不良的原因，藉此判定責任歸屬，如是賣方疏失，則採下列解決方案，即更換貨物、退還貨款、打折等，賣方最傾向以更換貨物方式解決，以及(2)不良品處理方式：可選擇退運回廠、轉賣當地其他客戶、請買主修理，賣方支付修理費用、賣方派人去修、丟棄；2.買方過失之故：不論是買方有意或無意的過失，賣方均可提出索賠要求，不過如果遇到強勢的買方，弱勢的賣方通常無計可施，以及3.船公司或保險公司的責任：例如貨物在運輸途中損壞，賣方可以不用賠償，請買方向船公司或保險公司求償，但賣方亦可全力協助買方求償。這是很好的客戶服務機會。

糾紛索賠的處理

安撫對方情緒
- 耐心傾聽
- 釐清是否有誤會
- 尋求應對脈絡

釐清責任歸屬
- 退回不良品
- 分析不良原因
- 釐清責任歸屬

尋求解決方法

賣方責任

補償方式	不良品處理
更換貨物	退運回廠整修
退還貨款	轉賣其他客戶
貨款折扣	賣方負擔修理費用

買方責任

共同協議
其他補救方式

賣方提出索賠

船公司
或保險公司

賣方可以盡力為買方爭取求償,作為客戶服務

Unit 13-3
售後服務

圖解國貿實務

　　避免貿易糾紛除了注意產品品質外，良好的售後服務也是預防客訴的好方法，加上與客戶有良好的互動關係，即使發生問題，也比較容易解決。

一.追蹤的方式

　　定期追蹤客戶，可建立良好的主客關係。實務上，追蹤的方式有以下幾種：1.電子郵件：目前最多的方式還是採e-mail，不過如果被電腦系統當垃圾信擋下或遇上客戶硬是不回覆，就無計可施，盡可能有客戶的Skype或MSN，以保有一線機會可聯絡；2.電話／手機：這並非很理想的方式，一來費用高，二來可能客戶正忙，有打擾之虞，一般而言，如果跟該客戶蠻熟的，偶而倒是可用電話問候，順便提一下訂單近況，不過若是遇到重大或緊急事情必須儘速聯絡上客戶，以電話聯繫是最具效率，又不會唐突的方式；3.傳真：由於電子郵件可能會被對方的系統當垃圾信擋下，如果採用傳真或許還有讓客戶看到的一線生機，以及4.信件：此方式看來似乎已經落伍，不過以郵寄手寫賀卡方式喚醒客戶對我們的印象，倒是一個不錯的主意。

二.追蹤的原因

　　這要分舊客戶與新客戶來追蹤處理。

　　對一段時間未下單或未聯絡的客戶，務必去查明原因可作為對症下藥之參考，可能的原因大約有產品尚未賣完（產品有滯銷跡象）、對我方不滿意（產品、價格或服務）或轉單（換供應商）。

　　而新客戶方面，如果報價、寄出樣品後久未回覆，或報價後就不回覆，通常的原因是對價格不滿意；如果收到樣品後音訊全無，大概就是產品讓對方不滿意（品質、式樣、功能等）。

三.追蹤的技巧

　　追蹤客戶一如追求情人，技巧可以五花八門，又不失我方的大氣與優雅：1.節慶問候：除西洋節慶，我方一些具有特色的節慶，也可寄個e-card給客戶，如能郵寄親筆書寫的卡片，效果更佳；2.生日問候：對熟識之重量級客戶，通常會彼此交換生日，在生日時寫信寄卡片給對方，相信會令對方心頭溫暖，感動滿滿；3.新品上市：先針對現有的客戶作推廣，不但可聯繫失聯客戶，更可先測試新品的客戶反應；4.促銷方案：以此訊息聯絡現有客戶，可找回失聯的客戶，更是回饋舊客戶之上策；5.展覽通知：藉由邀請看展的訊息，增加見面的機會，以召回客戶；6.獲獎分享：以產品獲獎為由，與客戶分享喜悅，藉此加深客戶對我們產品的印象，激起購買慾望，以及7.變更通知：企業的任何好的變更都是可藉機聯絡的好理由，例如公司擴廠喬遷、開設分公司、併購企業，都是可用來聯絡客戶的好機會。

售後服務

定期追蹤客戶

追蹤原因

表示對客戶的重視	提醒客戶我們的存在
客戶滿意度	提供售後服務
了解訂單狀況	了解客戶需求

老客戶

節慶問候	生日問候
售後服務	新品上市
主動報告訂單進度	
滿意度	變更通知
獲獎分享	展覽通知

新客戶

節慶問候

報價滿意度

樣品滿意度

產品新需求

庫存品促銷方案

利用

小叮嚀

利用電腦系統，記錄下每次客戶訂單到出貨所碰到的異常狀況及解決處理方式，減少再度出貨異常及客戶抱怨的機會。

189

知識補充站

追蹤客戶反應

既然進行左述各種追蹤方式與技巧，也要看看客戶有何反應。客戶有回覆的，則根據回覆的內容採取應對措施，別讓好不容易追回的客戶再次失聯。客戶未回覆的，則仍繼續定期追蹤，至少要讓對方知道，仍非常在乎彼此的合作關係；有些未回的原因可能是因暫時無須下單，所以持續保持聯絡，需要訂貨時，絕對想到我方。

Unit 13-4
國際貿易陷阱

　　隨著科技進步，拉近國與國的距離，國際貿易也日漸蓬勃發展。因此，如何預防和規避企業海外貿易與投資中的風險，成為眾多企業和政府機關愈來愈重視的議題。

一.顏色與數字顯示各國風險

　　根據國外商會所編製《國家風險分析報告（2006）》評比了190個國家，九種顏色繪製，逐一顯示各國風險的變化情況。例如：中東、東歐、中非、拉美等國標示是高度危險的棕紅色，而北美、歐洲和澳大利亞，則以覆蓋顯示為低風險地區。除顏色區分外，同時還用數字標誌1～9來區分國家風險，隨數字增大依次增高風險水準。

二.詐騙集團起於非洲

　　非洲地區市場較為封閉，工業基礎薄弱，加上外匯管制，官方貪瀆索賄情形普遍，就業機會不高，國民所得偏低。所謂饑寒起盜心，經濟狀況不佳，促使詐騙案日益猖獗，詐騙分子以種種惡劣手法來誘惑害廠商上當。這些詐騙分子通常會提供一堆假文件與憑證，加上相當誠懇的說詞以降低廠商的戒心，宣稱只要提供些許協助（例如提供公司銀行戶頭）就能獲取龐大金額的佣金報酬。許多不知情的廠商往往因此受騙上當，不但損失金錢又飽受驚嚇，真可謂偷雞不著蝕把米。目前貿易詐騙集團已由非洲漸轉移至亞洲，詐騙模式大同小異。

三.常見貿易詐騙手法

　　企業所面臨的貿易風險主要集中在新興市場，風險高的國家通常可歸納下列三種情況：一是經常發生戰亂的國家；二是尚未建立外交關係的國家；三是正處於外國制裁階段的國家。然而「風險等級較高的國家、地區，有些反而存在巨大的利潤空間」，關鍵是如何規避其中的風險，避免落入詐騙分子的圈套中，下列幾種狀況是典型的詐騙手法，可供參考：1.初次交易不經議價，即下高額訂單；2.利用各種藉口大量索取免費樣品；3.要求先行代墊各種費用，例如進口登記費、合約佣金、律師服務費、匯款手續費等，被害廠商匯入後，即音訊全無，以及4.邀請被害廠商遠赴該國簽約，藉以綁架該受害人，威脅付款放人。

四.堅守原則防止被騙

　　對付這些詐騙案層出不窮的地區，為了避免受騙，教戰守則有下列要訣，只要堅守原則，就不容易上當被騙：1.不要輕易將公司資料及銀行的戶頭提供給對方；2.不要相信天下會有不勞而獲的好事；3.洽商過程太草率，太容易獲得的大訂單，須謹慎處理；4.對於有疑慮或高風險之交易，要先收到貨款再行出貨；5.千萬別貿然答應對方遠赴陌生異鄉簽約或拜訪之邀約，以及6.遇有疑似詐騙案件，宜轉報相關單位作為紀錄，除了保護自己也可預防其他廠商可能受騙。

國際貿易陷阱

國際貿易警示地區

棕紅色	藍綠色
高度危險	低風險
中東、東歐、中非、拉丁美洲等國	北美、歐洲大部分地區和澳大利亞

 高風險原因

1.經常發生戰亂
2.尚未建立外交關係
3.尚處於外國制裁關係中

常見貿易詐騙手法・預防心法

商人本色，能殺價就殺價，天下無不勞而獲的事
洽商細節太草率的大訂單，須提高警覺

1.初次交易不議價，即下高額訂單。

樣品仍須付費，但客戶下單出貨後可扣貨款

2.藉口大量索取免費樣品。

思考若正常營運公司，為何需要代墊費用
風險太高或有疑慮的交易，先收貨款再出貨

3.要求代墊各種費用，被害廠商匯入後，音訊全無。

轉報相關單位，反客為主，
邀請買方到公司參觀簽約，視對方反應

4.邀請被害廠商遠赴該國簽約，綁架該受害人，
威脅付款放人。

Unit 13-5
國際貿易詐騙案之常見類型

圖解國貿實務

在詭譎多變的國際貿易市場中，詐騙分子神出鬼沒，無所不在，經常以各種不同的樣貌出現；如果不注意，很容易陷入其中，遭受莫大的損失。

一.樣品詐騙案

國際貿易交易最頻繁，也最容易發生的詐騙案，非樣品詐騙莫屬了。不肖者總是利用一些剛從事外銷、經驗不足的製造商，急於跟外國客戶成交的心理而得逞。

出口項目如果是價值不高之貨品，樣品加上運費損失不多，多數廠商並不追究；況且目前多數出口商均採提供免費樣品，由客戶負擔運費方式，來過濾一些不肖騙取樣品的外商。

先進國家的詐騙分子會以假支票來騙取貨品，例如：開一張私人支票請出口商寄等值的貨樣給他，有些出口商對先進國家買主降低戒心，就很容易上當。

寄送樣品是建立交易的重要階段，關係生意能否成交，因此寄送樣品應做到「正確、質優、快速」，至於如何判斷該不該寄以及如何寄，有下列幾點可供參考：

(一)樣品及運費全免費：貨樣價值不高，出口廠商急於開發國外市場，有充分的開發市場預算。

(二)樣品免費，但客戶付運費：貨樣價值不高，但體積大或重量重，運費所費甚高。

(三)預付樣品費及運費：材料成本高的高價樣品，則須先收取樣品費及運費，不過可附加一但書，在正式下單後，將退回此筆費用。

(四)新特殊考量之樣品：新開發或專利的樣品，切勿隨意寄送，以免落入競爭對手中。一些仿冒盛行的國家，通常經由先進國家買主要到賣方的新產品之後，即著手進行仿冒，令賣方防不勝防。

二.洗錢詐騙慣用藉口

(一)政府官員鉅款：來函者自稱是奈國的將軍或政府高層官員代理人，查獲地下叛軍組織的資金高達數百萬美元，礙於規定無法領出，必須利用一個國外帳戶，將此鉅款轉帳至國外才能領出，如果你能協助提供帳戶協助轉帳，事成後將會獲得一筆為數不小的酬佣（通常是總金額的30～40%左右）。

(二)金額誤植：來函者自稱自己是奈及利亞的某基金公司，表示日前有某集團發票金額開立錯誤，造成多出1,560萬美元，並承諾只要有人願意提供公司銀行戶名及帳號等相關文件，讓此公司可以將這筆款項轉匯出來，他們便會致贈30%鉅額的佣金匯給此幫助者。

(三)遺孤獲得遺產：來函者自稱是敘利亞某集團金融執行長的遺子，因為父親驟逝，繼承為數一千萬美元的鉅款，並表示自己因某些因素無法單獨處理這筆鉅款，希望能找到願意幫忙的人，並承諾會分出20%的遺產，致贈給幫助者當作謝禮。

192

樣品詐騙案

	樣品價值	運費
樣品、運費全免	低	低
樣品免費 客戶付運費	低	高
預付樣品費及運費	高	高
新開發及專利的樣品	慎選客戶寄送	

政府官員鉅款

貿易洗錢大騙局

金額誤植

遺孤獲遺產

內容皆為鉅款需要借您的帳戶處理提領，
可獲得相當豐厚酬勞

天下無不勞而獲的事，多利用反向思考，提高警覺！

第 14 章

國際商務仲裁

● ● ● ● ● ● ● ● ● ● ● ● ● ● ● ● ● ●章節體系架構 ▼

Unit 14-1
國際商務仲裁概念

在國際貿易發生糾紛時，假如雙方當事人無法經由私下和解，此時可交由第三人（仲裁人）調節，而雙方當事人須相互約定，將發生爭議的事件交由所選定的仲裁人判定，仲裁人須由雙方當事人同意，而雙方當事人須同意服從仲裁人的決定。但如果當事人有一方並無執行此判決，可聲請法院執行判定，方得為強制執行。

在發生國際貿易糾紛時，有四種解決方法：和解、仲裁、調停、訴訟。在處理國際商務糾紛時，商務仲裁為最常使用的方法，因商務仲裁不必再經過民事訴訟的程序，對於仲裁人所做的判定，就如同法院一般，有一定的拘束力。

一.國際商務仲裁的優點

(一)經濟：一般商務仲裁的費用，比上法院的民事訴訟費用，要節省得多。

(二)迅速：因仲裁人有義務在一定的時間內，為當事人做出合理的判定，而依仲裁性質的不同，所需的時間大約一至六個月之間，比以法律途徑解決，更為迅速。

(三)公正：當事人可選擇具有專業知識的人作為仲裁人，因仲裁人的專業知識可使判定較為公正，更具公信力。

(四)保密：商務仲裁牽涉到雙方當事人的業務機密，故仲裁之判定可祕密進行。

(五)簡單：一般仲裁程序要比民事訴訟程序簡便得多，而其效力卻是一樣的。

(六)緩和：事先以書面作成仲裁協議，較訴諸公堂緩和，降低對情誼的傷害。

二.國際仲裁機構

(一)國際商會仲裁院（The Court of Arbitration of the ICC）：於1923年成立，是一個處理國際商會仲裁糾紛的常設機構，凡是擬採國際商會仲裁規則，買賣雙方宜在契約中國際商會推薦的仲裁條款，便於日後發生爭執可以仲裁規則解決貿易糾紛。

(二)聯合國國際貿易法委員會(United Nations Commission on International Trade Law)：於1976年成立，制定了仲裁法規，以作為各國可採用的仲裁規則，然而此規則在任何國家都不具法律約束力，唯有雙方當事人都同意採用此規則，並在契約中訂立，方具有約束效力。

三.主要國際商務仲裁公約

(一)仲裁條款協議書（Geneve Protocol on Arbitration Clause）：國際聯盟於1923年在日內瓦所制定。

(二)外國仲裁判斷執行公約（Geneve Convention on Execution of Foreign Arbitration Awards）：國際聯盟於1972年又在日內瓦所制定。

(三)外國仲裁判斷之承認及執行公約（Convention on the Recognition and Enforcement of Foreign Arbitrate Awards）：聯合國於1958年在紐約召開國際商務仲裁會議，決議制定簡稱「紐約公約」。

國際商務仲裁

和解　　　　仲裁　　最常使用

調停 訴訟

迅速　　公正

經濟　　商務仲裁優點

保密　　緩和　　簡單

國際仲裁機構

(一) 國際商會仲裁院
(The Court of Arbitration of the ICC)

(二)聯合國國際貿易法委員會
(United Nations Commission on International Trade Law)

主要國際商務仲裁公約

(一)「仲裁條款協議書」國際聯盟，1923，日內瓦
(Geneve Protocol on Arbitration Clause)

(二)「外國仲裁判斷執行公約」國際聯盟，1972，日內瓦
(Geneve Convention on Execution of Foreign Arbitration Awards)

(三)「外國仲裁判斷之承認及執行公約」紐約公約
　　　聯合國，1958，紐約
(Convention on the Recognition and Enforcement of
　　　　　　　　　　　　Foreign Arbitrate Awards)

Unit 14-2
選定仲裁地及機構

貿易糾紛，因位於異國，所以仲裁機關和地點會影響權益，故簽約時即應決定。

一.仲裁機構的種類

目前仲裁機構的種類有四種：1.各國工會或商會：一般而言，多數國家普遍由工會或商會承辦仲裁業務；2.仲裁協會：各國均設有仲裁協會之機構，專門辦理仲裁案件，例如臺灣就設有「中華民國商務仲裁協會」；3.國際商會：國際商會設有仲裁部門，可任命仲裁人幫助解決糾紛，以及4.我國仲裁機構：目前設有「中華民國商務仲裁協會」，由經濟部、法務部等政府有關單位，負責仲裁貿易糾紛的調解。

二.仲裁地點的決定

仲裁地點有下列幾種決定方法：1.被告地主義：以被告所在地為仲裁地，當貿易糾紛是因不交貨、未開信用狀、延遲交貨等，則被告效力較大，因此被告所在地為仲裁地；2.起岸地主義：以貨物起岸地為仲裁地，當貿易糾紛是因規格、品質、包裝等方面，則仲裁人可就地查勘，以及3.第三國主義：不以被告所在地或起岸地為仲裁地點，而選擇第三國為仲裁地，此方法較為公平，但在手續方面較為麻煩。

三.仲裁手續與方法

仲裁手續與方法計有以下幾種：1.由第三者或貿易主管機關協調解決：在糾紛雙方的同意之下，可以由第三者居間調解，以解決糾紛當事人雙方之爭議，這種協調方式可由任何公正第三者或國際商會為之，也可由政府貿易主管機關為之；2.透過國際商務仲裁機構仲裁解決：臺灣目前商務仲裁機構以中華民國商務仲裁協會為主，並參與國際仲裁組織，積極簽訂雙邊仲裁條約，以及3.透過司法途徑以訴訟方式解決：透過訴訟方式解決，實為下策，不但曠時費日且所費不貲，應儘量避免，發生糾紛的雙方究竟要採取何種方式處理較佳，須視當事人雙方之約定及其意願而定。

四.仲裁程序

(一)申請仲裁：發生糾紛時，如買賣雙方在交易契約中有規定仲裁條款，則按規定請求仲裁；未規定則於事發後，雙方可一起聯名申請仲裁，且須以書面提出申請。

(二)被告答辯：仲裁機構通知被告期限內對原告所提出關於本案之事項提出答辯，如在期限內不答辯，視同放棄。

(三)遴選仲裁人：如買賣雙方在交易契約中有規定，可依契約規定遴選；未規定，事後可由當事人選定或請仲裁機構代為遴選。

(四)案件審理：通常仲裁人以書面方式審理案件，但若當事人有請求或必要時，也可採用當面審理方式。

(五)判斷仲裁：案件審理後，仲裁人應在判斷書簽名後交由當事人收執。

選定仲裁地及機構

仲裁機構種類

- 各國工會及商會
- 仲裁協會
- 國際商會
- 我國仲裁機構「中華民國商務仲裁協會」

仲裁地點

- 被告地主義
- 起岸地主義
- 第三國主義

仲裁手續及方法

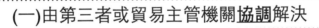

(一)由第三者或貿易主管機關**協調**解決

(二)透過國際商務仲裁機構**仲裁**解決

(三)透過司法途逕以**訴訟**方式解決

仲 裁 程 序

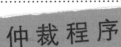

申請仲裁 → 被告答辯 → 遴選仲裁人 → 案件審理 → 判斷仲裁

Unit **14-3**
仲裁判斷的效力

　　仲裁判斷的效力，各國規定均不相同。有些國家只承認在本國的判定才有效，在其他國家的判定無效；有些國家則承認在其他國判定者與在本國判定者有同樣效力；但依照國際仲裁公約規定，公約會員國對在會員國仲裁機關所作的裁定有同等強制效力；我國的商務仲裁條例規定，仲裁人的判斷在當事人與法院的確定判決具有同等的效力，但需要先聲請法院為執行裁定後才得為強制執行。由此可知，我國的仲裁判斷與法院判決有同等效力。

　　人民法院或仲裁機構在審查仲裁協議的效力時，應該審查仲裁協議是否隱含可以仲裁的基本內容，能夠確認由仲裁機構仲裁的，就應該尊重當事人，不可因細節的缺陷而忽視訂立仲裁協議的本意。不少仲裁條款約定的仲裁機構名稱不確實，但是經過分析判斷是能夠確定仲裁機構的。對此不應該隨意認定協議無效，而否認仲裁解決方式。

一.國際條約締約國間之效力

　　(一)仲裁之多邊條約：指由多數國家參加締結多邊仲裁條約，成為國際性的仲裁條約。此類條約經締約國政府核准後，對於加入國的仲裁判斷相互承認其效力及執行。凡在締約國之間仲裁判斷與在國內仲裁判斷的效力完全一樣。

　　(二)仲裁之雙邊條約：此在兩國間為促進經濟貿易的關係，所訂定有關處理貿易糾紛時，相互間承認對方仲裁判斷效力及執行。凡在二國間的仲裁判斷，雙方互相承認其效力，並於締約國之管轄法院提請強制執行。

二.國際條約非締約國間之效力

　　(一)在有邦交國家間：有些國家仲裁法明文規定，承認外國仲裁判斷的效力及執行，另外有些國家之仲裁法無明文規定，但由於法院的審判實務承認外國仲裁之效力及執行，這些仲裁法及判例均對有邦交國的判斷承認其效力。因此，仲裁判斷在有邦交國家間的效力與執行，雖然相互間並非仲裁條約之締約國，但仍可被承認，不至於產生問題。

　　(二)在無邦交國家間：因為商務仲裁機構為民間團體，原則上各國政府均以輔導的立場，不以政治為干涉，只要仲裁程序依法執行，判斷符合法律規定，內容不違背公序良俗及公共政策者，都被認為有效。一般可利用仲裁機關之間協定相互承認其效力，使對方仲裁機關的判斷與本國仲裁機關的判斷具有同樣效力，就可補救政治上的缺陷。

　　對於無邦交國家的仲裁判斷可利用仲裁機關間的協定，訂定承認相互間仲裁判斷的效力，可於仲裁判斷後送請對方仲裁機關承認，就可具備與在該國仲裁判斷相同效力。

仲裁判斷的效力

1

國際條約締約國間效力

仲裁之多邊(雙邊)條約

多數(兩國)國家參加
國際性仲裁條約
締約國內互相承認條約
判斷及仲裁效力 締約國內完全相同

2

國際條約非締約國間之效力

具邦交關係國家

法院審判**實務承認**外國仲裁之效力及執行，仲裁法及判例均對於有邦交國的判斷承認其效力。

無邦交關係國家

仲裁程序依法執行，判斷**符合法律規定**，內容**不違背公序良俗及公共政策者**，都被認為有效。

第 **15** 章

智慧財產權

● 章節體系架構 ▼

Unit 15-1
智慧財產權之概念

　　從事國際貿易工作多年，了解臺灣早期從事國際貿易初時，並無國際法律之概念，侵犯國外智慧財產權的情況時有所聞，因而臺灣早期被冠上「海盜王國」之惡名，經常被外商控告侵權。

一.合法保障之權利

　　可是這些年來，經政府的大力宣導及國人共同努力之下，尊重智慧財產權的概念，已普遍深植於一般民眾心中。深入了解企業經營相關的法律問題及智財權對一般中小型企業的影響及如何自我保護，避免侵權產生，乃為當務之急。

　　所謂「智慧財產權」（Intellectual Property Rights, IPR），即是人類透過其智力活動的結晶，或是作為產業活動的識別標誌，而創造出具有經濟價值的成果，在符合智慧財產權法相關法律所規定的保護要件情況下，所取得一種受到法律所保護的權利或利益。

二.無形的資產

　　說到「財產」，一般人可能只會聯想到不動產（如土地、房子）及動產（現金、珠寶、股票⋯⋯）等「有形」且具體可見的財物。但其實在人類的文明發展史中，「無形」的財產也逐漸受到大家重視。所謂「無形的財產」就是指人類基於思想進行創作活動而產生的精神上、智慧上的無形產物，例如：音樂（如曲詞之創作）、書籍（如小說、學術論文之創作）、畫作（如國畫、油畫、漫畫之創作）、網站設計（如雅虎入口網站之設計）、電腦軟體（如微軟OFFICE XP套裝軟體）、發明專利、商標（如IBM、MICROSOFT）等。而國家以立法方式保護這些人類精神智慧產物賦予創作人得專屬享有之權利，就稱為「智慧財產權」，其中主要包括商標權、專利權及著作權。因同為人類精神上之產物，所以又稱為智能的所有權；儘管這些屬無形的智慧產物，但它們的經濟上之價值往往難以估計。

三.智慧財產權之規範及分類

　　一般人對他人有形財產之權利比較尊重，而對尊重別人智慧財產權的觀念，則比較薄弱，所以像仿冒品、盜印書籍、盜版軟體之充斥市面；或是使用類似著名企業的商標引起消費者混淆等行為，亦隨處可見。這都是一種侵害他人智慧財產權的違法行為，與侵害他人有形財產之結果是相同的，其法律責任上，除了須對權利人負民事的損害賠償責任外，刑事上也可能要受到處罰。

　　我國的智慧財產權法，若依據其規範目的，大致可以區分為三大類：第一類促進文化發展的智慧財產權法——著作權法；第二類鼓勵技術創新的智慧財產權法——專利法、積體電路電路布局保護法、植物品種及種苗法，以及第三類保障正當競爭秩序的智慧財產權——商標法、營業祕密法、公平交易法中之不公平競爭規範。

智慧財產權之概念

我國智慧財產權類型

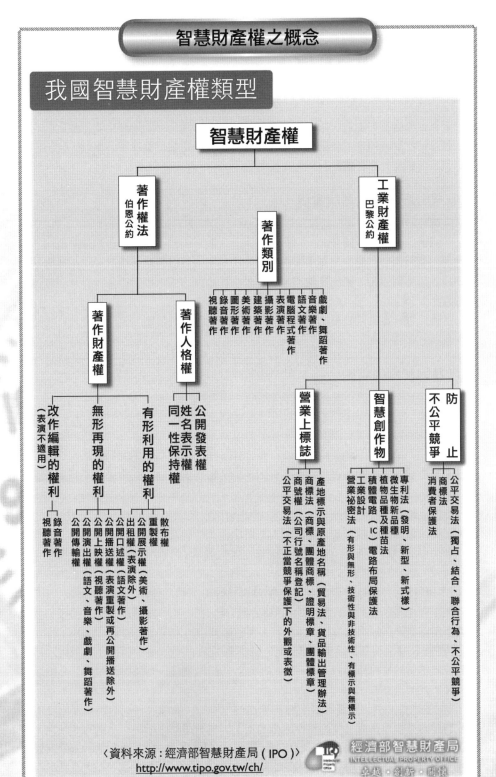

〈資料來源：經濟部智慧財產局（IPO）〉
http://www.tipo.gov.tw/ch/

Unit 15-2
智慧財產權之重要性

圖解國貿實務

全球貿易盛行，加速我國工商業之成長，更凸顯我國在國際貿易間日益重要的地位。晉升於已開發國家的我國，對於智慧財產權保護之重要性亦與時俱增，成為影響國際間技術貿易、經濟成長與文化交流的主因。

一.智慧財產權已被高度重視

隨著時勢所趨，智慧財產權現在已經被提高到國家發展戰略的高度。

然而國內仍有為數頗多之人陷於過去錯誤之觀念，或不知已實施智慧財產權之保護現況，甚至遇到了要如何尋求保護，以及如何獲取救濟等諸多情況，均在在證明有必要將此類相關知識、措施及法令，以更簡明易讀之方式，提供給工商界及一般民眾參酌的必要。

這無非是政府希望能藉此提升文化、經濟的水平，讓我國名副其實晉升於文明先進國家與社會之列。

二.智慧財產權的特徵

206

「智慧財產權」與一般有體財產權不同，在本質上有如下之特徵：

(一)獨占性：智慧財產權的權利人可以排除他人使用其智慧財產權，然而此權利的行使，仍須受到相關法律之限制。

(二)地域性：在一個國家所取得的智慧財產權，僅限於在此國家範圍內有效，除非透過國家間或國際間的條約協定，否則一國的智慧財產權一旦隨著其所附著的媒介越出國界，其在他國即失去保護。

(三)時間性：智慧財產權制度主要目的，仍在追求人類文明的進步與經濟的發展。因此，雖然法律賦予智慧財產權人有排除他人使用其智慧財產權的權利，但若不予以時間上的限制，則反而會有害於整體社會的進步，所以智慧財產權均會有法定的期限。

(四)無體性：智慧財產權並非在保護對於有形物體的使用、收益、處分等支配上，而是在保護存在於媒介體上的抽象精神創作，例如：一幅圖畫的美術著作，著作權並不是在保護該幅圖畫本身，而是在保護該幅圖畫所表現出來的形式與內容。

(五)複製性：智慧財產權的價值之一，是體現在其可以重複製作之上，也因為其複製成本遠低於其生產創作成本，因此相較於一般財產權，智慧財產權更容易被以非法複製方式加以侵害。

(六)國際性：智慧財產權具有跨國流通性，例如：商標、專利的跨國授權使用，因此智慧財產權也常成為跨國侵權的標的；又因為智慧財產權具有前述的地域性，各國對於智慧財產權保護的法律不盡相同，所以國際間乃致力於有關智慧財產權保護之協商，以期建立一套全球一致性的保護機制。

智慧財產權之重要性

智慧財產權的特徵

獨占性

排除他人使用其智慧財產權

地域性

限於在此國家範圍內有效,除非透過國家間或國際間的條約協定。

無體性

保護存在於媒介體上的抽象精神創作

時間性

智慧財產權均會有法定的期限

各國對智慧財產權保護的法律不盡相同,國際間努力建立全球一致性的智慧財產權的保護機制。

國際性

複製性

其複製成本遠低於其生產創作成本,智慧財產權更容易被以非法複製方式加以侵害。

Unit 15-3
專利權

專利權是指政府有關部門向發明人授予在一定期限內生產、銷售或以其他方式使用發明的排他權利。目前我國專利分為發明、實用新型和外觀設計三種。

一.專利之種類

(一)發明專利：發明係指利用自然法則之技術思想之創作，必須具備新穎性、進步性、產業可利用性，並經申請方可取得專利權，專利期限則為自申請日起算二十年屆滿。例如：15世紀，英國人利用石墨粉加黏土裝入兩片半圓型的木管中做成鉛筆，在當時屬發明專利。

(二)新型專利：新型係指利用自然法則之技術思想，對物品之形狀、構造或裝置之創作，亦需具備新穎性、進步性、產業可利用性，並經申請，專利期限則為自申請日起算十年屆滿。例如：上述鉛筆又經人發現圓形筆不好握，於是改良以六角形筆管取代圓形，這即是屬於新型專利。

(三)新式樣專利：新式樣係指對物品之形狀、花紋、色彩或其結合，透過視覺訴求之創作，必須具備新穎性、創作性、產業可利用性，並經申請，專利期限為自申請日起算十二年屆滿。例如：時間一久，上述六角形筆管，單一顏色的鉛筆無法刺激購買慾，於是又改變外表花樣，這即是屬於新式樣專利。

二.專利權侵害之救濟

專利權遭受侵害時，權利人可提起民事救濟；即專利權受侵害時，專利權人得請求排除其侵害，有侵害之虞者，得請求防止之，可另請求賠償損害。

(一)大陸地區：我國跟大陸之間的經貿往來日益頻繁，專利侵權案例層出不窮，依大陸相關法律規定，有關專利行政處罰，必須向各地方專利行政管理部門請求處理：1.行政處罰：專利權人須於申請狀中明確該專利侵權之侵害人、所請求之事項及相關證據向地方專利部門投訴。一旦受理該案件申訴並認定侵權成立者，就可動用行政裁量權，進而責令侵權人立即停止侵權行為，例如停產、停業，若當事人不服時，於收到通知後十五日內向人民法院起訴，以及2.法院訴訟：專利權人除了行政處罰的手段，亦可直接向法院提起民事侵權賠償訴訟，惟侵害專利權之訴訟時效為二年，即自專利權人知悉或應當得知侵權行為之日起計算，因此專利權人在時效方面應當特別注意。

(二)臺灣地區：專利之侵權行為人至少要有故意過失才能成立，而依專利法第79條規定，專利權人與專屬被授權人必須在專利物品或包裝上標示專利證書號數，除非侵權行為人明知或可得而知其為專利物品，否則不得請求損害賠償。實務上通常會要求專利權人就行為人之故意過失負舉證責任，因此假設專利權人在訴訟進行前寄發警告信函於侵害人時，再配合智慧財產局對外公開專利公報，通常侵害人都會被斷定有故意過失。

專利的種類

發明專利

新穎性、進步性、產業可利用性，並經申請方得取得專利權，專利期限：自申請日起算20年。

新型專利

對物品之形狀、構造或裝置之創作，專利期限則為自申請日起算10年。

新式樣專利

對物品之形狀、花紋、色彩或其結合，透過視覺訴求之創作，專利期限為自申請日起算12年。

新發明　　新型　　新式樣

☆小叮嚀：
專利權人與專屬被授權人必須在**專利物品或包裝上標示專利證書號數**，除非侵權行為人明知或可得而知其為專利物品，否則即不得請求損害賠償。

Unit 15-4
商標權

「商標」也是市面上所說的品牌，有其一定的法律保護，本文將探討之。

一.商標的功能

商標具有以下功能：1.商品來源之辨識：商標可以使消費者在許多同類商品中容易辨識所欲購買的商品；2.商品品質之擔保：特定商標之商品往往會給消費者一定的品質印象，而商品的生產者也會為維護該商標商品的品質，而致力於該商品品質的維持與提升，以及3.商品廣告之效力：商標的使用與廣告乃相輔相成，透過廣告可以增加商標的知名度，而商標的廣泛使用，也促進商品的廣告效果。

二.商標之內容與種類

商標內容為商標得以文字、圖形、記號、顏色、聲音、立體形狀或其聯合式所組成；商標種類則分為商品、服務商標、證明標章、團體標章及團體商標。

三.商標權之取得及期限

各國對於商標權的取得，主要區分為使用主義及註冊主義兩種。美國及加拿大國家，係採使用主義，商標所有人有使用商標之事實，即取得該商標權，至於註冊僅具證明效力。我國及其他大多數國家則採註冊主義，必須向主管機關申請註冊後，才能取得商標權。而商標權之期限為自註冊公告當日起十年，但屆期得申請再延展十年。

四.商標權侵害之救濟

商標權遭受侵害時，權利人可提起刑事及民事救濟，並得實施邊境救濟。所謂邊境救濟係指商標權人對輸入或輸出有侵害其商標權之物品，得申請海關先予查扣。申請時，應以書面為之，並釋明侵害之事實，及提供相當於海關核估該進口貨物完稅價格，或出口貨物離岸價格保證金或相當擔保。被查扣人亦得提供與前項保證金二倍之保證金或相當擔保，請求海關廢止查扣，並依有關進出口貨物通關規定辦理：

(一)商標權受侵之請求權：商標權人之商標權受到侵害時，依我國商標法第61條規定有以下幾種請求權：1.請求損害賠償；2.請求排除其侵害；3.有侵害之虞者得請求防止之，以及4.請求銷毀侵權物品及相關原料與器具，或為其他必要處置。

(二)賠償損害之計算法：1.無法提供證據方法證明其損害時，依民法第216條規定，商標權人得就其使用註冊商標通常可獲得之利益，減除受侵害後使用同一商標所得利益，以其差額為所受損害；2.侵害商標權者不能就其成本或必要費用舉證時，可依侵害商標權行為所得利益，即以銷售該項商品全部收入為所得利益，以及3.就查獲侵害商標權商品之零售單價五百倍至一千五百倍之金額，惟所查獲商品超過一千五百件時，應以其總價訂定賠償金額。前三項賠償金額顯不相當者，法院得予酌減。商標權人之業務上信譽，因侵害而致損壞時，可另請求相當之金額之賠償。

商標權

商標的功能

- 來源之辨識
- 品質之擔保
- 廣告之效力

商標之內容與種類

文字、圖形、記號、顏色、聲音、立體形狀或聯合式所組成的商品、服務商標、證明標章、團體標章及團體商標

臺灣商標權 取得及期限

註冊主義

每次延展期限10年

商標權受侵害時之請求權

| 請求損害賠償 | 請求排除其侵害 |

請求銷毀侵權物品及相關原料與器具或其他處置

有侵害之虞者得請求防止之

商標權遭受侵害時，權利人可提起刑事及民事救濟，並得實施邊境救濟。

所謂**邊境救濟**係指商標權人對輸入或輸出有侵害其商標權之物品，得申請海關先予查扣。

Unit 15-5
著作權

政府為保障著作人著作權益，促進國家文化發展，特制定法律保護之。

一.受保護之著作種類

目前受我國著作權法保護之所謂著作係指屬於文學、科學、藝術或其他學術範圍創作等十種：1.語文著作：包括詩、詞、散文、小說、劇本、學術論述、演講及其他語文著作；2.音樂著作：包括曲譜、歌詞及其他音樂著作；3.戲劇、舞蹈著作：包括舞蹈、默劇、歌劇、話劇及其他戲劇、舞蹈著作；4.美術著作：包括繪畫、版畫、漫畫、連環圖（卡通）、素描、法書（書法）、字型繪畫、雕塑、美術工藝品及其他美術著作；5.攝影著作：包括照片、幻燈片及其他以攝影製作方法所創作之著作；6.圖形著作：包括地圖、圖表、科技或工程設計圖及其他圖形著作；7.視聽著作：包括電影、錄影、碟影、電腦螢幕上顯示之影像及其他藉機械或設備表現系列影像，不論有無附隨聲音，而能附著於任何媒介物上之著作；8.錄音著作：包括任何藉機械或設備表現系列聲音，而能附著於任何媒介物上之著作，但附隨於視聽著作之聲音不屬之；9.建築著作：包括建築設計圖、建築模型、建築物及其他建築著作，以及10.電腦程式著作：包括直接或間接使電腦產生一定結果為目的所組成指令組合之著作。

二.著作權成立要件及期限

我國現行著作權法對於著作權之取得係採取「創作主義」，即創作人在創作完成時就取得該創作之著作權，不需經過註冊登記程序，或為任何著作權所有之標示。惟仍需符合下列要件：

(一)原創性：作品需具備原始創作性，即創作者必須是自行創作而非抄襲作品。惟著作權之保護僅及於該著作之表達，而不及於其所表達之思想、程序、製程、系統、操作方法、概念、原理或發現，因此只要作品具有原始性及創作性，則無論該作品是否與他人的作品雷同，仍受著作權所保護。

(二)有形性：創作者必須將作品以一定的形式表現出來，使其他人可以經由視覺、聽覺或觸覺等感官直接或間接加以感受，如此也才能確定作品之完成時間。

(三)著作權之期限：著作人格權之保護，原則上採永久保護。而著作財產權之保護，在著作人為自然人時，原則上存續於著作人之生存期間及其死亡後五十年；若著作人係法人，其著作財產權存續至其著作公開發表後五十年。

三.著作權侵害之救濟

著作權遭受侵害時，權利人可提起刑事及民事救濟。於民事救濟上，權利人可向法院進行防止侵害、排除侵害、損害賠償等得請求，也可要求侵害人負擔費用，將判決書內容刊登在新聞、雜誌中；於刑事救濟上，法院可依侵害人之意圖及行為輕重判處徒刑或罰金。

著作權

我國著作權法保護的著作係指屬於
文學、**科學**、**藝術**或其他學術範圍 創作

受保護的著作種類

美術著作　音樂著作

圖形著作

語文著作

攝影著作

錄音著作　　　　　視聽著作

戲劇、舞蹈
著作

電腦程式著作　　　建築著作

著作權成立要件

原創性	作品需具備原始創作性，即創作者必須係自行創作而非抄襲。
有形性	必須將作品以一定的形式表現出來，使其他人可以經由視覺、聽覺或觸覺等感官直接或間接加以感受。
著作權期限	著作人為自然人： 原則上存續於著作人生存期間及其死亡後五十年。 著作人為法人： 其著作財產權存續至其著作公開發表後五十年。

Unit 15-6
營業祕密

圖解國貿實務

接觸營業祕密最直接的管道就是員工，從員工進入企業的那一刻開始到其離職為止，在諸多不同之時間點，都有營業祕密外洩之可能，企業唯有設立對應的配套管理機制，方能有效管理企業內部的祕密。

一.營業祕密之範圍

營業祕密約可一分為二：一為「技術機密」，偏向經研究、設計、配方、製程等，屬於技術性之祕密；二為「商業機密」，內容比較廣泛，舉凡涉及與商業經營有關之資料像是受僱人資料、顧客名單、財務及會計報表、行銷策略與計畫等均屬之，二者的重要性並無分軒輊，對於企業之經營均具有重要意義。

二.預防營業祕密洩漏之措施

（一）合理之保密措施：為了預防員工洩漏公司營業祕密，必須採取以下方式：1.公司所有接觸到該特定營業祕密之員工都必須約定「保密協定」；2.公司列為營業祕密之資料，必須限制閱讀或接觸，且不得在公司內部任意流傳，也要告知閱讀或接觸該項資料之人，該項資料之重要性與機密性；3.書面型態記載之營業祕密，必須註明「機密」、「限閱」或等同性質之註記，以及4.必須嚴格控制以書面形式記載營業祕密之影印份數。

（二）訂定營業祕密歸屬契約：根據營業祕密法第3條規定：「受僱人於職務上研究或開發之營業祕密，歸僱用人所有，但契約另有約定者，從其約定」，為避免僱主與員工日後對於營業祕密歸屬之爭議，雙方宜在僱傭契約中，明文規定受僱人於受僱期間內之工作性質與職務範圍，並於日常工作中嚴格要求工作日誌的撰寫與記錄，並明文約定營業祕密屬於何方所有。例如：一件設計從開始的結構圖到產品，必須在過程中對商業機密的防範，尤其在結構圖本身並非為一完整的產品，通常無法受到專利的保護，即使尋求著作權保護，亦僅及於圖面的重製而不及於產品的本身，公司應考慮朝向以營業祕密方式求得保護，才是最佳保護途徑。

三.營業祕密之救濟

依營業祕密法第2條之規定，營業祕密係指方法、技術、製程、配方、程式、設計或其他可用於生產、銷售或經營之資訊，且符合下列要件者：非一般涉及該類資訊之人所知者；因其祕密性而具有實際或潛在之經濟價值者；所有人已採取合理之保密措施者。營業祕密不須辦理登記，如有侵害營業祕密之情事，得向經濟部查禁仿冒商品小組檢舉或請求協助，當事人亦得直接訴請司法機關救濟。

侵害他人營業祕密依營業祕密法規定，雖僅有民事損害賠償責任，但仍可能觸犯刑法洩漏業務上工商祕密罪、竊盜罪、侵占罪、背信罪或違反公平交易法相關規定。

技術機密

經研究、設計、配方、製程等，屬於技術性之祕密

商業機密

舉凡涉及與商業經營有關之資料像是受僱人資料、顧客名單、財務及會計報表、行銷策略與計畫等均屬之

預防營業祕密洩漏的措施
一員工的教育與協定

合理的保密措施

1.簽訂保密協定
2.機密文件管制限制接觸及閱讀
3.文件上註明『限閱』『機密』字樣
4.嚴格控制機密文件的書面影印份數

訂定營業祕密歸屬契約

勞資宜在<u>僱傭契約</u>中，明文規定受僱人於受僱期間內工作性質與職務範圍，於日常工作中嚴格要求工作日誌的撰寫與記錄，並明文約定營業祕密屬於何方所有

第 16 章

貿易英文書信

●●●●●●●●●●●●●●●●●●●●●●●●● 章節體系架構 ▼

要具備哪些條件，才能寫好一封貿易英文書信呢？以下我們將說明之。

一.必備的先決條件

要寫一封好的貿易英文書信，必須具備以下先決條件：1.具備國際貿易專業知識：包括國際貿易之特性、慣用法規、法條及交易過程相關知識，以期迅速融會貫通，在日常書信往來時，避免誤解，達到精準確實之溝通目的；2.熟知專用貿易術語：國際貿易仍以英文為主要溝通語言，為簡化複雜敘述並確定其意義，常使用的貿易術語須熟知，例如：FOB, L/C, B/L, BOFT, MOQ等；3.充分的商業英文字彙：英文書信偏重閱讀及寫作能力，具備充分的常用字彙，才能事半功倍，例如：forecast, quality, specification, sample, weight, insurance, exchange等；4.須熟知各行業專業用語：無論從事何種行業，對自家產品的專用詞彙一定要熟悉，才能對客戶侃侃而談，尤其更要留意有些字彙，在貿易上的解釋可能跟一般用語不同，像negotiation（押匯）、finish（表面處理）、logistics（物流）、pin gage（塞規）、die lines（裁線圖）、lacquer（亮漆）及factory audit（驗廠）；5.具備英文基本寫作能力及文法常識：書寫時應力求簡單易懂，無須艱深語句，但首重文法的正確使用，避免誤解，以及6.經常練習熟能生巧：唯有多讀、多記、多寫，才能讓書寫功力進步，隨時補充新知，且精通譯出語（source language）及譯入語（target language）才能正確解讀。

二.寫好英文書信的技巧

要如何寫好英文書信呢？以下十種技巧供參考：1.整潔（Cleanliness）：字裡行間排列整齊、清楚乾淨，讓能樂於閱讀，正是所謂的「reader friendly」；反之，凌亂的內容會留下不佳的印象；2.清晰（Clarity）：句子的語意、排列，都要清晰且直接了當、不迂迴，讓讀信人易於了解；3.簡潔（Conciseness）：在分秒必爭的商業活動，書信往往力求精簡，不是寫愈多愈有誠意，應力求言簡意賅，千萬別長篇大論；4.正確（Correctness）：文法、用詞遣字、段落、標點符號及慣用語法，都應正確無誤，避免誤解；5.具體（Concreteness）：文章力求使用具體明確，勿用模稜兩可的字眼，自信且肯定，往往更具說服；6.創意（Creativity）：隨著時代演進，不斷激發創意，力求與眾不同，不落窠臼，令人耳目一新；7.愉快（Cheerfulness）：多用正面用詞，流露出積極友善，令閱讀者如沐春風，喜悅舒暢；8.禮貌（Courtesy）：多用禮貌性字眼，像請、謝謝，代表尊敬，也顯示自己的涵養，容易贏取別人的好感，即使有爭議，也儘量避免用不禮貌或恐嚇用語，以免事態更趨嚴重；9.周到（Consideration）：用同理心以對方的觀點看事情，包括提供產品及服務都應該多為對方設想，讓對方讀起信來有專屬的尊榮，印象深刻，更要細心地注意各國化差異及用詞禁忌，避免冒犯，以及10.特色（Character）：創造屬於自己書寫特色，注入個性及情感，形成個人的獨特風格，有時會有意想不到的效果。

基本概念

貿易英文書信

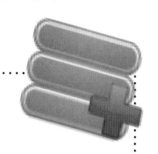

必備的先決條件

1. 具備國際貿易專業知識
2. 熟知專用貿易術語
3. 充分的商業英文字彙
4. 須熟知各行業之專業用語
5. 具備英文基本寫作能力及文法常識
6. 經常練習熟能生巧

寫好英文書信的技巧

整潔(Cleanliness)

清晰(Clarity)

正確(**Correctness**)

具體(**Concreteness**)

禮貌(**Courtesy**)

簡潔(Conciseness)

創意(Creativity)

愉快(Cheerfulness)

周到(Consideration)

特色(Character)

Unit 16-2
撰寫注意事項 Part I

英文書信內容除了分主要與附屬部分外，字母何時大寫、小寫，以及如何正確寫對金額等，都是相當重要。由於內容豐富，特分Part I與Part II兩單元介紹。

一.書信內容構成部分

（一）**主要部分**：1.信頭（Letter Head）：發信人公司資料；2.日期（Date）：無論英式、美式或中式，固定一種方式，較不出錯；3.收信人住址（Inside Address）：以傳真或e-mail傳送，則可免用；4.敬稱語（Salutation）：根據收件人的身分，尊稱某先生、太太或小姐；5.本文（Body）：段落分明，每一段最好只講一件事；6.結尾語（Complimentary Close）：客套結束語，以及7.簽名（Signature）：發信人的簽名及職稱或公司部門。

（二）**附屬部分**：8.參考字號（Reference No.）：方便日後雙方查閱，因此將書信編號；9.主旨（Subject）：提示本信的主題給收信人；10.附件（Enclosure）：如有附件，必須在本文上註記；11.副本（C.C.）：註明副本發送給何人，以及12.附註（P.S.）：補充信內文未提及之事。

二.字母何時需用大寫

撰寫英文書信時，字母何時需用大寫（Capital Letter）呢？以下可供參考：

（一）**稱謂**：Mr.（Mister）先生、Miss小姐（未婚女性）、Mrs.太太（已婚女性）、Ms.（未婚或已婚的女性均可適用）。

（二）**信頭稱謂語／信末結尾語**：Dear Sirs/Sincerely yours。

（三）**專有名詞**：這是指人、地方、稱謂、機構、語言、國民、週日、月分、節日等專有名稱，第一個字母要大寫，如：Monica（莫妮卡）、Wall Street（華爾街）、Taiwan（臺灣）、Harvard University（哈佛大學）、Japanese（日語）、Chinese（中國人）、Sunday（星期日）、April（四月）、Easter（復活節）。

（四）**書籍、雜誌、特殊產品名稱**：Harry Potter（哈利波特）、Studio Classroom（空中英語教室）、Rolex Watch（勞力士錶）。

小博士解說

東西大不同

西方人屬「低情境文化」類型，重理性、憑邏輯，溝通需藉由語言坦白而直接；東方人屬「高情境文化」類型，重感情、憑直覺、自尊心強，溝通需藉由非語言訊息的幫助，不希望太直接，傾向委婉客氣。與外國人交易洽談時，避免誤踩地雷，例如西方人重隱私，在跟對方不是很熟的狀況下，避免詢問對方的年齡、婚姻及薪資等私人問題。

撰寫注意事項

英文書信撰寫注意事項

書信內容構成部分

(一) 主要部分

1. 信頭 (Letter Head)：發信人之公司資料
2. 日期 (Date)：固定一種方式，較不出錯
3. 收信人住址 (Inside Address)
4. 敬稱語 (Salutation)：
    根據收件人身分，尊稱某先生、太太或小姐
5. **本文 (Body)－ 段落分明，一段落一件事**
6. 結尾語 (Complimentary Close)：客套結束語
7. 簽名 (Signature)：
    發信人的簽名及職稱或公司部門

(二) 附屬部分

8. **參考字號 (Reference No.)：方便日後查閱**
9. 主旨 (Subject)：提示本信的主題給收信人
10. 附件 (Enclosure)：如有附件,需在本文上註記
11. 副本 (C.C.)：註明副本發送給何人
12. 附註 (P.S.)：補充信內文未提及之事

知識補充站

你會錯意了嗎？

各國因語言不同，溝通經常出現障礙及誤解。在國際貿易上的語言溝通，以英文最為普遍，即使是同文同種，對同一語詞的解讀亦不相同，例如：電梯在英式英文為「Lift」，美式英文為「Elevator」；出口在英式英文為「Way out」，美式英文為「Exit」；廁所在英式英文為「Lavatory」，美式英文為「Bathroom」。更糟的是，在不同地區同一語詞解讀完全相反，例如「小姐」在臺灣是對女性禮貌稱謂，在大陸則是對風月場所的女性稱謂。

Unit 16-3
撰寫注意事項 Part II

英文書信撰寫注意事項在Part I 我們提到了書信內容構成部分與何時需用大寫字母，再來要繼續說明很重要的金額及日期撰寫，當然還有更細微的介系詞用法。

三.金額撰寫注意事項

(一)在法律及商業文件中，須寫出金額之大寫再加括弧寫上阿拉伯數字加強語氣：SAY TOTAL U.S. DOLLARS TWO THOUSAND THREE HUNDRED AND FIFTY-FIVE（USD2,355）ONLY.

(二)大額整數的數目，用單字表示：千（thousand）、萬（ten thousand）、百萬（million）、千萬（ten million）、億萬（hundred million）、十億（billion）、兆（trillion）。

(三)幣別之標示：表示金額的數字則要特別註明幣別，但值得注意的是，口語中的dollars就代表美元，常用的貨幣，例如：USD（美元）、EURO（歐元）、JPY（日幣）、SEK（瑞典幣）、CHF（瑞士法郎）、GBP（英鎊）、AUD（澳幣）、RMB（人民幣）、HKD（港幣）、NTD（新臺幣）。

四.日期撰寫注意事項

日期通常習慣寫成一行，美式及英式的寫法不同。美式先月分再日期及年分；英式將日期寫在月分前，日期的數字以序數表示（數字後加縮寫st、nd、rd及th），可選擇下列其中一種寫法，避免混淆。

商業書信中，若用數目表示年，則不縮寫，比較恰當：

(一)美式寫法：March 20, 2011

(二)英式寫法：22nd June, 2010

(三)中式寫法：2009. 12. 31

五.介系詞的用法

介系詞（Preposition）的用法有以下幾點要留意的：

(一)表示位置：at是在「固定點」- - at the airport；on是在「平面上」- - on the table；in是在「範圍內」- -in the tree, in the bedroom；by是在「旁邊」by the car；to是到某個定點 - - to Taipei；into：強調進入一個空間 - - into the pub, into the shop。

(二)表示時間：

1.表「時間上的一點」：at 9:30 a.m., at noon (at 12:00 p.m.)

2.表「一段時間」：at Easter, at breakfast time.

3.表「月、年」：in September, in 2007.

4.表「日期」：on May 1.

撰寫注意事項

金額撰寫注意事項

金額大寫再加括弧
寫上阿拉伯數字加強語氣

SAY TOTAL U.S. DOLLARS TWO THOUSAND THREE HUNDRED AND FIFTY-FIVE (USD2,355) ONLY.

大額整數的數目：用單字表示

「千」(thousand)、「萬」(ten thousand)、「百萬」(million)、「千萬」(ten million)、「十億」(billion)、「兆」(trillion) 等等

幣別之標示

表示金額的數字則要特別註明幣別。
注意！口語中dollars就代表美元

223

知識補充站

文字的魔力

一般所說的商用英文是一般英文加上商業的專用術語，如同醫學、法律、科技等專業用語加上英文，也就成了醫學英文、法律英文、科技英文一樣。

現代的商用英文較昔日更活潑生動、富創意以及適度的幽默，講究「reader friendly」。國際貿易的溝通，從開始的詢價、下單交運及之後的售後服務，絕大多數藉書信（e-mail）往來解決，少部分是藉由電話及面談達成。善於寫英文書信的人，必定能讓客戶留下良好印象。透過文字的傳達，更能讓對方感受到誠懇與用心，產生預期的迴響。

商業英文信之撰寫者，要具備良好的文法及修辭學常識，並能恰如其分地應用在寫作上，讓閱讀者一看信，就能聚焦在信的重要訊息，不被忽略。

另外輔之心理學，更能發揮廣大作用，有效地解決問題。例如交易過程總是會遇到推銷、議價、欠款催收、客訴糾紛等，運用得當的心理學與對方溝通，往往取得致勝的優勢。

Unit **16-4**
電子郵件 Part I

近年來國際交易講求效率、經濟,快速簡便的網路讓全世界變成地球村,e-mail逐漸取代傳統郵件,成了人與人之間最普遍的溝通工具,尤其在商業應用更為廣泛。電子郵件與傳統郵件不同,茲就各注意要項分述如下。由於內容豐富,特分Part I與Part II兩單元介紹。

一.e-mail的格式

e-mail的撰寫格式請見右圖,基本上,e-mail本文內容架構、寫法及編排方式與一般英文書信一樣。

二.撰寫注意事項

電子郵件拜現代高科技之賜,成為國際間主要的溝通方式,但還是有一些細節必須注意,才會讓溝通更具效率與順暢。

(一)郵件地址(e-mail Address):電子郵件常因地址有誤,而被退回或誤寄到他處,務必再三確認郵件地址,企業最好不要使用免費信箱,以免給他人不佳印象。大多數人或許同時具有公司信箱及私人信箱,但切記要分清楚,不要混用。更重要的是要能以英文正確唸出電子郵件地址給對方,例如:abc-001@msa.hinet.net之「-」唸hyphen(dash);xyz_123@hotmail.com之「_」念underscore(underline)。另外e-mail密碼須定期更改,尤其收信人有異動時,更應該更新,以免有弊端產生。

(二)主旨(Subject):1.善用主旨:具體清楚、明確且引人注目,方便收信者了解此信大意,不會視為垃圾信刪除,同時也方便日後自己查閱之依據。國貿實務中常見的主旨如下:(1)Inquiry from ABC company、Inquiry of your items;(2)Quotation for tools(產品名稱);(3)New design tools / New development–Roller Skates;(4)Announcement:price increasing;(5)Order、P/I against P/O #001、Revised P / I,以及(6)Shipping advise、Complaint。2.附加用法:強調急件可在主旨上加「Urgent!」或是「Top Urgent!」,同樣內容追蹤可在主旨上加Re-send 1st,或Re-send 2nd等標題。如轉寄時,務必去掉原主旨中的FW,以示禮貌。

(三)內文(Body of Letter):內文編輯要有技巧,簡潔但不忽略重點,結構要有系統,即使是制式通函,也要一一回覆,像是專為他個人所寫,切勿毫無尊重的全部轉寄,曝露所有收件人資料,必須考量撰寫重點如下:1.加入適當的開頭問候語及結尾敬語;2.內容可分為主題、說明、結論三個部分;3.儘量使用現代商業用語,替代老式冗長的古老用詞;4.確保語氣親切適當,讓對方閱讀愉快,輕鬆進入訊息主題;5.一個段落陳述一件事,版面編排清楚,撰文注入感情;6.使用完整單字與句子,避免用縮寫,段落間要留有空格;7.直接在客戶來函內文回覆問題時,記得以顏色區分,段落跳行也要整理,便於對方閱讀,以及8.內文任何一部分避免全部大寫,這樣似乎有怒吼及挑釁的意味,例如:PLEASE LET ME HAVE YOUR L/C SOON.

電子郵件

From: bertil@lockerroom.se (寄件人)
To: monica.yogo@msa.hinet.net (收件人)
Sent: Thursday, June 09, 2011 11:25 AM (寄件日期)
CC: joencechen@gmail.com (副本)
BCC:　　　　　　　　　　(密件副本)
Subject: Inquiry of sporting items (主旨)
Attachment: Inquiry form #010 (附加檔案)
Message text area : (訊息內文)

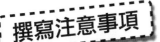

撰寫注意事項

郵件地址(e-mail Address)

1.相等於實體信件地址，錯誤無法送達。
2.企業不要使用免費信箱，易造成客人印象不佳。
3.公、私電子信箱必須清楚分開，不要混用。

主旨(Subject)

1.協助收信者查閱及處理。
2.告知收信者是否該優先處理。

內文(Body of Letter)

1.e-mail的本文內容架構、寫法及編排方式，同一般英文書信。
2.重要部分可用不同顏色標記。
3.安排須易於閱讀。

Unit 16-5
電子郵件 Part II

前文提到電子郵件格式及撰寫應留意的地址、主旨及內文一二，現再說明之。

圖解國貿實務

二.撰寫注意事項（續）

（四）附件（Attachment）：電子郵件夾帶各種文字、圖片或影像以附檔方式傳輸，非常方便，但必須注意下列各點：1.必須在信中說明，以免傳送中遺失，對方漏接而不知；2.不論附檔是文件或圖片，務必清晰，字體不宜過小或墨色過淡；3.檔案名稱，最好與檔案內容相符，避免只用數字序號或簡稱，且傳送給國外客戶務必以英文標示檔名，中文檔名易變成亂碼，徒增困擾；4.避免寄送檔案過大的附件，造成收發不便；5.圖檔如果是供印刷底稿，切勿壓縮傳輸，以免影響印刷品質，以及6.因為解讀軟體不同，常有國外傳來或我方傳去之圖檔打不開，無法閱讀，傳送前宜先詢問對方使用軟體及版本，如果還是不行，就直接將檔案燒成光碟郵寄給對方。

（五）結尾語（Complimentary Close）：在即使講求簡便的e-mail中，這仍是不可或缺的部分，種類多元化分述如下：1.傳統式：Sincerely yours, Faithfully yours, Truly yours；2.現代式：Best regards, Best wishes；3.簡便式：B. RGDS, B/R，以及4.友誼式：Cheers, Love等，商業上用法目前以現代式用法較為普遍。

（六）署名格式（Signature Form）：文末一般都會附上此格式，內容包括結尾敬語（Best Regards）、姓名（如Yvette M. Moreno）、職稱（如Purchasing Manager）、公司名稱及網址（如 Central Fiber Inc. / Web site: www.cfi.com）、聯絡方式及資料（如TEL、Mobil、MSN或Skype）。

（七）傳送（Delivering）：網路傳送快速但也具風險，一旦寄出，無法追回，必須謹慎：1.傳送前務必確認一切都是正確無誤，否則無法挽救；2.檔案勿過大，否則收方可能因耗時過久，很容易直接遭刪除；3.正式或重要文件，宜用JPG檔或PDF檔傳送，避免用Word或Excel文字檔，易遭竄改，以及4.每封郵件宜加上「要求讀取回條」（Tracer），確認信件寄達彼方。

（八）回信效率（Reply）：1.務必經常收信，避免信箱被塞爆，退回重要郵件，損失慘重；2.回信快速且精準，儘可能當日信件，當日處理完畢，如有暫時無法回覆之事項也應告知客戶，無法回覆之原因及預期可給答覆之期限，以免客戶枯等，以及3.回信順序可按事情之輕重緩急、客戶層級、時差區域依序回覆；首先回覆時差早於我方之區域，接著是同時差，最後才是時差晚於我方之區域。

（九）符號表達：e-mail在新時代的表現，往往輕鬆且很多元化，對於較熟悉的客戶加上如右圖幽默俏皮的表情符號，增添輕鬆氣氛，不過對於不熟的客戶，或信內容是談論較嚴肅的話題，則宜避免，以免弄巧成拙。

（十）留底存檔：1.重要契約或書信除了電子檔備份之外，應該再印出紙本存檔，避免電子檔損壞而遺失重要文件，以及2.e化時代，有時會以Skype或 MSN與國外客戶溝通，也務必留有溝通紀錄，以避免日後爭議。

撰寫注意事項

附件(Attachment)

1. 須於信中說明有附檔。
2. 重要正式文件,最好用不易更改的圖檔或PDF。
3. 注意附檔大小。
4. 不同語言轉換,可能會有亂碼的問題。
5. 圖片壓縮,以可清楚閱讀為原則。

傳送(Delivering)

1. 傳送前確認一切都是完全正確,否則無法挽救。
2. 檔案勿過大,否則收方會耗時過久,造成困擾。
3. 每封郵件加上「要求讀取回條」(Tracer)
   確認信件已寄達對方。

回信效率(Reply)

1. 信箱空間有限,要經常收信。
2. 回信最好為當日事,當日畢,就算無法當日解
   決,也應跟客戶說明期限和狀況。
3. 回信順序,以時差早於我方者的依序回覆。

留底存檔

1. 重要契約或書信除電子檔備份,應該紙本存檔,
   避免遺失重要文件。
2. 以網路通訊軟體(如:Skype 或 MSN)與國外客
   戶溝通,務必留有溝通紀錄,以避免日後爭議。

知識補充站

幽默俏皮的表情符號

:-) 表開心、微笑(Happy、Smile)

;-) 表眨眼、俏皮(Wink)

:-(表鬱悶、難過(Sad)

:-o 表驚訝(Surprise)

XD 表大笑(Laugh)

Unit 16-6
推銷信 Part I

　　推銷信（Sales Letter）是由賣方發給買方，目的不外乎開發新客戶或推銷新產品，以獲得買方青睞，信的內容要羅列公司完整資料，讓買方可以一次掌握到所有關於賣方公司及產品的重點，奠定良好的合作基礎。為方便了解推銷信撰寫的訣竅，茲歸納整理其基本架構如Part I及Part II，以供參考。

一.說明如何取得對方資料

　　(一)政府機關：外貿協會、各國大使館、工商協會。

Your company has been recommended through the American Embassy in Taipei.

The Tokyo Chamber of Commerce and Industry provided your company's name and address.

　　(二)雜誌廣告：當地及國外雜誌。

We learned of your company from an advertisement in Hardware magazine.

　　(三)進出口商名錄或海關資料

Your company is listed in "The National Importers Directory" (or Customs database).

　　(四)參展：

It is my pleasure to meet you at the Euro Bike 2010 exhibition in Friedrichshafen, Germany.

　　(五)網際網路搜尋：

Based on an Internet search, we determined your company is one of the leading giftware importers.

　　(六)第三者介紹：

We were referred to your company by our friend, Mr. Daniel Chen of ABC Company.

二.自我行銷

　　(一)公司簡介：營業項目、經驗豐富、售後服務良好、歷史悠久。

YOGO company is a well-know manufacturer of bathroom accessories . Our products have enjoyed a good reputation in the field because of excellent quality, good after-sales service, and superior design and manufacturing.

We have been dealing in Kitchenware for more than 30 years and have had good reputation in the international market.

　　(二)公司優勢：目前擁有的大客戶、工廠擁有的精密設備。

Our products have earned a very good reputation with all of our customers, including Wal-mart in USA, IKEA in Sweden, etc.. All components are made by advanced CNC machine tools such as OKUMA of Japan, and INDEX of Germany. This ensures excellent quality control and smooth mass production.

ABC Enterprise Co., Ltd.

No. 200 Chung-Cheng Road, Changhua, Taiwan, R.O.C.
Website: www.abc.com.tw   E-mail: sales@abc.com.tw

Top Sports Inc.   Date: March 03, 2010
P. O. Box 390324, Ams. Holland
Attn: Import Manager

Re: ABC Protection Guard

Dear Sirs,

We got your name from TAITRA and learned that you are one of the leading importers of sporting products, which are the main export items of our company over the past thirty years.

ABC Company has been devoted to this field since 1980 and has produced a wide range of protection guards, such as knee guard, elbow guard, wrist band, ankle guard, shin guard, thigh guard, etc.

Our products carry the CE Mark of approval. We have enjoyed a very good reputation with all our customers because of excellent quality, competitive prices and good service, such as 「LEGALLAIS」 in French, 「SPORTMART」 in USA, 「Bike & Outdoor Company GmbH」 in Germany、「UNI-COM」 in Japan, and many others.

Enclosed please find our latest catalog and specifications for your reference, or you may visit our web site: www.abc.com.tw for more details. In addition to our catalog items, we can custom manufacture your articles. Simply send me your inquiry with your specified drawing or specification. You will certainly enjoy the best cooperation with us.

As for our credit standing, please refer to our bankers – The Mega Commercial Bank, Chung Chen Branch, Taichung.

We hope to establish business relations with you in the near future. Your early reply will be appreciated.

Sincerely yours,

Alex Lin

Unit **16-7**
推銷信 Part II

前文介紹以推銷信如何取得對方資料及自我行銷一二，本文再進一步說明其他。

二.自我行銷（續）

(三)產品的優點：有三種層次介紹。

1.物美廉價、品質優異、獨一無二、方便耐用、用途廣泛、精密效率、研發優勢：

Nice quality with good price, excellent quality, unique design, convenient packaging, durable, multi-functional, precision engineered and efficient.

We have been investing a lot in R&D to develop new and fashionable products that will help you develop your markets more smoothly and quickly.

2.得獎紀錄說明：

Award : Red Dot of Germany, IF of Germany, IDEA of USA.

It was our great honor to win the 2009 Red Dot award in Germany. This award proves that we have designed the best folding bike.

3.國際認證項目：

International standard: DIN（Germany）, NSF, UL, FDA（USA）, CE, RoHS （Europe）

We obtained FDA of USA certification for most of our products in 2000.

三.說明提供服務

(一)對於未聯絡過的新客戶：因為不熟悉買方需求，可先提供網址或目錄（技術圖、規格表）或相關資料供參考，或請買方告知專屬規格，賣方可做客製化服務。

Please visit our web site: www.xxx.com.tw to find articles which may interest you. If you cannot find the articles you need, please send me your technical drawings or specifications and we will be happy to customize our articles.

(二)表達欲跟對方建立生意關係的意願：

We hope to build business connections with you.

We would like to have the opportunity to assist you soon.

(三)說服買主採取行動：

We encourage you to place an order with us before the end of May to avoid a price increase due to appreciation of the NT.

To avoid price increases because of increased raw materials costs, we encourage you to place your order with us before April 30.

四.結尾——期待早日回音

Looking forward to hearing from you soon.

推銷信範例中譯

您好：

　　我們從中華民國對外貿易發展協會得知貴公司是運動類產品的主要進口商之一，而這正是敝公司過去三十年出口的主要產品。

　　本公司ABC Company自1980年起投入鑽研此行業，已生產一完整系列的運動護具產品，如護膝、護肘、護腕、護腳踝、護小腿、護大腿等。

　　我們的產品通過了CE認證，且產品品質優良、價格優惠、服務優質，敝公司的廣大客戶群，如法國的LEGALLIS、美國的SPORTMAT、德國的Bike & Outdoor Company GmbH、日本的UNI-COM及其他客戶們均給予我們極高的評價。

　　附件是敝公司最新目錄及規格表供您參考，或您也可上敝公司網站參照。另外，除目錄上的產品外，敝公司也可依　貴公司需求為您訂做生產。只要您提供您的詢價、詳細的圖面或規格，雙方定能商談合作愉快。

　　關於敝公司的信用狀況，可向我方的往來銀行—兆豐商業銀行臺中正分行諮詢。

　　期盼不久的將來能有合作的機會，希望能儘早收到您的回覆。

知識補充站

比黃金珍貴的老鼠

「小姐，我要寄老鼠。」一位業界朋友說她第一次聽見客人這樣說時，嚇壞了。寄老鼠？路邊的老鼠，人人喊打，怎麼寄？

後來才知道，要寄的是跨國合作研究計畫的小白鼠。搭飛機的小白鼠有兩種，一種是原生鼠，從國外專門飼養小鼠的農場，依訂購者需求基因搭配後寄送，「身家清白」的小鼠；另一種是身上背負跨國研究計畫案的小鼠，這國實驗完成，就要搭飛機到下一國繼續工作，周遊列國，直到實驗完成，愈近研究計畫完成階段的小鼠，身價更是非凡，要是小鼠掛了，代表研究計畫也完了。

這兩類小鼠都是比黃金還珍貴的嬌客，得先住進為牠們設計的專屬鼠房（cage），放足無菌的飲水及飼料，才能出門搭飛機。飛機抵達後，同樣享受最頂級快速的機邊驗放通關服務，安全抵達最後目的地。

Unit **16-8**
詢價信 Part I

詢價信（Inquiry）是由買方發出給賣方，寫詢價信的原因及目的，不外乎是買方喜歡特定產品主動去函詢問，或是接獲賣方的推銷信，感到興趣而去函詢價及索取相關資料。如果是知名度高的買方，詢價信通常簡單扼要，切中要點；一般的買方詢價信中，多數會加上自我介紹及需求量，以獲取較好的價格及重視。由於詢價信的結構及內容豐富，特重點整理如Part I 及Part II，以供參考。

一.從何處得知該產品（或供應商）

(一)未曾聯絡過的有以下來源管道：

1.由開發信而來：

Thank you for your e-mail of July 05. We are glad to know that you are a leading manufacturer of furniture.

2.由中華民國對外貿易發展協會（TAITRA）而來：

The local TAITRA office has introduced your firm as a leading manufacturer of dairy products.

3.由展示會得來：

I had the pleasure of meeting you at the TAISPO 2011 in Taipei and thank you for giving me the information that I sought.

4.由網路搜尋：

Based upon our Internet research, we learned that you are a leading exporter of tableware.

(二)已聯絡過的客戶：謝謝賣方提供的資料。

1.We have received your latest catalog and sample on July 04 with many thanks.

2.We deeply appreciate your latest sample and keyboard specification.

二.公司介紹

介紹內容包含公司歷史、規模、營業項目及營業額：

1.We have been a wholesaler and importer in the bicycle industry since 1970.

2.ABC Inc. is a big importer and wholesaler of giftware in Sweden. We have 100 retail shops throughout Europe

3.We are a leading importer in the field of furniture in Tokyo.

4.There is a steady demand of two containers per month in our local market.

5.We have been a leading company in Kuwait in dealing with computer accessories for more than 15 years. Our main categories are keyboards, keypads and their components.

6.We are importing two containers of bike accessories each month.

詢價信範例

From: Daniel@buyerco.com.tw

Sent: Wednesday, June 29, 2011 5:55PM

To:miketaylor@llcamera.com

Subject: Inquiry RE: digital camera DC-390

Dear Mr. Taylor,

I visited your booth at the Comdex Show in Las Vegas last month and I am very interested in your digital camera.

Please provide more information about the items listed on the enclosed inquiry form, including your prices CIF Keelung port, Taiwan. Please also indicate delivery, payment, M.O.Q. and the other related terms.

There is considerable demand for this item in our local markets, plus we have great experience in the promotion of digital products in Taiwan. Our Director and Sales Manager have acted as the exclusive distributor for many brand.

With great success over the past 10 years, we have confidence to successfully promote your product in our market in the near future.

We may be able to place a large order with you if your prices are competitive and your delivery is prompt.

We look forward to your prompt and favorable reply.

Best regards,

Daniel Lin/Import Dept.

Unit 16-9
詢價信 Part II

前文提到買方從何處得知該產品及介紹公司之詢價信架構，本文再說明其他。

三.找尋的產品

購買過此產品的買方通常直接明確指出所找產品的細節，未買過的買方則通常模稜兩可，只說明產品的大概。

1.We are interested in your hand tools Model YY-0210 Precious mini screwdriver set. There is a steady demand for top quality products here in our market.

2.We are looking for the electronic product. Please let me know if you are able to supply us this item.

3.We will appreciate further information about the bike head light advertised in "Bicycle Today".

四.詢價內容及需要的資料

買方詢價的項目很多，包括產品詳細內容（規格、顏色、功能等）、交易條件、需求量等；同時也會請賣方寄必須的相關資料，例如：目錄、價格表、樣品、說明書、技術圖及其他相關要求。

1.Please kindly send us your latest catalog and company brochure for our review.

2.We would appreciate you providing a quote for item no. AB-01 based on CFR Hamburg, Germany.

3.Please offer me your best price for Model-001, indicating the terms of payment, delivery, minimum order...... etc.

4.We will deeply appreciate you can providing us all the information about your garden tool, including catalogs, specifications, a price list etc.

5.I will be grateful if you will send me your price list for the complete range of this kind of shoe.

6.Please quote us your best price for 1000 pieces of your folding bike, FOB Keelung.

7.Please provide your best price quote for all the items listed on the enclosed inquiry form, CIF L.A., USA.

8.Do your products meet any international approval? If so, please send me the certificate.

五.結尾語

1.We are waiting for your prompt reply.

2.We would appreciate a reply by e-mail soon.

詢價信範例中譯

親愛的泰勒先生：

　　您好，上個月在拉斯維加斯的電腦展曾參觀 貴公司攤位，我對 貴公司的數位相機產品非常感興趣。

　　敬請惠賜附檔詢價單中相關產品品項的詳細資訊，包含 貴公司CIF基隆港價格，並註明交期、付款條件、最低訂購量及其他相關條款。

　　這項產品在本地市場有潛在可預期的需求量，加上本公司在臺灣市場上推廣數位產品的豐富經驗，我們已是許多品牌的臺灣獨家代理經銷商。

　　有過去十年卓越成功的經驗為後盾，我們非常有信心可以在不久的將來，成功讓貴公司產品打入本地市場。

　　只要您的價格足具競爭力，交期夠迅速，我們將可下大量的訂單給 貴公司。

　　期待能儘快收到您的回覆。

丹尼爾・林／進口部 敬上

知識補充站

完善的辦公室設備

辦公室要具有什麼設備，才能掌握稍縱即逝的貿易機會？

1.**辦公設備**：辦公桌椅、隔間設備及茶水間設備；e化設備：硬體如電腦、影印機、掃描器、印表機、碎紙機及視訊設備；軟體如製圖軟體，必要的貿易軟體及文書軟體；檔案櫃及檔案架，以及文書用品：整套文具用品、世界地圖、相關之財經雜誌及報紙。

2.**洽商聯絡設備**：包含有通訊設備如郵政信箱、電話、傳真機、e-mail、MSN、Skype等，以及快遞服務如國內快遞及國際快遞(EMS、DHL、UPS、FedEx、TNT)。

3.**設立防火牆**：全球化市場，人人對網路依賴很深，更造就了網路息息相關的商業經營型態；惟企業e化帶來便利，也因此遭受危險。當駭客入侵公司電腦或是病毒感染，不但會造成當機無法使用，更嚴重的危機是公司重要資料外洩，損失將難以估計，因此在資訊安全政策，宜設好防火牆嚴格控管。

Unit 16-10
回覆詢價信 Part I

回覆詢價信（Reply to Inquiry）是由賣方發出給買方詢價的回函，回信訣竅很簡單，針對買方詢問或需求，一一答覆，且不論成交與否，都必須儘速回覆。買方一般都會向多家賣方詢價，回覆速度愈快，雀屏中選的機會愈大；即便收到語焉不詳的詢價信，也應回覆，禮貌地問清楚後，再適時回覆，避免誤解誤答。回覆儘管簡單，但是很重要，因為這通常是買方決定下單的關鍵。由於本主題內容豐富，特分Part I 及Part II 兩單元介紹。

一.由衷感激來函詢價

註明詢價信的日期或參考號，以供買方查詢發文：

1.Many thanks for your inquiry of July 10. We are pleased to know that you are interested in our products.

2.Thanks for your e-mail dated May 20 in which you asked for a quotation of our new keyboard series.

3.We have received your letter of October 15 and will reply soon.

4.We are glad to receive your letter of Nov. 01 inquiring about our machine tool.

二.回覆重點

(一)公司簡介：未曾聯絡過的客戶，宜先介紹公司歷史、型態、主要產品等，可參考推銷信的公司簡介部分，已聯絡過的客戶則可略過此部分。

(二)提供資料：依照客戶的要求提供所需資料，例如：目錄、報價單、樣品、技術圖或相關資料，如果產品停產或無法供貨，可推薦替代品。

1.As requested, we will send you the certificate of FDA to prove our quality.

2.We have sent you our latest catalog which will help you fully realize the full range of our product offerings.

3.Enclosed please find our illustrated catalog for your review. We hope the information satisfies your requirement.

4.The samples you need for approval have been sent to you by DHL on "freight collect" basis.

5.The quotation is included and shows different prices for smaller and larger quantities.

6.We no longer produce the model you asked for. We would like to suggest our new model which has been improved to be more durable and efficient.

7.Please find our price list with our best prices CFR Rotterdam with the earliest delivery in June.

8.We are sure you will find our prices are reasonable and the quality is wonderful.

From: colortip@msa.hinet.net

To: mikebrowan@adidas.com

Sent: Mar. 28, 2010 10:30AM

Subject: New dress collection

Dear Mike,

Many thanks for your inquiry of March 27. As requested, we have sent you our latest catalog together with the cutting samples of various dresses for your reference.

Please refer to the quotation you requested, as per the attachment.

We think the patterns will be just what you want for the fashion show. The beauty and elegance of our designs, together with the excellent workmanship, should capture the potential buyers' attention.

There is no problem to make the dresses without our brand or with your brand if your order quantity is more than 5000 pieces per shipment. Each model is available in 4 sizes: S, M, L, XL. Additional sizes can be customized on your requested, but the M.O.Q will be 2000 pieces for each extra size.

We also manufacture a wide range of sportswear which we think you may be interested in as well. The sportswear is illustrated in the catalog I sent you.

Our representative, Ms. Lee, will be in London on April 15 and she will be glad to visit you to discuss the order details for next season. If you wish to ensure delivery before Christmas it will be necessary to place your order before June, as demand is very heavy now.

Thanks for your attention and we look forward to your favorable reply soon.

Sincerely yours,

Colorful Tip Co.

Joyce Lee/Exporting Dept.

Unit 16-11
回覆詢價信 Part II

前文提到回覆詢價信首要表答感謝並提及回覆重點一二，本文再說明其他。

二.回覆重點（續）

（三）索取樣品的回覆：樣品不能漫無目地任由客戶索取，除了考慮成本之外，也必須注意可能有遭受仿冒侵權之慮，寄送樣品要有原則，收費與否可有參考方式。

1.樣品成本低，且急於開拓國際市場，寄目標市場之客戶：樣品及運費免費。

We offer free samples and shipping.

2.最常採用此方式寄送樣品，買賣雙方各有負擔較公平：樣品免費及買方支付運費。

The samples are free, but the freight will be charged to your account.

3.樣品成本高、運費高：由買方支付樣品費及運費。

The sample charge and freight should be paid in advance.

4.顧及買方感受，可採取的折衷策略：買方必須先支付樣品費及運費，下單後再退回。

Please pay the sample charge and freight in advance, and it will be refunded to you upon receipt of your confirmed order.

（四）回答問題：根據買方提出之各項詢問一一回覆，關於技術機密，無法提供的話，也應禮貌婉拒並提出充分理由解釋。

1.The classical wine rack can be made of compound material, something like bamboo + glass + steel.

2.We can send our artwork on disk to you on Jan. 12 for your evaluation.

3.The quality of this item is the same as you saw at the fair in Koln.

4.All of our products conform to the CE mark in Europe and UL in USA.

5.Because this item belongs to our American client, we can not provide any technical information to you.

6.The main materials of our products are steel and glass with surface treatment by chrome plating.

7.The goods you needed are out of stock, but we will inform you when they are available.

8.June is the peak season, so the earliest delivery can be in October.

三.希望早日下單訂貨

1.Looking forward to doing business with you soon.

2.We trust our products will meet your approval and we await your order soon.

回覆詢價信範例中譯

親愛的麥克：

謝謝您3月27日的詢價。我們已依您要求，寄上最新的目錄及各種洋裝的裁切小樣供您參考，報價單如附檔，敬請參照。

寄上的圖案應該就是您秀展所需的，敝公司產品設計蘊含的美麗優雅質感及絕對優質的做工，絕對能吸引潛在買主群的注意。

只要您每筆訂單數量都超過5,000件，洋裝上不論是不打我方品牌，或是打上您的品牌均可指定配合。每款都有四種尺寸：S、M、L、XL。其餘尺寸皆可配合您的需求訂作，但每款指定尺寸的最低訂購量需2,000件。

我們另有生產一系列的運動衣，您應該會感興趣，寄給您的目錄上有詳細的運動衣產品資料。

敝公司業務代表李小姐將會在4月15日抵達倫敦，她非常樂意拜訪您，跟您商討下一季的訂單細節，若您想確認耶誕節前的交期，請您務必在六月底前下單，目前產量已經非常緊了。

謝謝您，期盼儘早收到您的回覆。

林喬伊／出口部 敬上

知識補充站

進口稅金

消費者個人自國外網站購買物品，經由快遞寄送進口，於收件時常要繳付一筆稅金而感納悶。

目前臺灣進口大多數貨品均為免課徵關稅項目，但仍要支付5%營業稅，針對貨價申報新臺幣三千元以上者即課徵之。

海關規定，私人包裹通關時必定檢驗，並依申報貨價課稅。進口關稅為國庫收益，無法扣抵；5%營業稅，進口人為個人者，無法申報扣抵；進口人為公司行號者，可轉作留抵稅額申報核銷。

Unit 16-12
報價 Part I

報價（Quotation）是賣方收到買方詢價後回覆的報價。國際貿易的交易，賣主根據國外買主就某些產品的詢價，而提出除了價格外，還附帶其他相關條款，例如：付款條件、交貨期間、報價數量、有效期間及其他特殊需求等，構成完整的洽商行為，在貿易上稱為「報價」。

因為報價單是由賣方出具，大多數會先依自己有利的產品或條件為主，不過也須考慮買方要求的條件，如此一來，雙方成交的機率將會大增。

由於內容豐富，分Part I 及Part II 兩單元介紹。

一.交易條件的約定

（一）品質條件：樣品、規格、標準品。

Our quality is the same as the sample model YY-013 which was submitted to you on June 15, 2009.

All products carry the CE mark.

Quality：Vietnamese wood, FAQ.

（二）數量條件：

M.O.Q.：300 pcs per item.

Quantity：1000 pcs in 3 assorted colors.

Container Capacity：5000 pcs for 1x20'；8000 pcs for 1x40'.

（三）價格條件：幣別、價格、單位、貿易條件。

The price is US$3.50/pc based on FOB Keelung, Taiwan. (CFR L.A., USA/CIF Hamburg, Germany)

（四）付款條件：CWO, CAD, D/A, D/P, L/C, T/T

Cash with order by T/T.

30% deposit by T/T upon order confirmation, 70% T/T before shipment.

100% confirmed, irrevocable L/C at sight in our favor.

50% T/T as deposit, 50% T/T 30 days after B/L date.

（五）裝運條件：交貨期、分批、轉運。

Shipment by the end of July, 2009.

Partial shipments to be allowed. (not allowed, prohibited)

Transshipment to be allowed. (not allowed, prohibited)

（六）包裝條件：正嘜、內外包裝、裝箱方式。

Please send us your shipping mark/Please confirm the shipping mark as per attachment.

Don't use any staples or plastic bands to close cartons.

Master carton and inner pack must be strong enough for long distance transportation.

GOOD WAY DEVELOPMENT CO., LTD.
NO. 17, LANE PITOO, DIN-FANG LI, LU-KANG, CHANGHUA, TAIWAN R.O.C.
TEL: 886-4-87180090   FAX:886-4-87180030

QUOTATION

Messrs: DAISOL S.A.   Date: August. 16, 2011
Attn: Mrs. Jennifer Reichlin   Ref No.: Q-110816

It was our pleasure to have met you at Practical World Fair in Colon, Germany. The items we discussed at the show are listed with prices and all terms and conditions as below:

T.O.T.: FOB Keelung port, Taiwan.
PAYMENT: By irrevocable L/C at sight in our favor.
SHIPMENT: Within 30 days upon receipt of your L/C.
MINIMUM: 200/pcs for each item and not less than 1x20' container per shipment.
VALIDITY: Within 30 days from the date we quoted.
R E M A R K : This offer is based on our design and standard packing. There will be an additional charge for customized products and logo.

Item No.	Description Raw Materials	Specification	Packing N.W./G.W.	Unit Price
BC-3202	Bath Cabinets – Aluminum Tube/Shelf Two Layer	32x17x40/cm	1pc/CTN/0.5cuft 3kgs/3.5kgs	USD15.00/PC
BC-3203	Bath Cabinets – Aluminum Tube/Shelf Three Layer	32x17x60/cm	1pc/CTN/0.6cuft 4kgs/4.5kgs	USD20.00/PC
PC-1007	PC Desk – Steel frame + MDF + Glass 8mm	60x35x45/cm	1pc/CTN/1.6cuft 20kgs/22kgs	USD36.50/PC
TV-3001	TV Stand – Steel frame + Glass 8mm	80x30x50/cm	1pc/CTN/2.3cuft 21kgs/23kgs	USD53.00/PC
OD-5035	Office Desk – Iron pipe W/Cr. finish + Glass 8mm	90x45x60/cm	1pc/CTN/3.5cuft 25kgs/27kgs	USD66.00/PC

We sincerely hope the above quotation meets your requirements and you will place an order soon. Please don't hesitate to contact me if you have further comment or find any other items that interest you.

B. RGDS,
Michael Wu/Sales Manager

Unit 16-13
報價 Part II

前文提到報價時除了價格外各種交易條件的約定細節，再來就是如何進行報價單的製作及報價信的基本撰寫結構了。

圖解國貿實務

二.報價單的製作方式

(一)正式報價單：如果詢價的項目多且繁瑣、不同數量、不同報價或是有其他費用要列出，像是模具費、版費及印刷費等，可作成報價單，讓客戶一目了然，便於閱讀。

(二)e-mail內文報價：目前書信往來大都以e-mail的方式居多，如果詢價的項目不多，可直接在詢價來函信文中直接報價，列出備註重點，像是各種交易條件等，由於是在e-mail的內文中，可多強調產品優點，加上適當的行銷手法，提升買主的採購意願。

三.報價信的基本架構

(一)謝謝來函詢價：

1.Many thanks for your fax of April 10 expressing interest in our hand tool.

2.Thanks for your e-mail of January 15 with interest in our garden tool.

(二)回覆重點：附上價格表，介紹產品系列、強項及利基點。

1.Please find our best price for the item which you are interested in, as per the attachment.

2.The price we offer is very competitive, so please place your order with us promptly.

3.This item has been selling extremely well and we recommend it to you with confidence.

4.We have a wide selection of bathroom accessories with superior quality and we can execute your order efficiently.

5.Our laptop can provide the perfect function, being small and light, easy to carry and convenient to use.

6.All of our brooches and necklaces are made of the finest SWAROVSKI Crystal and workmanship, so they are superior in quality to other suppliers.

(三)結尾：期盼客戶儘速回覆，下單或告知意見。

1.We trust that you will be satisfied with our offer and look forward to receiving your order.

2.We hope you will kindly evaluate the prices and give us your order soon.

內文報價單範例

Dear Daniel,

Thank you for your e-mail expressing interest in our products. Our company has been a leading manufacturer & exporter of precision electronic screwdrivers since 1975.

Our superior quality and prompt delivery service are ensured by our rigorous production and QC system. It is always our pleasure to service you. We have confidence in supplying good products to meet your requirements.

As requested, we offer you the best price with the terms and conditions as follows：
Terms: F.O.B Taichung port, Taiwan.
Payment: 30% deposit by T/T in advance, 70% balance by T/T before shipment.
Delivery: Within 30 days upon receipt of your 30% deposit.
Minimum: Not less than US$6000 per shipment.
Packing: 1set/Poly bag, 20sets/CTN/0.8cuft/15kgs
Validity: Within 30 days from the date we quoted.

Item No.	Description	Quantity	Unit price
YS-2105F	Screwdriver Set	1000/set	USD8.80/set

Our screwdrivers are subjected to a very strict quality control process to assure accuracy and strength which are welcome by customers worldwide.

Please tell us your comments or opinion after reviewing. I will send you the sample for approval by FedEx for your reference.

Looking forward to your confirmed order soon.
B. RGDS,
Tony Chen/Sales Manager

243

內文報價單範例中譯

親愛的丹尼爾：

感謝您的來信告知您對我們產品感興趣。我們公司從1975年開始生產及出口精密電子螺絲起子。我們嚴格地生產及品質控管制度，確保了優良品質及迅速的出貨服務。我們有信心提供好產品來滿足您的需求。

如您要求，以下是我們最優惠的報價及交易條件：

價格條件：FOB臺中港，臺灣。

付款條件：電匯30%訂金，出貨前電匯70%餘額。

交貨期限：在收到30%訂金後30天內出貨。

最低訂量：每次出貨金額不得低於6,000美元。

包裝條件：1組裝入塑膠袋，20組裝入紙箱／體積0.8才／毛重15公斤。

有效期限：自報價日起30天內有效。

型號	產品內容	數量	單價
YS-2105F	螺絲起子組	1000／組	8.80美元／組

我們的螺絲起子組以非常嚴格的品質管制過程製成，以確保精準及強度，這也是讓我們的產品受全球客戶歡迎的因素。

詳讀後請告知您的意見或評價。我將以Fedex快遞寄樣品，供您認可品質參考。

期待早日收到您確認的訂單。

陳湯尼／業務部經理 敬上

Unit 16-14
還價 Part I

　　還價（Counter Offer / Price Negotiation）是由買方發出給賣方，目的不外乎想藉由殺價降低進貨成本，除能保有市場競爭力外，更能獲取更大利潤；而賣方在考量是否握有籌碼的狀況下，也會竭盡所能在接單同時，儘量以技巧防堵，以免讓買方殺價成癮，降低利潤，甚至虧本收場。不過買方會來信還價也意味著考慮下單，逆向思考的話，反而是好事一樁。

　　由於內容豐富，分Part I 及Part II 兩單元介紹。

一.買方的還價行動

　　(一)謝謝來信報價：

Thank you for your April 10 product price quote.

　　(二)解釋無法接受價格之原因： 例如國際市場波動、價格競爭、進口稅率提高及匯率變差等說明，希望達到預期的價格或更改其他有利的交易條件，請賣方再予以斟酌。

　　1.While we would like to place an order with your firm, your quoted price is higher than our normal costs. We will be happy to place an order for 10,000 pieces of this item if you can offer a 10% reduction in the price quoted.

　　2.Recent changes in the foreign exchange market have made your price for Model AA-001 uncompetitive compared to other suppliers.

　　3.Because we value our relationship and history of cooperation, we request a 10% price concession so we may remain competitive in our market and continue to purchase from your firm.

　　4.The recent 10% increase in customs duties has eroded our profit margin on your products, so we are requesting a 10% price reduction to allow us to continue to sell your line.

　　5.As a result of the current global business contraction, we request a change in your payment terms to D/A 60 days.

　　6.We can not put up with the lightly higher price, because quick deliveries of Chinese products have been supplied.

　　7.We find your price is 15% higher than the other suppliers from China, please re-quote　us a more competitive price, as we plan to order 50,000pcs of this item.

　　(三)希望賣方接受我方的還價，儘速回覆確認：

Thank you for your consideration of our request. We look forward to your response.

還價信範例

Dear Monica,

Thanks for your quotation dated Nov. 05. Unfortunately, we are not satisfied with your prices for the lathe machine.

As you are aware, there is growing competition in this market in China and Southeast Asia. All of the products are excellent quality and a much cheaper in price.

We always have a preference for your products, but we are forced to buy at more competitive prices to increase our sales. Unless you can cut your prices substantially, we will have to place our order with someone else. As we have to make a decision right away, please let us know if a price reduction is possible.

B. RGDS,
Raina Lee/Sales Manager

245

還價信範例中譯

親愛的莫妮卡：

感謝您於十一月五日的報價。很遺憾地，我們對您工具機——車床的報價不滿意。

老實說，您也知道在中國及東南亞洲市場持續的競爭。他們所有的產品皆是極好品質及相當的廉價。

我們一向較偏愛您們的產品，但是為了增加我們營業量，我們被逼迫要採購更優惠價格的產品。除非您可以大大地降價，不然我們將跟其他廠商購買。由於我們必須立即決定，請儘速讓我們知道您的回覆。

李瑞娜／業務經理 敬上

還價 Part II

前文提到買方還價的內容，再來就是賣方接獲之後如何回覆。回覆信有其一定的架構，當然客氣委婉是必須的，但內容務必明確扼要，同時別忘了漂亮的收尾。

二.賣方回覆信架構

(一)謝謝來信，提到價格之意見：

1.We are sorry our pricing structure does not match your expectations.

2.We thank you for and have taken careful note of your May 10 e-mailed comments.

(二)接受及拒絕理由：

1.無條件接受：產品競爭、留住老客戶、爭取新客戶。

(1)We accept your new payment terms of D/A 60 days in recognition of our long business relationship.

(2)We are happy to partner with you in building a new market and increasing your sales volume, so agree to your requested 6% price reduction.

2.有條件接受：增加數量、改變交易條件、加買其他產品。

(1)By substituting model AA-12 for AB-11, you will enjoy the discounted price you are seeking

(2)In recognition of our long business relationship, we will grant your request for a price discount and hope this will help you achieve continued success promoting our product.

(3)We will agree to your request of a 5% discount if you increase your order to a full 20' container.

3.拒絕接受：成本高、質佳、產線滿、推薦類似替代品。

(1)Further price reductions are not available without causing us to incur a loss.

(2)Although we would like to offer you a discount, recent increases in labor and raw materials costs, as well as NT appreciation, prevent us from being able to do so.

三.結尾

(一)無條件接受時：給P.I.確認訂單。

Please sign and return the enclosed P.I. Electronic delivery is acceptable.

(二)有條件接受：等買方確認接受，再給P.I.。

Upon receipt of your confirmation, we will be happy to send you the P.I.

(三)不接受時：請原諒我方難處，維持原報價。

We trust that you understand why we are unable to change our pricing.

還價信回覆範例

Dear Raina,

I am in receipt of your Nov. 20 and am sorry to learn that you cannot accept our original offer. In comparison with similar products made in China and Southeast Asia, our product at a slightly higher price offers far superior quality and meets international standards.

In order to start a business relationship with you soon, we will comply with your request by offering you a special discount of 5% if you are able to increase your quantity to 50 sets each year.

Thank you for your business and I look forward to receiving your confirmation. Upon receipt I will send you the P.I..

B. RGDS,
Monica Lee/Sales Manager

247

還價信回覆範例中譯

親愛的瑞娜：

　　我很抱歉從您於11月20日的信件得知您不能接受我們原始報價。在與中國或東南亞洲製造的其他相似產品比較下，我們價格微高但是我們的產品品質卻是格外優異，且獲得國際標準認證。

　　為了讓我們可以更快地建立商業關係，如您能夠提高年訂購量至五十臺，我們願意提供您特別九五折的折扣。

　　謝謝您。期待收到您接受我們的提議。

莫妮卡‧李／業務經理 敬上

Unit 16-16
追蹤信 Part I

追蹤信（Follow up Letter）是由賣方發出給買方之信函，用意是在賣方發出各類信函後，在預定的時間內未收到回覆，可寫信追蹤一下。最常見的追蹤時間從推銷信、報價信、樣品寄送後、催訂單或信用狀等，以期早日進行下一步驟；另外對久未聯絡的老客戶，也要巧立名目利用各種理由找機會再度搭上線。

由於內容豐富，分Part I 及Part II 兩單元介紹。

一.對象不同，追蹤原因不同

針對下列對象不同的新舊客戶，追蹤原因當然也不同，但重要的是要能喚起對方對我方的記憶：

(一)久未聯絡老客戶：久未聯絡、久未下單。

(二)尚未交易新客戶：報價、寄樣後未回覆。

(三)正交易中客戶：催信用狀、貨款或訂單中各項細節之確認。

二.追蹤技巧

可藉著各種理由，伺機主動問候，例如：佳節問候、生日祝賀、產品上市、通過認證、得獎紀錄、喬遷擴廠、促銷方案，實施展覽後追蹤，以及客戶來訪後追蹤等。

三.追蹤信架構

(一)先禮貌寒喧，說明有多久未聯絡：

1.We look forward to receiving you response to our April 12 e-mail.

2.We continue to await your reply to our January 25th fax.

3.We have not received an e-mail or order from you during the past eight months.

4.We haven't received your reply to our last e-mail, sent to you on Feb. 10.

5.We have not been in contact with you for some time but continue to wish you great success.

(二)說明追蹤的原因或事由，也請對方根據事由儘速給予回覆，以便進行下一步計畫：

1.Thank you for your interest in our products and for visiting our booth during the Europe Bike Show in Friedeichshafen. At your request, we sent you a sample of our headlight and ask that you provide feedback and comments after you complete your evaluation.

2.With the coming New Year, we wish you a happy and prosperous future. We look forward to working with you again soon. In the interim, please let us know if we may be of service or assistance in any way.

Dear Mr. Herb Thrasher,

Please confirm receipt of the new product sample and quotation, which was sent to you on Sept. 15. Also, please share with us any feedback you may have received from your customers.

YOGO Enterprise Co. Ltd. Is a leading Taiwanese manufacturer and exporter of tableware. We produce a wide range of products, including knives, forks, spoons and chopsticks, among others. All are made of stainless steel and include the finest engravings.

We sincerely hope these new products will help you successfully extend your market.

We have tried our best to offer you the best price, most prompt delivery and highest quality.

Please don't hesitate to tell me your needs.
In order to proceed to the next step, we require your feedback and comments. Please contact me as soon as possible to share this information. Thank you very much for your cooperation.

B. RGDS,
Carol Wu

追蹤信範例中譯

親愛的賀柏・崔西先生：

請確認您是否收到我方於9月15日寄給您的新產品貨樣及報價，同時也請您賜予來自於客戶的任何意見分享給我方。

優格公司是臺灣餐具業的績優製造商及出口商，我們的產品系列廣泛，其中包括刀、叉、湯匙及筷子等。

誠摯地希望這些新產品能幫助您成功拓展市場，我們也盡全力提供您最優惠的價格、最快的交貨期及最佳的品質，請別客氣儘量告知我方您的需求。

為了進行下一階段的工作，請賜予我方您的回饋意見，儘速跟我方聯絡分享這訊息。

非常謝謝您的配合。

吳凱若 敬上

Unit **16-17**
追蹤信 Part II

前面提到追蹤信因對象不同而有不同的追蹤方法與技巧，現再進一步說明追蹤信的架構。

三.追蹤信架構（續）

（二）說明追蹤的原因或事由，也請對方根據事由儘速給予回覆，以便進行下一步計畫：

3.We are proud to announce that our product has been awarded the prestigious Red Dot award in Germany. This award is in recognition of the quality of our development and design, as well as our manufacturing process. I will be happy to send you a sample for your evaluation.

4.You may be interested in our newest product, an electric bike. The enclosed product literature and catalog offers information about the advantages our new bike offers compared to our competitors. I would be very interested in receiving your feedback about this bike, or about any other needs we might be able to help with.

5.We are happy to provide samples of your new designs, all of which are very popular in the USA. After reviewing the samples, please let us know what you think of them, and be certain to include them on the coming season's purchase list.

6.We have expanded our production facility and now have the capacity to meet the anticipated high demand for our solar powered light. We are confident we can complete even the largest orders on time.

7.We now offer a 10% discount on our most popular folding bike as a way of thinking our valuable customers for their business. To ensure prompt delivery at this special price, please place your order immediately.

8.We have not received your 30% deposit by T/T for your P.O. number 09089. We require the deposit before we can process your order and encourage you to make the deposit promptly so we can meet your shipping date.

9.Thank you for visiting our booth at the 2011 Taipei bike show. Have you had an opportunity to discuss prices or other matters with your clients? If so, I would be happy to receive their comments and feedback.

（三）結尾：希望儘快收到答覆。

1.Thank you for your kind attention and we look forward to receiving your early reply.

2.Your prompt attention to this matter will be highly appreciated.

3.We look forward to the confirmation of your remittance soon.

追蹤信範例

Dear Sam,

We have not heard from you for a while and sincerely hope you are having a prosperous year in 2010.

From our previous communication, we know of your interest in our baby walker. We are glad to inform you we now offer this item as an annual promotion item to reward our valuable customers. You are the first one who I wish to notify.

The promotional price is 10% off the regular price. Please place your order immediately so we can arrange the soonest delivery for you.

Best regards,
Jessica Huang

追蹤信範例中譯

親愛的山姆：

　　已經有好長一段時間沒收到您的來信了，由衷地希望您在2010年生意興隆。

　　由於之前的聯絡通信往來，我們獲悉您對嬰兒學步車很有興趣，我們很高興地向您報告。

　　目前公司正以此項產品當成是年度促銷產品，以回饋我們的重量級客戶，而您是首位我希望要告知此訊息的客戶。

　　此促銷價格是按正常價打九折，請立即惠賜您的訂單，以便我能為您安排最迅速的交貨期。

潔西卡‧黃 敬上

Unit 16-18
訂單 Part I

圖解國貿實務

訂單（Order）是由買方發出給賣方，當買賣雙方經過詢價、報價、還價、樣品確認，取得共識之後，接下來就是由買方下單（Purchase Order）給賣方，賣方則發出售貨確認書（Sales Confirmation）或是預估發票（Proforma Invoice）給買方，作為接單之確認，買賣雙方關於下訂單之信函則是簡單、簡短即可，至於賣方也可能因為諸多因素考量，無法接單，也必須委婉說明原由，保持良好關係，期待下次生意往來。

一.訂單種類

（一）試訂單（Trial order）：通常也是樣品單（Sample order）、小訂單（Small order）

（二）正式訂單（Formal order）：通常是大訂單（Large/Big order）

（三）循環訂單（Repeat order）

（四）定期訂單（Regular order）

（五）最低量訂單（Minimum order）

二.買方下訂單

252

（一）對賣方寄來的報價及樣品等資料表示謝意，肯定下單意願

（二）表示信中附上訂單，確認訂單中重要的條件

（三）希望照訂單安排出貨

Dear Karen,

Thanks for your quotation and samples which were sent to us on July 10.

We think articles of this quality will find a ready market here so we would like to order three items from you. Please find our trial order as per attachment.

As I mentioned in my previous inquiry, the quality must be equal to the sample you sent to us. Since we must have the goods on display in time for the Christmas season, our order is placed on condition that the goods are shipped by the end of October at the latest.

As for payment terms, we prefer T/T to L/C, our standard payments are 30% deposit and 70% balance by T/T upon cargos on board. Please let me know if this is acceptable.

As soon as we receive your confirmation and pro forma invoice, we will arrange to make 30% deposit by T/T. We look forward to hearing from you soon.

Best regards,
Jessica Huang

訂購單範例

B.T.C. s.r.l.
Via Monte Leone 5 69003 Cermes (BZ) Italy

PURCHASE ORDER

To: SOGA ENTERPRISE CO. LTD.　　　DATE: SEP. 10, 2011

　　P.O. Box 76-2, Taichung, Taiwan　　P.O. NO.:B038-11

Attn: Mr. Daniel Chen/Sales manager

ITEM NO.	DESCRIPTION	Q'TY	U/PRICE	AMOUNT
		FOB Taichung port, Taiwan		
GL-123W	LED Garden Light – White 100*322mm Voltage :DC12V	1,200PCS	US$5.95/PC	US$7,140.00
GL-133G	LED Garden Light – Green 100*149 mm Voltage :DC12V	1,200PCS	US$6.05/PC	US$7,260.00
TOTAL:		2,400PCS		US$14,400.00

Conditions:

Payment: By irrevocable L/C at sight.

Delivery: By the end of October.

Shipment: By sea. From Taichung port, Taiwan To Napoli port, Italy.

Packing: By standard export carton with sea worth.

Forwarder: Alisped International Forwarding Co.

Inspection Certificate: To be issued by our Q.C. office in Taiwan upon shipment.

Shipping samples: they should be sent to us for approval prior to shipment.

Remark: one full set of Non-negotiable shipping document to be faxed to BTC head office within one week upon on board.

Shipping Mark:　　B.T.C

　　　　　　　　(IN TRIANGLE)

　　　　　　　　C/NO.:1~UP

　　　　　　　　MADE IN TAIWAN

　　　　　　　　R.O.C.

B.T.C. r.s.l.

Bill Watson/Purchasing Manager

訂單 Part II

前面提到買方下單細節，現在則說明賣方接到訂單的處理過程及必須注意的相關細節。

一.賣方確認訂單（racknowledge an order-seller）

(一)感謝訂貨，確認接受訂單上所有條款

(二)附上P.I.請對方簽回，並向買方保證慎重處理訂單，準時出貨

(三)再次謝謝訂貨，一旦收到信用狀或電匯付款，會立即安排生產務必準時出貨

> Dear Mike,
>
> Thank you very much for your order No. YA-035 and confirm all terms shown on your order. Enclosed please find our Proforma Invoice No. AA-0456, attached, against your order.
>
> We can assure you of quality goods, on-time delivery and our complete attention to execution of your order at full speed. As the delivery is very urgent, please instruct your banker to issue an irrevocable L/C at sight in our favor and fax us copies so we may review the conditions in advance. The L/C has to reach us before August 30 or the shipment could be delayed.
>
> Thanks for your order. We look forward to receiving your L/C on time and promise this shipment will be made in perfect condition.

二.拒接／取消訂單（refuse/cancel an order）

(一)感謝訂貨

(二)說明原因（缺貨、數量不合、條件不合等）

(三)請對方諒解，希望將來能再有機會合作

> Dear Tina,
>
> Your order NO. 123 was received today. We appreciate your patronage for the past years.
>
> After careful evaluation of your request, we have no choice but to decline your order - (as our production capacity is full and there is no room to carry out your order during the next three months).
>
> - (and regretfully inform you that the item you ordered is no longer available.)
>
> - (According to the present market price, we cannot accept your requested unit price.)
>
> We are really sorry we are not able to accept your order, but hope that you will understand the reasons we cannot. We hope there will be another opportunity to do business with you in the near future.

SOGA ENTERPRISE CO. LTD.
P.O. Box 76-2, Taichung, Taiwan
PROFORMA INVOICE

Messrs: B.T.C r.s.l.　　　　　　　　　　　DATE: SEP. 11, 2011
　　　　Via Monte Leone 5 69003　　　　　P.I. NO.: B038-11
　　　　Cermes(BZ) Italy
　　　　Tel:0759-272498　　　　　　　　Shipping Mark
　　　　Fax:0759-272499　　　　　　　　B.T.C.
　　　　Attn: Mr. Bill Watson　　　　　　 (IN TRIANGLE)
Payment: By irrevocable L/C at sight in our favor.　C/NO.:1-20
Delivery: By October. 25, 2011. by sea.　　MADE IN TAIWAN
Packing: 1pc/color box,12pcs/CTN/3.6'　　R.O.C.

ITEM NO.	DESCRIPTION	Q'TY	UNIT PRICE	AMOUNT
LED garden light			FOB Taichung port, Taiwan	
GL-123W	100*322mm Voltage :DC12V Illuminant color: White	1,200PCS	US$5.95/PC	US$7,140.00
GL-133G	100*149 mm Voltage :DC12V Illuminant color: Green	1,200PCS	US$6.05/PC	US$7,260.00
TOTAL:		2,400PCS VVVVV		US$14,400.00 VVVVVVV

SAY TOTAL U.S. DOLLARS FORTEEN THOUSAND FOUR HUNDRED
ONLY.
Accepted by:　　　　　　　　　SOGA ENTERPRISE CO. LTD.
B.T.C. r.s.l.

Daniel Chen

....　　　......................................
Bill Watson/Marketing Manager　　Daniel Chen/Sales Manager
BANK INFORMATION:
NAME: TAIWAN COOPERATIVE BANK TAICHUNG BRANCH
SWIFT: TACBTWTP 023
TELEX: 51207 TACBTAICH
TEL: (042) 3592251 FAX: (042) 23592252
A/C NAME: SOGA ENTERPRISE CO. LTD.
A/C NO.: 0000-666-010030600

Unit 16-20
包裝、驗貨與出貨 Part I

訂單簽妥後，貨物生產期間，買、賣雙方會協調許多後續問題，即關於包裝（Packing）、檢驗（Inspection）及出貨（Shipment）等，買方會規定賣方如何包裝、指定運輸公司、進行相關的出貨前檢驗、催促裝船及寄交文件等；而賣方除了配合買方的要求之外，萬一無法配合，也必須儘早與買方協商，例如無法準時交貨，必須修改信用狀等情況。由於內容豐富，分Part I及Part II兩單元介紹。

一.關於包裝

(一)買方：對賣方的包裝指示。

1.All the cartons must be marked as in the previous shipment and please number them in sequence starting with the number 01.

2.We would appreciate your paying special attention to our packing and lead-time.

3.When packing is completed, please notify our agent as follows.

4.The dimensions and gross weight of the outer carton should not exceed 10x10x16/cm and 20kgs.

5.All shipping cartons, inner boxes and labels are to be neutral marking without any supplier's name, brand and country of origin.

(二)賣方：請買方通知包裝要求或提供其他資料。

1.Please let me know your shipping mark instructions, as the goods will be ready for shipment in one week.

2.Please feel free to let me know if you need special packing or other special handling.

3.The goods will be transported by air so we will use light EVA foam for packing.

4.Please send me your artwork on disk or film for making packaging proof.

5.Our computer cannot open your file. Please inform us which software and version can be used (AI, JPG, PDF)?

6.We are unable to open your file. Please let us know which software you used to create the file and the software version.

二.關於驗貨

1.Please complete a full inspection before packing and ask the QC department to inspect the goods according to AQL level II major 0.40.

2.The inspection certificate needs to be issued by our agent in Taipei before shipment.

3.It is essential to do a pre-shipment Inspection for this shipment. Please contact the SGS branch office in your country.

檢驗指示範例

Dear Hank,

Re : Pre-Shipment Inspection

Because the products we ordered from you will be an important deal for us, we would like to make sure everything is perfect before getting into production.

Please do a full inspection before packing and ask SGS to make a Pre-Shipment Inspection before shipment.

Please confirm the above by return.

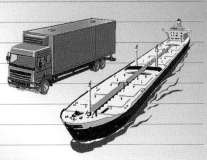

B. RGDS,
Winne Chen

檢驗指示範例中譯

親愛的漢克：

關於：裝船前檢查

這批跟您訂購的產品，對我們而言，是非常重要的交易，因此我們想要在貨物生產前，確認一切細節是否都完好。

請裝箱前做全部檢查，且要求SGS在出口前，進行裝船前檢查。

請回函確認上述事項。

陳溫妮 敬上

Unit 16-21
包裝、驗貨與出貨 Part II

前面提到買賣雙方針對包裝再次確認及驗貨一二事宜後，現再進一步說明買賣雙方對出貨應注意的相關事宜。

二.關於驗貨（續）

4.We need a pre-shipment inspection. Please contact the local SGS branch office before shipment.

5.Please submit a quality certificate issued by the laboratory in your factory before shipment.

6.We will send Mr. Jack Lin of our branch office in Taiwan to inspect the goods, so please advise when the goods are ready for shipping.

三.關於出貨

(一)買方：問賣方何時出貨，要求準時出貨，逾時不收貨。

1.Please make the shipment on time because we will attend a bike show here in August.

2.Please let me have your shipping advice. We need the goods urgently because our stock has almost run out.

3.We will refuse to clear the goods from Customs if they can't reach here before the end of April.

4.We will be forced to cancel the order if the shipment cannot be made by early November.

5.We ask you to deliver the goods by air, as our stock will run out soon.

(二)賣方：通知買方裝船，寄交文件，延遲裝船。

1.We are pleased to inform you that the shipment of order no. A-01 will be made on April 10. Please refer to the shipping advice as per attachment.

2.We have sent you one set of original shipping documents by FedEx today. The tracking number is 123456.

3.We have released the B/L by cable for you to clear the goods from Customs.

4.We are sorry to inform you that we can't ship your goods on time because there is no shipping space at this moment.

5.It is impossible for us to make your shipment punctually due to the unforeseen shortage of raw material.

6.The hand tool set you ordered was dispatched by airfreight on time. Please confirm upon receipt of the goods.

出貨通知範例

Dear Vincent,

Re：Shipping Advise of your order No. TY-009

We take pleasure in informing you the above-referenced shipment was made on March 10. The shipping details are below：

Name of Vessel：UNI	Shipping Marks：
Voyage No.：ASCOT 097-078	T&Y
S/O No.：0065	(In triangle)
E.T.D.：March 23, 2011	Los Angeles
E.T.A.：April 11,2011	Made in Taiwan
Port of Loading：Keelung	R.O.C.
Port of Discharge：Los Angeles	

We sincerely hope the goods will reach you in good condition and on time.

Sincerely yours,

Kevin Shih

259

出貨通知範例中譯

親愛的文森：

關於：您訂單TY-009的出貨通知

很高興地通知您，上述所提的貨物已經於3月10日裝運了，詳細的裝船資料如下：

船名：UNI	正嘜
航次：ASCOT 097-078	T&Y
訂艙單號碼：0065	(In triangle)
預定啟航日期：2011年3月23日	Los Angeles
預定到達日期：2011年4月11日	Made in Taiwan
裝貨港口：基隆港	R.O.C.
卸貨港口：洛杉磯港	

由衷希望此批貨物會在最好的狀況下，準時抵達貴公司。

石凱文 敬上

Unit 16-22
付款與催款 Part I

圖解國貿實務

　　接得到訂單不算是好業務，要收得到貨款才算數。如果交易洽商時，付款條件（Payment）談得好，例如接單或出貨前付款，賣方也根本不必動用到要徵信調查買方，在貨物生產前、出貨完畢後催款（Collection）即可；惟目前國際貿易型態改變，競爭者眾，付款條件對賣方日漸不利，放帳（Open Account）逐漸變成主流付款方式，尤其愈弱勢的產品，付款條件就愈差。由於內容豐富，分Part I 及Part II 兩單元介紹。

一.付款類型

　　(一)出貨前付款：CWO（Cash with Order）。

　　(二)出貨時付款：L/C（Letter of Credit）；CAD（Cash Against Document），以及COD（Cash on Delivery）。

　　(三)出貨後付款：O/A（Open Account）, Consignment, Installment；D/A（Document Against Acceptance），以及D/P（Document Against Payment）（可開立Credit Note, Debit Note, Statement 追蹤貨款）。

二.付款方式

　　(一)電匯：T/T（Telegraphic Transfer）（Wire Transfer）。

　　(二)信匯：M/T（Mail Transfer）。

　　(三)票匯：D/T（Draft Transfer）。

　　(四)信用狀：L/C（Letter of Credit）。

　　(五)支票：Check。

三.付款條件的寫法

　　1.Payment：By irrevocable L/C and transferable L/C in our favor.

　　2.Payment：By T/T, 30% deposit upon order confirmed, 70% balance before shipment.

　　3.Payment：20% of P.I. value by T/T, 80% by irrevocable L/C at sight in our favor.

　　4.We agreed with your payment – 30% cash in advance, 70% L/C at 60 days sight.

四.賣方要求買方付款

　　1.Please send 70% balance by T/T before March 15 to our bank, I will release B/L upon receipt of your remittance.

　　2.May we remind you that your payment has been overdue since June 10?

　　3.Please open your L/C without any delay so that we can ship your goods on schedule.

貸項通知單範例

CREDIT NOTE

Messrs.：XYZ FASHION TRADING CO.　　　　Date：May 08, 2011

　　　　　P.O. Box 20045 Milan, Italy　　　　　Ref No.：C-110508

We hereby advise you that we have credited your account as follows.

Invoice No.	Description	U/P	Quantity	Amount
JB-70320	Defective Belts	US$20.00	300/pcs	US$6,000.00
The amount credited to your account				US$6,000.00 vvvvvvvvvvv

For XYZ FASHION TRADING CO.

SHIN HO ENT. CO., LTD.

Judy Chen/Export Dept.

貸項通知單中譯

◎債務人主動開立給對方收執，例如由賣方開出，原因可能是貨物短裝、
買方退貨、買方佣金等應由賣方支付的款項。

貸項清單

公司名稱：XYZ FASHION TRADING CO.　　　　日期：2011年5月8日

　　　　　P.O. Box 20045 Milan, Italy　　　　　參考編號：C-110508

我們據此通知您，我們已開立給您，欠您下列金額的貸項清單：

發票號碼	內　容	單　價	數　量	金　額
JB-70320	瑕疵品皮帶	US$20.00	300/pcs	US$6,000.00
應付款總計：				US$6,000.00 vvvvvvvvvvv

此致XYZ FASHION TRADING CO.

陳裴蒂／出口部

Unit 16-23
付款與催款 Part II

前面提到付款類型、方式及條件寫法，還有一些賣方要求買方付款的英文釋例，現再進一步說明其他相關釋例，以及催款函的寫法事宜。

四.賣方要求買方付款（續）

4.The maturity for our invoice NO.036 will be on April 12, we would be appreciated if you settle down the amount punctually.

5.The outstanding payment for your account has been more than USD20,500, so we can't accept the terms of payment by O/A 30 days any more.

五.催款函

Dear Sirs,

Re: payment due 貨款到期
According to our records we regret to remind you of our account for your PO No.5656 shipped on July 21 from Keelung port, Taiwan has not been paid, we regret having to remind you that your payment was due on August 25, but we haven't received your payment yet.

Please kindly arrange it by T/T without delay. Please kindly take it as an urgent matter and remit it immediately. Thank you very much for your cooperation in advance.

Dear Sirs,

Re: Settlement of Account
We regret to remind you that our statement in August amounting to USD21,400 is still overdue. We have re-listed the details as shown below. Please kindly settle the payments A.S.A.P.

Invoice No.	On board date	Amount	Deposit (date)	Balance
AZ-0102	June 10	USD15,000	USD3,600(5/10)	USD11,400
AZ-0103	June 25	USD10,000		USD10,000
			Overdue amount:	USD21,400

Your prompt confirmation is highly appreciated.
Looking forward to hearing from you soon.

借項通知單範例

DEBIT NOTE

Messrs.: DECO Purchasing, LLC.
　　　　P. O. Box 39006 Camarillo, USA

Date: Nov. 15, 2010
Ref No.: D-101115

We hereby advise you that we have debited your account as follows.

Invoice No.	Description	U/P	Quantity	Amount
YF-03782	Bike LED light	US$12.00	1,500/pcs	US$18,000.00
The amount debited to your account				US$18,000.00 vvvvvvvvv

For DECO Purchasing, LLC.
YO FENG IND. CO. LTD.
Kevin Wu/Sales Manager

借項通知單中譯

◎由債權人主動開立給對方收執，例如由賣方開出，原因不外乎買方加訂貨物、樣品費、買方匯款不足等應由買方支付的款項。

借項清單

公司名稱：DECO Purchasing, LLC.
　　　　　P.O. Box 39006 Camarillo, USA

日期：2010年11月15日
參考編號：D-101115

我們據此通知您，我們已開立給您，您欠我方下列金額的借項清單：

發票號碼	內　容	單　價	數　量	金　額
YF-03782	自行車LED燈	US$12.00	1,500/pcs	US$18,000.00
應付款總計：				US$18,000.00 vvvvvvvvvvv

此致 DECO Purchasing, LLC.

吳凱文／業務經理

Unit 16-24
信用狀 Part I

　　信用狀（Letter of Credit）在過去的國際貿易交易中，是最常見的付款方式，因為它對買賣雙方不但具有公平性，而且互有保障。然而隨著全球經貿環境及交易型態的改變，以信用狀為付款的方式已日漸式微，但畢竟仍是重要的付款方式，必須研究清楚，避免誤用。

　　由於內容豐富，分Part I及Part II兩單元介紹。

一.賣方請買方開信用狀

　　1.We need to receive your L/C as soon as possible as the shipping schedule will be arranged during April.

　　2.Please promptly open a L/C against your P.O. No.90456 so we can make arrangements for on-time production.

　　3.We confirm your order for 1000/pcs of bicycles, amounting to US$50,000. As per your instructions, we are making preparations for shipment by early August and request you open an irrevocable L/C valid until Sep. 20 in our favor. We will dispatch your order immediately upon receipt of your L/C.

二.買方通知賣方將開或已開信用狀

　　1.We will open an irrevocable L/C in your favor immediately upon receipt of your P.I.

　　2.We opened an L/C at sight in your favor through HSBC Bank, Hong Kong yesterday. Please confirm receipt of the same.

　　3.Upon receipt of your sales confirmation, we will instruct our bankers to establish an L/C.

　　4.We are pleased to inform you that we have opened the irrevocable L/C for USD15,000 against our PO No. 10789 in your favor through the Citibank in New York. Please check with your bank to receive the L/C. Please also arrange the shipment on time.

三.賣方收到信用狀表示感謝

　　1.We have received with thanks, the letter of credit covering your order No. 100.

　　2.We express our thanks for your letter of credit in the amount of US$32,000.00.

　　3.Thank you very much for your L/C No. A789009 covering your order No. 112. The goods have been produced and as soon as the shipment has been executed, we will immediately send you the shipping documents by FedEx.

27 ： SEQUENCE OF TOTAL
1/1

40A ： FORM OF DOC. CREDIT
IRREVOCABLE

20 ： DOCUMENTARY CREDIT NUMBER
00570CRI 09220

31C ： DATE OF ISSUE 101205

31D ： EXPIRY DATE & PLACE
110130 TAIWAN

50 ： APPLICANT
KUKI CO., LTD
No.1125, MAIN STREET, NEW YORK, USA

59 ： BENEFICIARY
GENIAL CO., LTD
NO. 128, HOBAR. RD., TAICHUNG, TAIWAN, R.O.C.

32B ： CURRENCY CODE, AMOUNT
USD 60,000.00

42C ： DRAFTS AT...
SIGHT

42D ： DRAWEE
THE INTERNATIONAL COMMERCIAL BANK

43P ： PARTIAL SHIPMENTS
ALLOWED

44A ： LOADING IN CHARGE AT/FROM
TAICHUNG

44B ： FOR TRANSPORTATION TO...
NEW YORK

44C ： LATEST DATE OF SHIPMENT
110120

45A ： DESCRIPTION OF GOODS
6,000 PCS OF BLUE JEAN MODEL NO.: KK-3900
AS PER P.O. NO.KK-0703 CFR NEW YORK, USA

46A ： DOCUMENTS REQUIRED
+ COMMERICAL INVOICE, EIGHT FOLDS
+ PACKING LIST, SIX FOLDS
+CERTIFICATE OF ORIGIN, ORIGINAL AND COPY
+FULL SET ORIGINAL CLEAN ON BOARD BILLS OF LADING
ISSUED TO THE ORDER OF ISSUING BANK, MARKED
"FREIGHT PREPAID" NOTIFYING APPLICANT.

Unit 16-25
信用狀 Part II

前面提到賣方請買方開信用狀、買方通知賣方將開或已開信用狀及賣方收到信用狀表示感謝等信用狀開立應注意事項，另外關於賣方請求買方修改信用狀與買方同意修改信用狀等，現再進一步說明其相關釋例。

四.賣方請求買方修改信用狀

(一)指示修改信用狀的有效期限：

1.Due to the difficulty in booking shipping space, please extend the latest shipping date & expiry date of the L/C we just received to July 10 & 20 respectively.

2.We ask you to extend the latest shipment and expiry date of the letter of credit to the end of April and May 15 separately.

(二)指示修改信用狀的金額：

1.The L/C issued was US$800.00 less than the contract amount, so we have to ask you to amend the amount immediately.

2.Many thanks for your L/C received yesterday. We regret to inform you that there seems to be an error in the amount shown on 32B. Please refer to our P.I. NO. YY-09067 which shows the exact amount should be USD15,960, not USD15,690 as on the L/C. In order to avoid causing document discrepancy for negotiation, please amend your L/C to correct the amount.

Your prompt attention to this matter is much appreciated.

(三)指示修改信用狀的價格條件：

1.Please amend the price term of L/C No. T02245 to be CIF L.A. port, USA basis.

2.Your order has been accepted on FOB basis. Your L/C is described as CFR basis. This will cause a difference between the invoice amount and the amount you required. Therefore please amend the price of your L/C to FOB basis.

五.買方同意修改信用狀

1.As requested in your e-mail of September 16, we have instructed our bank to amend the relative letter of credit as follows: "Amount to be increased up to US$65,000"; "Partial shipment to be allowed".

2.In reply to your fax of today, we have amended L/C No. B2456 to extend the latest shipping date and expiry date to May 16 and June 01. We believe the amended L/C will reach you in time and hope the goods can be shipped on time.

跟單信用狀範例中譯

27： 序號：1／1

40A：信用狀類別：不可撤銷信用狀

20： 信用狀號碼：00570CRI 09220

31C：信用狀開狀日期：2010年12月5日

31D：信用狀有效期限及地點：2011年1月30日，臺灣

50： 信用狀申請人（買主）：KUKI CO., LTD.

No.1125, MAIN STREET, NEW YORK, USA

59： 受益人（出口廠商）：GENIAL CO., LTD

NO. 128, HOBAR. RD. TAICHUNG, TAIWAN, R.O.C.

32B：幣別／金額：US$60,000.

42C：匯票期限：即期付款

42D：付款人：THE INTERNATIONAL COMMERCIAL BANK

43P：分批出貨：允許

44A：起運港口：臺灣臺中港

44B：抵達港口：美國紐約

44C：最遲裝船期限：2011年1月20日

45A：貨務內容：型號：KK-3900 牛仔褲 6000件

詳細內容如訂單號碼KK-0703 價格條件：CFR NEW YORK, USA

46A：應備文件：

＋簽署商業發票，共8份。

＋裝箱單，共6份。

＋原產地證明書正本加副本。

＋全套正本清潔海運提單，收貨人是由開狀銀行指定，註明運費
「已付」，通知人註明是申請人。

詐騙集團的始祖──國際貿易詐騙

知識補充站

比目前流行的電話詐騙集團「發展」還要更早，始於奈及利亞，目前依舊盛行。行騙集團以亂槍打鳥式的e-mail郵件發送，以不合常理的大金額、大數量訂單為釣餌，廠商一時不察而受騙上當，損失金錢、產品，甚至危及人身安全等時有所聞。詳閱本書便可了解，未經基本詢價索樣等聯絡往來流程，就直接下大額訂單，已屬異常，要求貨到付款或以匯票支付貨款，寄送正本取信廠商，惟現今匯票偽造技術十分厲害，幾可亂真，廠商若未堅持到最後確認收款即寄送貨品，往往蒙受損失。

Unit 16-26
客戶抱怨與索賠 Part I

　　產品售出後，最怕的就是產品出了問題，而形成客戶的抱怨（Complaint）。處理不當就會演變成索賠（Claim），雙方如果再協調不成，就會進行棘手的仲裁（Arbitration）。此算是售後服務重要的過程，處理得好，交情依舊，生意照做；處理不好，就「謝謝再聯絡」。由於內容豐富，分Part I 及Part II 兩單元介紹。

一.釐清責任歸屬

　　（一）賣方責任：貨品損壞、貨物不符、短裝、包裝不良、貨品瑕疵、延遲出貨、品質不佳damaged product (if damaged before title passed or if not damaged in shipment), wrong item, improper packaging, defective goods, shipping delay, poor quality。

　　We found the quality of the product in the shipment we just received is not the same as the sample sent to us on June 10.

　　（二）買方責任：訂錯貨、不景氣故意退貨、不付款（incorrect order, improper returns, outstanding account payable）。

　　We have suffered a serious cash flow problem and significant exchange rate loss due to your delay in settling your outstanding bills.

　　（三）運輸公司責任：卸錯港、延船期（wrong destination, delayed sailing date）。

　　We regret to inform you that the shipment of Invoice No. 901234 was incorrectly discharged at Hamburg on March 10.

　　（四）保險公司責任：運輸途中遺失或損壞（missing goods or damaged goods）。

　　We regret to inform you that the goods shipped under Invoice No. 99100 arrived at L.A. port and 10 cartons were found to be missing.

二.賣方處理抱怨之步驟

　　（一）請對方退回不良樣品：

Please return the defective sample so our quality control department may examine it.

　　（二）分析樣品不良的原因：Analysis of the reasons for the poor sample.

　　（三）判定責任歸屬：Determine who shall take the responsibility.

　　（四）如係賣方疏失，則採下列解決方案：貨物更換、還款、打折。

　　In the case of the seller's negligence, the following solutions are available: replacement, refund, discount.

　　（五）不良品處理方式（Handling Defective Products）：退運回廠（return to the factory）；轉賣當地其他客戶（re-sell to other client）；請買主修理，賣方支付修理費用（ask the buyer to re-work at the seller's expense）；自己派人去修（send people to re-work），以及丟棄（throw away）。

買方索賠信範例

Dear Sirs,

We received your shipment under our order NO. 001 and sent back some samples of your goods to you because of the following problems:

1.A total of 20 pieces had damaged inner boxes during transportation.

2.The hair dryer is different in color from the original sample.

We ask you to send the replacements for the damaged goods by air parcel first, then please advise us about your proposed solution for the color difference?

We are disappointed in this case because we have to supply these goods to new clients. We look forward to your proposed solution to help us overcome this difficulty.

賣方回覆索賠信範例

Dear Sirs,

Thank you for your e-mail of July 10. We are sorry to have caused you any inconvenience.

After investigating your complaint of wrong color goods, we found an error was made in our painting department. We have two possible solutions for your consideration:

1.We will replace the wrong goods with right ones immediately.

2.If you keep the wrong color goods, we will discount the price by 30%.

Please tell us which option is more acceptable to you. We again apologize for the inconvenience this has caused you and assure you careful attention will be paid to your future orders.

賣方回覆惡意索賠範例

Dear Sirs,

Thank you very much for your e-mail dated July 05. We understand that you found the quality unsatisfactory when you received your order. We strive to produce a quality product, and our standard products have been engineered to achieve a high degree of quality.

You asked us to modify our product specifications to more closely match your needs and we reminded you that the requested changes might cause some technical problems.

However, at your insistence, we incorporated the requested changes as best we could and produced the redesigned product using the same quality production methods we normally employ. As the quality issues arising from the design changes are due to your request, we ask that you explain and convince your client to accept the goods.

We hope this meets with your approval and you will be able to appreciate our position.

Unit 16-27
客戶抱怨與索賠 Part II

前面提到當賣方面對客戶抱怨時要先釐清責任歸屬後，再進行抱怨處理；再來要繼續介紹當買方提出索賠信的撰寫重點，及賣方應如何回覆索賠與惡意索賠之重點。

三.買方索賠信提出之重點

首先要仔細說明問題之所在，並提供產品或相關資料，讓賣方查出原因；再來說明自身因產品發生的問題所遭受的不便及損失；最後提出希望的解決之道。茲將三個重點列示英文釋例如下，以供參考。

1.We found two items shipped are not what we ordered.

2.We find the products received against our order No. CC-003 are （of poor quality/the wrong articles/packed in damaged packaging/defective/late due to delayed shipment）.

3. We find your shipment against our order No. CC-003 is short.

四.賣方回覆索賠信之要點

首先謝謝買方告知此事，也針對此事讓對方困擾深感致歉；其次盡可能說明上述問題可能產生的原因；再來要明確地表明解決的誠意：換貨（Replacement）、賠償（Compensation）或退款（Refund）；最後要讓對方相信公正解決是賣方解決問題的誠意。茲將四個重點列示英文釋例如下，以供參考。

1.Upon review, we found the mistake occurred due to the oversight of our packing dept. during this unusually busy season. Please send them back, freight collect, at your earliest convenience.

2.After investigation, we found that breakage happened because of inferior carton materials, so the quantity you requested by way of compensation will be sent to you within 10 days.

3.Please return some of the inferior goods so we can examine them and advise you of our corrective action.

五.賣方回覆惡意索賠之重點

首先感謝買方提起他不滿意之處，並表示我方深感遺憾；其次要充分解釋此一事件，並提出疑點請他解釋；再來委婉說明錯不在我方，不過會提供協助，避免日後類似錯誤發生；最後理直氣柔，堅持我方立場，讓對方知難而退。茲將四個重點列示英文釋例如下，以供參考。

We are sorry we cannot accept your claim because it is not our fault. The damage appears to have happened because of improper usage. In order to avoid this problem in the future, we will send an engineer to conduct training with your workers.

買方索賠信範例中譯

　　我們已收到您根據我方訂單編號001出的貨物，寄回幾個貨物樣品給您，因為有下列的問題：

　　1.總共有20個內盒在運輸過程中損壞。

　　2.吹風機的顏色跟原始樣品不同。

　　我們要求您先以航空郵包寄貨品更換已損壞的貨品，然後再告訴我們，您對顏色錯誤的吹風機建議的解決方案。

　　我們對此事感到失望，因為這些貨品我們必須供應給新客戶。

　　希望您的建議方案，可幫助我們克服此難題。

賣方回覆索賠信範例中譯

　　謝謝您7月10日的來函，對於造成您的任何不便，我們深感抱歉。

　　您來函抱怨貨品色差的問題，經過調查後，發現是由我們的烤漆部門出的差錯，現在有二個方案供您考慮：

　　1.我們立即更換正確顏色的貨物給您。

　　2.如果您願意留下顏色錯誤的貨品，我們將給您七折優惠價。

　　請告知我方您比較能接受哪個方案，對於造成您的不便，容我們再次致歉，同時跟您保證我們會更加留意小心處理日後的訂單。

賣方回覆惡意索賠範例中譯

　　謝謝您7月5日的來函，讓我們了解您在收到下訂的貨物時，發現品質不符您所求，我們很努力生產高品質產品，且精心設計的標準製程，以達成高規格的品質水準。

　　之前您要求我們要修改產品規格以便更符合您的需求，當時我就曾提醒，您要求的變更，可能會造成一些技術上的問題。

　　然而，在您的堅持之下，我們已盡可能使用我們慣用維持品質製造方法，配合這些變更去生產此重新改造的產品，由於您的要求改變設計而引發了品質問題，我們請求您跟客戶解釋並說服他們接受這些貨品。

　　希望這說明會符合您的認可，且盼您能體會我們的立場。

第 17 章

國貿實務Q&A：個案解析

●●●●●●●●●●●●●●●●●●●●●●●●● 章節體系架構 ▼

Unit 17-1
國貿類別 Q&A 案例

案例解析 1

Q 平行輸入是合法的進口方式嗎？對代理商不會造成侵權嗎？

A 有關商標跟專利的產品，原則上依我國的法律而言，真品平行輸入是允許的進口行為，但銷售時不能冒稱是代理商之商品，惟著作權法原則上是禁止平行輸入。

圖解國貿實務

故事案例

孫筠筠旅居美國念大學，家裡經營美妝小舖，在美國暢貨中心，看到很受臺灣人喜愛的歐蕾（Olay）護膚保養品，價格十分便宜，於是購買一批護膚產品及10本的原文版哈利波特，趁著暑假帶回臺灣。原文哈利波特用來送朋友，保養品則可在自家的美妝小舖販售，於是放上「美國原裝歐蕾護膚產品系列」標示在產品上，想引起消費者青睞，也準備送一本哈利波特給剛考上律師執照的鄰居好友謝朕五。當他來美妝小舖找孫筠筠敘舊時，看到貨架上「美國原裝歐蕾護膚產品系列」的標示，立即勸孫筠筠須盡快將標示撤下以免觸法，甚至在得知她買了十本原文書後，也直言她已經觸法。孫筠筠很不解，真品平行輸入是合法，為何謝律師說會觸法？到底怎麼一回事？

問題分析

孫筠筠自美國買回歐蕾護膚產品回臺販售，係真品平行輸入，並不違法，不過她用「美國原裝歐蕾護膚產品系列」標示在產品上，作為促銷產品的手段，即可能會違反商標法。商標採屬地主義，如果「歐蕾」是該產品在臺灣地區使用的商標，合法代理商有權提告，屆時孫筠筠很有可能觸法，另外10本的原文版哈利波特，就很明顯違反著作權法。

建議處理

畢竟這護膚產品是真品，品質跟代理商正式進口一致，並無引起消費者的誤認欺瞞之虞，但為了避開可能會觸犯我國商標法之疑慮，建議販售時，標示「美國原裝Olay護膚產品系列」，這樣會安全些，避免爭議及麻煩，至於自外國帶回原文書一本不會觸法，二本以上就會違反著作權法，應該盡量避免。

經驗分享

國人因經常出國，所以自國外帶回產品的機率高，小至日常用品大至汽車都有專人自國外引進銷售，國人慣稱水貨；在美國則稱之為「灰色市場貨品」（Gray-Market Goods），係指此種進口行為既非完全合法，亦非完全非法，乃介於二者之間，雖然價格較便宜，但如需售後服務的商品，建議還是跟國內正式的代理商購買，售後服務較有保障。

案例解析 2

> **Q** 零配件業常面臨的抉擇是做 OEM（Original Equipment Manufacturer）或 AM（Aftermarket），只能單選一條線作業嗎？還是可以二條線同時進行？
>
> **A** 二條線可以同時進行，不過一般企業會選單一條線、OEM或AM，而口袋深資源充足的企業則可能選擇二條線同時進行。

故事案例

金車汽車零件廠，一直做AM（副廠）零件，由於外銷業績每況愈下，陳總經理想跳脫沉痾，改革創新；於是在股東會中，積極說服股東們為了要增加營業額及未來產業的發展，建議增加OEM（原廠）零件生產線。因此需要增加資金、設備及專業人員，希望能獲得支持。股東們看法二極，OEM跟AM產線到底有甚麼區別，各有何利弊之處，陳總該如何說服股東呢？

問題分析

汽車零件廠如果做AM零件，主要是看中獲利較高（毛利30~40%），技術門檻較低，銷售市場顯著，銷售管道較好找，缺點是開發零件種類多、競爭者多。OEM則是，技術門檻高，獲利較低（毛利10~20%）。AM的市場來源則與汽車零件耗損、交通事故和天氣狀況有關。OEM的市場來源則來自汽車大廠生產而獲得訂單，景氣好、車廠產量就高，反之則低。

建議處理

歐美地區目前維修還是以原廠零件為主，相反地中國與臺灣的售後維修多半為副廠元件，顯現出不同的消費習慣。陳總除了可以擴大市場為近程目標，再加上如果工廠接原廠OEM訂單，在原廠的稽核要求訓練下，技術層次會提升很多。技術優異的OEM供應廠，甚至深受汽車大廠的重視，受邀加入新車研發智囊團這是中程目標。如果製造技術升級到領先地位，甚至還可做OBM（自創品牌），這是遠程終極目標，眼光看得遠，路才走得長。

經驗分享

臺灣的汽車零組件業者，多數還是著重在生產AM副廠零件，驗證較不嚴格，毛利率高，缺點是少樣多量，要開發大量的模具。AM市場較為穩定，長期來講受到全球「汽車保有數」的影響；短期則受到氣候影響，氣候越差，車禍發生數越多，AM業者的獲利就越好。OEM驗證嚴格，毛利較低，優點是原廠下單量大但卻不穩定，OEM的訂單往往會隨著景氣大幅波動，如果能夠二種都做，就能夠截長補短，一網打盡。

Unit **17-2**
國貿程序 Q&A 案例

案例解析 1

> **Q** 想從國外進口一些產品來臺灣賣，有任何資格限制嗎？需考量甚麼因素？怎麼進行？
>
> **A** 只要按照規定申請進出口廠商登記者，就可從事進口，最重要的考量是要進口何種產品？是否允許進口之產品？從哪國進口？確定好之後按一般進口程序進行即可。

案例故事

醫美權威醫師李勁樑，從小一直有做生意賺大錢的夢想，從醫後也開了最夯的醫美中心並擔任院長，賺了不少錢，但是年輕時做生意的夢想一直不能忘懷，李醫師想從歐美進口高檔的保養品，在自設的醫美中心搭配販售。幸好診所內的得力執行長田馨，積極地想幫他圓夢，於是她很積極跟歐美一些高價的天然保養品聯絡，想取得臺灣的銷售代理權，最後找到英國一家天然保養品NB，先訂了一批樣品試用以了解產品是否適合在臺灣發售，但試用過後，卻發覺太油膩，而且配方天然效果無法立竿見影又容易變質，很不適合臺灣濕熱的天氣，要求英國原廠改良配方以符合臺灣天候需求，對方卻以經濟規模太小婉拒，除非付出高額權利金成為正式代理後才可提出要求，令李醫師非常沮喪，如果他不想放棄夢想，應該如何進行？

問題分析

原產地英國氣候乾冷跟臺灣氣候濕熱相異甚鉅，歐、亞人的膚質跟需求趨向也差很大，貿然引進英國保養品的風險過大，另外對方是有品牌的商品，會考量進口商的實力，以免砸了品牌的形象，所以會提出很高的門檻，藉以篩選適合的代理商。至於要求改良配方，除非符合對方要求付高額的權利金取得代理權才可行，如果李醫師銷售的通路只在他的醫美中心則量太小，自行進口此一品牌商品不但風險太高也不符經濟效益。

建議處理

如果要自己進口銷售，建議找日、韓優質的小品牌商品，較有優勢可跟對方談代理條件。進口量大，則可成立配銷中心，產品除了自用也可轉賣國內醫美同業。如果只單純在自家醫美中心販售，也可考慮跟貿易商合作，由他們既有的進口管道選產品在醫美中心賣，這樣風險最小，也最簡單。

 經驗分享

職場上成功的創業分享，讓很多人都有圓夢的計畫，國貿人當然更不在話下，看一些貿易商前輩，買空賣空營利豐厚的成功經驗，讓人心動。不過時不我與，現在貿易商都不像以前那麼好做，出口貿易商，除了要有支持的國外客戶，更要有雄厚的資本，進口貿易商更是大課題，除了選對的產地、產品，更要為國內的通路布局，機會永遠是給準備好的人，規劃好前置作業準沒錯。

案例解析 2

Q 開發新產品一定要申請專利嗎？是否有其他方法可以避免仿冒侵權？

A 申請專利避免被仿冒侵權一直是廠商慣用的方法，但專利採屬地主義，所費不貲，不一定所有研發的新品都一定要申請專利，必須考量成本及邊際效益。

案例故事

　　手工具製造廠老闆曹董，主要負責產品的開發，大部分的業務是接國外委託製造的代工生意。多年來生意不錯，由於對自己技術本位很有信心，幾年前想發展自己品牌的手工具，也逐漸研發新產品。由於怕被仿冒，每每研發出新品都花錢申請專利，試著刊登廣告、參展，想將新品推廣到國外市場擴大經營。但事與願違，幾年下來專利費用花了數百萬元，外銷業績卻是未如預期，沒甚麼起色，他對自己相當自信，還是不斷研發新產品。只是申請專利花費太大，讓他有些卻步，但是如果沒申請專利，很怕辛苦研發的產品上市之後被模仿，不知怎麼辦才好？

問題分析

　　依據美國貿易協會定義「仿冒」為：「未經授權使用他人已註冊的商標，並生產商標所有權人生產產品相同或相似的產品」。在臺灣多數研發新品申請的是新式樣專利，有心仿冒者，只要稍加改變外觀很容易規避，再者專利是屬地主義，一個產品往往要申請好些國家的專利才能有效預防，當然所費不貲。產品專利申請必須要在未曝光上市前，因此如果產品先申請好專利，上市卻不如預期熱賣，這時專利申請就無法發揮功效，徒勞無功了。不過有時申請專利者，是為了保護自創產品，更能避免被後來仿冒者申請走專利反告原創者。

建議處理

　　新產品若是模仿門檻低，就別申請新式樣專利，因為很容易被模仿者規避過專利區。再者研發的新式樣也不一定暢銷，如果怕被模仿，可以加速開發新品，藉以打擊仿冒。若怕被後來的仿冒者申請走專利，反過來控告原創者，可以將每次的開發新品刊登個小廣告留底保存，藉以證明自己是原創者。

經驗分享

　　俗語說：「癩痢頭是自己的兒子好。」每個研發者都對自己的心血結晶持高度肯定，也相信它們會是市場上的寵兒定會大賣。然而國際市場很現實且詭譎多變，有時很難精確掌握顧客的喜好，有時嘔心瀝血的佳作乏人問津，拿來濫竽充數的產品卻大賣，實在很令創作者唏噓不已，萬分沮喪。唯有多注意產業趨勢、擴大視野、多做功課，訓練出對各市場需求的敏銳度眼光，才能降低研發錯誤產品的機率。

Unit 17-3
國貿條規 Q&A 案例

案例解析 1

Q 以FOB條件交易，如果買方收到有瑕疵的貨物，可以拒付貨款嗎？

A 按照INCOTERMS 的規定，FOB的風險轉移點是越過船舷就定位後，風險即轉移給買方，因此要先確定瑕疵貨物是來自賣方風險轉移點之前產生，是屬賣方的責任，才由賣方負責。

故事案例

　　美進口商優衣庫向臺出口商欣紡買成衣一批，以**FOB** 基隆港條件成交，付款條件是O/A，言明貨到優衣庫後再行匯款，由於數量不大，欣紡如期由船公司併櫃（CFS）出口，不料貨到美國優衣庫收到貨時，發現成衣染有濃重異味，成衣因此無法出售，於是優衣庫拒付貨款給欣紡，並向其求償未到貨的損失，請問欣紡該如何處理？

問題分析

　　首先必須先確定成衣到底在哪個時間點沾染異味，就可界定由誰負責，如果無法確定在哪個階段沾染異味，事情就會變得複雜，優衣庫一發現問題就採取強硬手段拒絕付貨款，由此可判斷是強勢買方，欣紡最好能找出成衣沾染異味的來源，否則變成了客訴索賠，除了不利於收回貨款，更可能要賠償其未到貨的損失了。

建議處理

　　而且此交易條件是FOB，船公司係由優衣庫指定，欣紡最好能提出生產履歷或是留底的出貨樣品，藉以證明出貨時產品是完好無瑕，最可能的異味產生是在併櫃時，接著盡力協助優衣庫蒐集證據，向其指定的船公司請求損害賠償。不過如果因為舉證不足並未得到船公司的善意回應表示負責賠償，最後還是得由弱勢的欣紡負責，因為優衣庫可主張成衣的包裝不良，致使成衣染上異味，如果是這樣，最後欣紡可釋出最大誠意，採取貨款打折或是再重新賠一批完好的產品為條件，盡量讓損失降到最低。

　　出口物品如果容易沾染異味，除了包裝要多注意，務必採可隔絕異味的包裝，可以的話也盡量避免併櫃（CFS）出貨，如果不得已要併櫃出貨，也應注意其他併櫃貨物有無特殊貨物，除此之外也必須注意貨櫃在運送氣味較重的貨物後，假使清理不完全留下殘漬，也會造成下批貨物的汙染，　出貨最好還是找固定熟悉、信譽良好又具規模的船務公司比較有保障，萬一出了事會合理負責不推託，且具有賠償損失的財力。

案例解析 2

故事案例

白橋食品欲向芬蘭諾奇亞機械廠訂購食品加工機二台，價格條件是FCA，空運來台交貨，白橋提貨後，發現機器木箱凹陷，拆箱後發現機器毀損，初步研判，可能是於長途的運輸途中受損。偏偏屋漏偏逢連夜雨，這批貨白橋食品未加保貨物險，因為剛好遇上國貿業務人員離職之空窗期，職務代理人不諳進口作業程序細節，加上報關行也未加注意而失誤，未投保。然而必須交貨給經銷商迫在眉梢，因而向芬蘭賣方求助，先再空運機器二台以解燃眉之急，這下白橋食品可虧大了，該如何從中學習教訓，才能避免類似的危機產生。

問題分析

在空運FCA的條件下，芬蘭出口商諾奇亞，只需將貨物送至機場貨艙後，風險責任即轉移至白橋食品，然而貨物於運輸途中毀損，責任應屬臺灣買方，而該有的保險又忘了保，因此臺方要概括承受所有的損失了。

279

建議處理

先聯繫芬蘭諾奇亞廠盡速再空運二台機器來臺以解決白橋食品的燃眉之急，再將損壞的機器以海運復運回芬蘭修繕以降低損失。此外歐洲出口商通常有不管交易條件如何，出口一向有加保險的習慣，如果幸運的話，可由對方的保單出險。不管結果如何，之後白橋食品都應該建立進口流程的SOP，確保進口每個步驟都能如實執行到位，杜絕再有類似的差錯發生。

經驗分享

國貿業務一有空窗期曝險甚鉅，加上國貿業務人員經常必須出差洽商，在這些情況下，都一定需委任職務代理人代為處理業務。因此職務代理人也必須具備專業國貿技能，稱職勝任最重要。建議國貿業務人員平常做好業務處理紀錄表，不但平時更能掌握經手的業務進度，必要時也能讓職務代理人容易代為處理業務。另外任用專業的相關機構很重要，例如：報關行、外匯銀行、運輸公司、保險公司等，協助相關的進出口業務也很重要，出貨前再三確認，是否有任何遺漏或不周詳之處。

Unit 17-4
交易條件 Q&A 案例

案例解析 1

> **Q** 國際貿易，運輸路途遙遠，如果意外遭受損失，該由誰承擔？如何預防？
>
> **A** 端看意外發生點，責任歸屬誰，就由誰承擔，雙方可根據自己承擔的風險範圍中買保險避險。

故事案例

　　鉅王賣衛浴配件給中東賓拉登，雙方以D/A（承兌交單）付款方式交易，條件是CFR，不幸貨物在船運送途中毀損，但因買、賣雙方均未投保主航程險，賓拉登得知貨物毀損後耍賴亦未去承兌，此種損失理應由誰負擔？該如何避免？

問題分析

　　鉅王已依約履行交貨，按INCOTERMS規定將貨物裝船後，也向賓拉登發裝船通知，風險已轉移至賓拉登，之後貨物在海運途中毀損，應屬賓拉登應承擔的範圍。但他卻因為自己未保海運險求償無門的狀況下，不依約付款並承擔此損失，實屬無理。但遇到奧客，也確實無奈，鉅王應該採取甚麼方法解套，減少損失？

280

建議處理

　　如果交易金額並不大，鉅王不想浪費時間在仲裁或訴訟，以減少損失為著眼點，可跟賓拉登積極協商，威脅加利誘交涉，例如提出各自承擔一半的貨款損失。但如果交易金額大，對方又置之不理的話，可備齊文件，請求我國駐外相關單位協助與買方談判解決，解決不成時，鉅王可根據損失事實，向賓拉登提起訴訟請求賠償。

經驗分享

　　一般而言，買賣雙方根據交易時選定國貿條規，在自己承擔的風險範圍中買保險，如果交易是以上述的D/A或O/A（欠帳），這種對賣方較不利的付款方式，不管用何種INCOTERMS條件，賣方都應買主航程險，且握有提單直到船安全到達目的港再放單，因為如果像上述案例貨物在船運送途中毀損，買方拒承兌想賴帳，賣方即可持提單等出貨單據，向保險公司求償，避免遭受損失。

案例解析 2

Q 以D/P（承兌交單）為付款條件，經由銀行託收是否比較有保障？需要注意甚麼細節？

A 原則上以D/P（承兌交單），雖由銀行託收的付款方式，不過銀行並不保證一定會收得到錢，且不管收到錢與否都必須支付託收手續費。

故事案例

巴基斯坦A進口商從臺灣B出口商，下首次訂單金額為10,000美元的文具禮品。貿易條件是FOB，付款條件是下單電匯10%為訂金，90%餘額出貨後，以銀行託收D/P付款。賣方依約出貨後，文件經銀行託收，經過一段時間始終沒有下文；後來賣方查到這家銀行的地址是假的，根本不是這家買主的公司地址，船公司是對方指定，結果貨物竟然被提走，餘款當然也收不到了。

問題分析

託收的文件因為沒有信用狀做依據，所以託收銀行只能按照賣方所提供的銀行資料將文件寄出，而不會做查證動作，除非賣方提出要求，銀行才會幫忙查證一下。

賣方外貿經驗不足，疏於查證。再者船公司由對方指定，也容易產生弊端。

建議處理

所以碰到這種狀況首次交易的陌生客戶，一定先請客人告知該託收銀行的Swift Code（銀行國際代碼），以便我方銀行可以查證是否確有這間銀行，並核對銀行地址是否正確。如果地址不對或是分行地址無法查證，則可以要求我方銀行將文件寄到該銀行在當地的總行或是鄰近分行，再請其轉交。這樣做能確保文件可以經由真正的銀行管道進行託收。

經驗分享

不利的付款條件，以及與較具爭議性的開發中國家交易，需仔細查證和適當的避險即可確保貨款安全入袋。別因急於搶單而因小失大，畢竟接到訂單還不算達標，要收得到貨款才是業務人員的好本事。關於國外客戶的徵信調查，可多利用「中國輸出入銀行」事先進行信用調查，如果付款條件不佳或金額大的交易，也可利用該銀行保「貨價險」，以降低呆帳損失。

Unit **17-5**
信用狀篇 Q&A 案例

案例解析 1

> **Q** 是不是以信用狀當付款條件，交易較安全，確保收到貨款無虞？
>
> **A** 信用狀的確是對買賣雙方都公平的付款方式，但是還是有一定的風險存在，並非百分之百可靠。

案例故事

大昌工具機製造廠接獲韓國試訂訂單（Trial order），自動車床，共計十台，剛好裝滿一個40呎貨櫃，付款條件是以下單時開來70%信用狀（L/C）及出貨前30%電匯（T/T）付尾款，業務Vera，製作了P.I. 請客戶簽回後，等接到信用狀後立刻備料生產，每台機械都按客戶的零件圖，製作客製化的模具，60天後生產完成，催韓方電匯30%餘款，準備裝船出貨，此時韓方卻利用各種藉口遲遲不付餘款，最後乾脆失聯，直到信用狀到期了，終究還是出不了貨，試問：

1.可利用信用狀有效期限內，出部分貨物，降低損失？

2.有沒有其他方式可降低出不了貨的損失？

危機分析

韓國客戶以70%信用狀，30%電匯的付款方式，在進口報關時可「貨價低報」（undervalue），以這方式進口，進口關稅是以貨物的七成價格計稅，這是國際貿易操作的一種節稅方式，不過如果像上述案例，買方不匯尾款，賣方就要面臨出不了貨的窘況。但是如果貨物可以轉賣他人，情況不至於太糟，至於出部分貨物把信用狀金額押匯取得也不妥，因為這會涉及偽造文件。

危機處理

幸運的話機械可以轉賣他人，可以將損失降到最低，但是客製化的模具將付之一炬，完全損失，此外如果這批客製化的產品或產品上有客戶的商標（logo），在此狀況下將無法轉賣，損失可慘重了。

預防之道

出口商應盡可能婉拒客戶這種付款方式，大金額請他以全額信用狀支付，小金額以T/T（下單付30%訂金，出貨前付餘額70%），尤其是客製化產品或有加商標的產品對出口商風險較大，盡可能付款條件要談有利於出口商的條件。上述的案例，如果當初是以T/T方式付款，在他不付餘額的狀況下，賣方可沒收30%訂金，剛好以此來彌補模具費的損失。

案例解析 2

Q 不可撤銷信用狀過期時，仍可押匯嗎？有何風險？

A 信用狀過期，開狀銀行有權利拒付，但賣方仍可以保結押匯的方式處理，前提是買方願意到開狀銀行承兌提貨。如此一來扣除瑕疵費用（利息）之後，賣方還是可以拿到押匯貨款，不過如果賣方無意提貨，則就可能會變成呆帳了。

案例故事

馬來西亞C進口商訂購手工具以30天的遠期信用狀付款，臺灣D出口商收到信用狀時發現信用狀的有效期限過短，一直催促進口商修改延長有效期限。C進口商說不必改，到時他會承兌付款，而D出口商也因產品已經進行生產了，而且產品上還有進口商商標，變成出不出貨都為難，騎虎難下。結果貨物完成出口後，押匯時，信用狀已經過期。由於此客戶開來信用狀總是如此，押匯時除了提心吊膽，擔心客戶不來承兌付款，賣方也經常得付出較多的銀行押匯費用。這次進口商一直拖著沒去承兌，該如何處理會比較好？

危機分析

押匯時信用狀過期是屬重大瑕疵，開狀銀行有權利直接拒付，解套的關鍵是在進口商態度；如果他願意提貨付款還好，就怕他心懷不軌，拒提貨或趁機要求降價，出口商等於任人宰割。再者即使進口商依約承兌付款，出口商仍得付出為數不少的銀行費用，處境居於劣勢。另外產品上有雷雕進口商商標，變成如對方拒提貨，也無法轉賣，對出口商很不利。

危機處理

因為跟此客戶已經交易不算短的時間，盡管之前押匯都不順暢，也都被銀行扣了額外的銀行費用，但貨款都有順利入帳；此次再經過積極聯絡後，進口商終於依約承兌提貨，但也因延誤許久瑕疵押匯，又被額外扣了一筆銀行費用。出口商痛定思痛，決定徹底解決，於是跟進口商商量，日後交易付款條件改CAD（Cash Against Document）憑單據付現。出口商先裝船後，傳真副本提單請進口商匯款，更釋出善意在單價上給予一些優惠，進口商評估後發覺不但節省開狀的銀行費用，更得到優惠的價格，當下允諾更改付款條件。

預防之道

以信用狀為付款方式已經日漸式微，除了某些特定的交易（高金額、特殊貨品），交易前盡量改以電匯（T/T）支付較為方便，甚至也可考慮其他新的付款方式，例如：第三方支付。

Unit 17-6
海關實務 Q&A 案例

案例解析 1

> **Q** 國人愛喝葡萄酒的風氣日漸盛行，如要從國外進口酒類產品，須具備甚麼資格？要如何申請？
>
> **A** 如按輸入代碼463規定，進口商應檢附財政部核發之菸酒進口業許可執照影本或財政部同意文件。

案例故事

　　教授李白、律師杜甫及貿易商白居易是高中同學，進入社會後，雖然各自領域不同，但平時經常約打小白球，更愛聚在一起品酒。通常由最懂酒的李白選酒，酷愛白葡萄酒的三劍客越喝越有興緻，於是決定選在明媚的四月天去了一趟法國酒莊之旅。這個季節葡萄園綠意盎然，風光最美。造訪了白酒著名產區羅亞爾河谷，踏上羅亞爾河谷葡萄酒之路（Route des vins du Val de Loire），很開心與當地的專業人士進行交流，更選了幾款好酒當場付訂金下單，湊一個20呎貨櫃，計畫委由貿易商白居易進口回臺。二個月後好不容易貨櫃終於到基隆港，準備要清關提貨的白居易，居然被告知，因不具備酒商資格，無法辦理進口，這下可慘了，愛酒三人組心急不已，緊急求助該如何處理？

問題分析

　　西方許多國家，允許國人在公開場合抽大麻，卻不允許喝酒，據說主要原因是大麻會讓人精神振奮，酒精卻令人混亂錯下決定。看來三劍客喝茫了，一時發酒瘋亂下決定。酒類是屬於特殊管制商品，進口商須具備菸酒執照資格才可辦理進口。白居易雖是貿易商，但不具酒商資格，沒搞清楚進口細節，貿然進口，就會面臨無法辦理進口清關的窘境。

建議處理

　　貨櫃既然已經到港，白居易不具菸酒執照資格，自然無法辦理進口。有二種方式可解燃眉之急：其一，可先將這批葡萄酒放進自由貿易港區保稅倉，再找具有酒商資格的進口商幫忙，意即白居易在保稅倉先將葡萄酒轉賣給具有酒商資格的進口商，再由他辦理進口；其二，如果找不到願意幫忙的酒商，這貨櫃的酒就只能退運了。

經驗分享

　　拜貿易全球化之賜，國人自行進口商品的機會越來越多，儘管目前進出口業務已經很成熟了，對於初次交易的商品，總是要查清楚再進口，才不會因為不諳法規，徒增困擾，甚至賠錢敗興，得不償失。酒類進口除非是經常性且量大，可依《菸酒管理法》第二十條規定，填具申請書，並檢附有關書件，申請准核發菸酒進口業許可執照成為合格的酒商。如果量不多，還是請有執照的酒商代為進口比較划算。

案例解析 2

<blockquote>
Q 進口未按照實際交易價格，以under value（貨價低報）合法嗎？有何風險？

A 以貨價低報方式進口，為了是節省進口關稅，屬逃漏稅行為，有時省了關稅卻賠在年底時，付出更多的營利事業所得稅，實屬失算。
</blockquote>

案例故事

艾莉絲留學義大利時，認識房東的兒子李奧納多，後來相戀結婚，艾莉絲因生了小孩在家專職家庭主婦，老公則在銀行任職。二人在義大利住了幾年，後來受歐洲金融危機波及，李奧納多被銀行裁員。由於景氣蕭條，李奧納多工作難找，加上艾莉絲思鄉情切，於是建議老公舉家返臺。艾莉絲娘家經營食品批發，因此建議兩夫妻做進口生意，從義大利進口橄欖油及義大利麵等相關食品，由李奧納多找產品，艾莉絲則負責進口及國內銷售。經由高人指點，將進口貨品的價格低報一半，降低進口關稅，但李奧納多覺得不妥，並不同意，兩夫妻於是爭執不下，貨價低報到底有何風險？

問題分析

進口義大利橄欖油在臺灣已行之有年，是非常普遍的商品，價格低報太多恐引起海關的注意。通關如果抽到C2或C3，均需審核文件，屆時海關很容易查獲價格差異過鉅。如幸運抽到C1雖直接放行，但目前海關針對價差懸殊、高稅率或敏感性之特定物品篩選案件進行實施事後稽核，其範圍包括申報之貨名、價格、稅則號別、產地及數量等。如此一來又很容易被稽查，一旦查獲，不但要補繳應付的進口稅同時依《海關緝私條例》第37條，視情節輕重被科處罰漏進口稅額2~5倍罰鍰，不得不慎！

建議處理

目前海關都是電腦連線，對所有進口貨物的資訊充分掌握，投機取巧只會讓自己陷入困境，徒勞無功。進口業務還是找經驗豐富、信譽可靠的報關業者代勞，避免節外生枝。如果因一時誤入歧途，犯了錯，在海關留下不良紀錄，對日後的進出口生意影響甚鉅，切勿以身試法，自毀前程。

 經驗分享

對進口程序不瞭解的進口新鮮人往往會誤信讒言，為了省小錢卻需付大代價，即使貨價低報進口都幸運未被查獲；一旦在國內售出，雖省了關稅，卻會衍生利潤變高造成利潤虛增，反而在年底營利事業所得稅需多付，得不償失。

Unit 17-7
貿易單據 Q&A 案例

案例解析 1

> **Q** 海運提單遺失有甚麼後果？
>
> **A** 海運提單係有價證券，船公司多數不補發，如欲補發必須付出相當代價。

案例故事

　　專業出口辦公傢俱的公司，以海運出貨一40呎貨櫃之辦公椅至哥倫比亞，付款條件是出貨前T/T付清貨款，貨出之後，報關行將做好的出貨文件寄給出口商，時值國貿業務離職，職務代理人Amy不諳國貿實務，將三份正本提單連同其他單據以掛號郵件寄出。一個月後，船已到港，哥倫比亞客戶卻未收到郵寄文件，經Amy向郵局查證，發現郵件寄丟了，Amy請船公司再開一份正本提單以供國外客戶提貨，卻遭船公司拒絕，現在該如何處理才好？

危機分析

　　此案例的海運提單正本一式三份，只要出示其中一份正本即可提貨，其他兩份自動失效。因此船公司在沒有任何保障下自然不肯再開立正本提單給遺失的出口商，因為如果貿然開立新的提單，萬一有人持舊提單來提貨，船公司就無法處理了。

危機處理

　　提單遺失，不管提單上的收貨人是誰都一樣，船公司不能讓出貨人隨便寫張切結書就同意補發提單，放貨提單是有價證券等同支票，開出後就無法任意更改或遺失補發，提單可經由背書轉讓給第三人。

　　船公司要求出口商出具貨價等值的臺灣銀行支票押票一年、登報作廢、立切結書等相關手續後，才開立新提單解決此危機。

預防之道

　　既是出貨前已付貨款，出貨後電放提單（B/L released by cable）即可，不必快遞寄出貨單據，以避免寄丟之風險，而且電放費用會比單據寄快遞便宜許多。

案例解析 2

Q 空運提單跟海運提單有何不同之處？交換使用有何風險？

A 海運提單係「認單不認人」，空運提單則是「認人不認單」，交換使用容易產生貨權、貨款轉移歸屬之問題。

案例故事

任職於自行車零件廠的菜鳥國外業務Mary，日前接到德國訂單，此買主Gorge一般交易條件是FOB Keelung 海運，付款條件是CAD（憑單據付現）。然而於交貨之前，Gorge要Mary將海運改為空運，空運費到付，Mary心想反正是空運費對方付，不加思索馬上改以空運出貨給Gorge。一般海運出貨後，通常會留住整套海運提單，給Gorge傳真副本提單證明出貨之後，Gorge會立即付款，Mary再做電放提單。殊不知空運正本提單早就跟隨貨物到達客戶端，進口商不費吹灰之力立即提貨，Mary一忙竟也忘記收款之事，是經由財務部會計提醒帳款未入帳，才驚覺出問題了

危機分析

貨寄空運，其中一份正本提單是隨貨交付，買方只要證明是受貨人即可於貨到時隨即提貨，賣方對貨物失去主控權，買方有可能發生背信拒付貨款，變成呆帳機會大。

危機處理

Mary隨即聯絡Gorge催收貨款，由於是交易很久的優良客戶，不存在拒付貨款的風險，Gorge立即將貨款匯出及時入帳，解除危機。

 經驗之道

空運提單（Air way bill）是「認人不認單」。實務上，IATA統一格式的空運提單全套包括：正本3份、副本6~14份。第一份正本空運提單，由承運人留底，第二份正本將隨貨物一同交給收貨人，第三份正本由承運人交給託運人，託運人再攜此單至銀行辦理出口押匯。

出口商以空運方式如果付款方式是L/C、D/P、D/A，宜以國外開狀（代收）銀行為其貨運單證的受貨人（Consignee）以保貨權及債權。如果是遠期信用狀或延期付款，更周全的做法是向中國輸出入銀行投保輸出綜合保險避險，賣方應注意匯票是否承兌，若事先未承兌，應要求進口商於事後補承兌，以免日後索賠發生問題。

現今的交易除非付款條件是欠帳（O/A），否則空運貨物還是先收款再出貨比較妥當。

Unit 17-8
商展拓銷 Q&A 案例

案例解析 1

> **Q** 在參展拓銷時，到底要不要當場報價，如果遇到客戶硬是要報價該如何處理？
>
> **A** 根據產品的特性，多數展商會現場報價，但對某些特定的產品並不方便在展場上報價。而一般看展的買主多數還是希望知道價格，評估展商是不是可以交易的對象。

案例故事

　　專業衛浴配件A公司，欲開始直接外銷，因而參加國外商展，業務Tina在展場上遇到的難題是，老闆不想展場報價，希望展會後報價，因為擔心國外買主拿著價格四處去比價。可是在展場上，客戶會一直詢價，甚至還有國外客戶聽Tina說不展場報價，會後才報價，竟回答她：「What do you exhibit for？」令Tina很挫折，不知該如何是好？在展場上到底要不要報價？

問題分析

　　展場要不要報價，關乎產業別及產品別，例如：有些客製化的產品，就真的無法現場報價；規格很多的產品，也不好報價。一般標準品都容易報價，展商不想展場報價，希望展會後報價的賣方，除了擔心國外買主拿著價格四處去比價外，還有些廠商是因為客製化的產品及新開發產品估算成本及報價真的有困難，亦或是近期原物料大漲，讓廠商躊躇不知如何報價，深怕一不小心原料價格估算錯了，做賠本生意。

建議處理

　　客製化的產品買主應該了解狀況，不會堅持要報價，一般的產品如果買方堅持要報價，可先報「大約的價格」（roughly idea）給買方，意思就是說最終的報價可能會不一樣，必須依據賣方最終的確認。如此一來，既可滿足買主想了解價格的想法，又可預防價格一報出，駟馬難追的窘境。

 經驗分享

　　在展場上買方詢問價格，有時候是作為可否交易的對象判斷，因此除非特殊產業，不方便現場報價。其他的終端產品還是報個牌價，至少讓買主參考一下，最好都以FOB 的價格為主，除非買主有說明數量，否則一律按M.O.Q（最低訂購量）報價。

案例解析 2

Q 從事外銷產品是不是一定要有認證？ 甚麼樣的認證可以符合？參展一定要準備具有認證的產品嗎？

A 特定的產品外銷到某些國家需要符合一定的認證，產品的認證對國外市場是非常重要的行銷必備利器，不可輕忽。

案例故事

　　李志經營安全吊鉤製造廠，由於技術本位，一直身受貿易商器重，每每將重要開發案委由他開發生產。20年來獲利頗豐，工廠規模一直擴充，主要的外銷市場均在歐美。不料幾年前遭逢金融海嘯，訂單銳減，工廠幾乎停擺，負責財務的老闆娘武媚良，眼見工廠面臨空前的危機，建議李志一定要自己開拓外銷，握有其他國外客源。於是找了擅長國貿行銷的遠親尚婉兒，準備到墨西哥參展。武媚良跟尚婉兒帶了公司最暢銷的產品安全掛鉤，前進「墨西哥消防安全博覽會」拓銷。三天的展覽，感興趣的國外客戶絡繹不絕，對產品高度肯定，更掌握了幾個大客戶的資料，令二人非常高興。展後回國追蹤，多數的客戶一得知產品均無任何國際認證，紛紛拒絕進一步洽商，最後居然全盤皆沒，毫無所獲。

289

問題分析

　　各種產品往往有專屬認證，最好是經過國際知名、多數國家認可的認證最好。工業吊鉤維繫無數人的生命安全，一定非常重視吊鉤的安全與品質，國際認證是必要的證明。李志之前外銷透過貿易商，通常由貿易商申請相關認證，認證的費用高，武媚良不想花這筆錢，所以想將產品賣到可能不需要認證的國家，她覺得開發中國家應該要求比較寬鬆，沒想到還是吃了悶虧。

建議處理

　　先將暢銷的主流產品通過安全驗證，符合通用的安全規範。既然主力市場是歐美就按照歐美的品質規範。例如：依據美國ASTM 952A及歐盟EN1677實施必要的檢驗，才能開發得到國際客源。一定要在出國參加國際展前，將所有相關的必要認證都申請好，然後再出國參展拓銷，才能畢其功於一役。

經驗分享

　　要怎麼收穫就要先怎麼栽，想要當名模就要有好身材，產品有了合適的認證，才具備被買家青睞，列入採購範圍的入門票。如果因為怕花錢而捨認證，無法顯現產品的優異品質，往往找不到對的客源，就像鑽石如果沒有GIA的5C認證，終究只是平凡的石頭，而不是價值不斐的珍寶。

貿易英文金頭腦

一、基礎貿易英文

1. (　) Please send back one copy of the agreement with your _____.
   (1) acceptance　　　　　　　　(2) rejection
   (3) signature　　　　　　　　　(4) support

2. (　) We look forward to _____.
   (1) receive your reply soon　　　(2) your earliest reply
   (3) your reply soon　　　　　　(4) receiving your earliest reply soon

3. (　) We hope that you can _____ the conditions detailed below.
   (1) fit　　　　　　　　　　　　(2) meet
   (3) suit　　　　　　　　　　　 (4) conform

4. (　) We would like to know whether the firm is _____ in settling its accounts promptly.
   (1) reasonable　　　　　　　　(2) favorable
   (3) advisable　　　　　　　　　(4) reliable

5. (　) Any information you provide will be treated in strict _____.
   (1) secret　　　　　　　　　　(2) silence
   (3) confidence　　　　　　　　 (4) caution

6. (　) _____ is usually written in an email or at the end of a business letter before the names of the people who will receive a copy.
   (1) C.C.　　　　　　　　　　　(2) Ref.
   (3) Enc.　　　　　　　　　　　(4) P.S.

7. (　) To a Briton, 5/3/09 is _____.
   (1) 9 March, 2005　　　　　　　(2) September 3, 2005
   (2) 3 May, 2009　　　　　　　　(4) 5 March, 2009

8. (　) The term "middle of a month" in the letter of credit shall be construed as
   (1) the 5th to the 10th.　　　　　(2) the 5th to the 15th.
   (3) the 11th to the 15th.　　　　 (4) the 11th to the 20th.

9. (　) He asked you to reply to his message at the earliest possible time. Which one is the closest in meaning to the underlined phrase?

(1) RSVP   (2) ASAP
(3) VAT   (4) ETA

10. (　) Which of the following abbreviations is not related to companies?
    (1) Enc.   (2) Ltd.
    (3) Corp.   (4) Co.

11. (　) Which one is not a standard address abbreviation?
    (1) Ave.   (2) St.
    (3) Blvd.   (4) Encl.

二、sales letter

1. (　) We would be delighted to _____ business relations with you.
    (1) enter   (2) establish
    (3) open   (4) set

2. (　) At the fair, we will _____ some of our newly-developed products.
    (1) secure   (2) procure
    (3) exhibit   (4) expand

3. (　) We are a rapidly _____ multinational company.
    (1) expanding   (2) extension
    (3) expanded   (4) extended

4. (　) If you have any questions, please _____.
    (1) do not be polite   (2) do not hesitate to let us know
    (3) do not forget to tell us   (4) do remember asking us

5. (　) We look forward to _____.
    (1) hear from you soon   (2) hearing of you soon
    (3) you promptly reply   (4) your prompt reply

6. (　) We _____ for 20 years.
    (1) are in this line of business
    (2) do business with European importers in washing machines
    (3) have been exporting printers
    (4) have established here as general exporters

7. ( ) Please _____ to them for any information concerning our company.
    (1) ask   (2) refer
    (3) consult   (4) request

8. ( ) We specialize in _____ footwear.
    (1) fashion and cheap   (2) fashionable and affordable
    (3) elegance and inexpensive   (4) beautifuldesigned

9. ( ) The new model is _____ than the old one.
    (1) more efficiently   (2) more better
    (3) less cheaper   (4) much lighter

10. ( ) We _____ in high quality bicycles.
    (1) specialize   (2) range
    (3) provide   (4) manufacture

11. ( ) We have learned from the British Embassy that your gloves are _____ natural materials.
    (1) made of   (2) made from
    (3) extracted from   (4) made up for

12. ( ) If you have any query, please do not _____ to let us know.
    (1) haste   (2) hesitate
    (3) hurry   (4) hurry up

三、Inquiry

1. ( ) We have _____ from the Chamber of Commerce in Boston that you are a leading manufacturer of waterproof watches in Taiwan.
    (1) known   (2) learned
    (3) told   (4) written

2. ( ) Provided you can offer favorable quotations, we will _____ regular orders with you.
    (1) make   (2) take
    (3) place   (4) fulfill

3. ( ) You will understand that we must increase sales by distributing through as many _____ as possible.
    (1) factories   (2) consignees
    (3) outlets   (4) contacts

4. (　) If you are not already represented here, we should be interested in acting as _____ agents.
   (1) travel　　　　　　　　　　(2) collection
   (3) forwarding　　　　　　　　(4) sole

5. (　) As this is our first transaction with you, we would be obliged if you could provide us with some _____.
   (1) recommend　　　　　　　　(2) references
   (3) clients　　　　　　　　　　(4) credits

6. (　) If the quality of the goods comes up to our expectations, we can probably let you have _____ orders.
   (1) trial　　　　　　　　　　　(2) regular
   (3) rare　　　　　　　　　　　(4) usual

7. (　) _____ if you could send some samples of the material.
   (1) We would appreciate　　　　(2) We would be appreciated
   (3) It would be appreciated　　　(4) We would grateful

8. (　) We are importers in the textile trade and would like to get in touch with _____ of this line.
   (1) buyers　　　　　　　　　　(2) suppliers
   (3) customers　　　　　　　　　(4) consigners

9. (　) We _____ importing Swiss cheese and would appreciate receiving your current catalog and export price list.
   (1) interest　　　　　　　　　(2) interest in
   (3) are interested in　　　　　　(4) are interesting to

10. (　) We sent you a fax on October 12 _____ some information about your notebook computers.
    (1) request　　　　　　　　　(2) requests
    (3) requesting　　　　　　　　(4) requested

11. (　) We have the pleasure to introduce _____ as an import agent.
    (1) you　　　　　　　　　　　(2) yourselves
    (3) us　　　　　　　　　　　　(4) ourselves

12. (　) A325 有現貨嗎？(譯成英文)
    (1) Do you have A325 in hand?　　(2) Do you have A325 in line?
    (3) Do you have A325 in stock?　　(4) Do you have A325 in shop?

13. ( ) We are very interested in the micro projectors displayed on your _____ at the computer exhibition in Taipei last month.
(1) seat (2) company
(3) booth (4) place

四、Reply to inquiry

1. ( ) Thank you for your enquiry _____ October 12 concerning DVD players.
(1) date (2) dating
(3) of (4) on

2. ( ) Can we send our representative to you with a model of the machine so he can give you a _____?
(1) instruction (2) demonstration
(3) illustration (4) quotation

3. ( ) The new model has several additional _____ which will appeal to customers.
(1) dimensions (2) features
(3) specialties (4) measurements

4. ( ) The goods you inquired about are sold out, but we can offer you a _____.
(1) substitute (2) compensation
(3) refund (4) replace

5. ( ) The agency we are offering will be on a _____ basis.
(1) competition (2) commission
(3) compensation (4) conversation

6. ( ) You have chosen one of the most advanced and popular mobile phones _____ on the market today.
(1) available (2) acceptable
(3) advisable (4) avoidable

7. ( ) _____ our latest catalog and price list for your reference.
(1) We are enclosed (2) Enclosed are
(3) Enclosed is (4) Enclose

8. ( ) As this model is _____, we would recommend that you accept this offer as soon as possible.

(1) in great supply   (2) in great demand

(3) out of stock   (4) out of order

9. ( )＿＿＿＿＿, we are enclosing our catalogue and price list.
 (1) As requested   (2) As request
 (3) As requiring   (4) As requires

10. ( ) Unfortunately, there is no manufacturer that we know of who can ＿＿＿＿.
 (1) make your requirements (2) meet your needs
 (3) take your demand   (4) satisfy your want

11. ( ) This line has proved so popular that we regret to inform you that ＿＿＿＿.
 (1) it is no longer in production (2) it has sold out
 (3) it is out of stock   (4) it has been discontinued

12. ( ) Your order No. A231 is now being processed and should be ready for ＿＿＿＿＿＿ by next week.
 (1) deliver   (2) pack
 (3) dispatch   (4) ship

13. ( ) This product is not only of the highest quality but also very ＿＿＿＿＿＿.
 (1) reasonable price   (2) reasonable priced
 (3) reasonably pricing (4) reasonably priced

14. ( ) Due to insufficient demand in the market, this item has been ＿＿＿＿＿＿.
 (1) phased in   (2) introduced
 (3) continued   (4) discontinued

五、Quotation

1. ( ) You will notice that the prices quoted are ＿＿＿＿＿ for a product of this quality.
 (1) extremely competing (2) extreme competition
 (3) extreme competitors (4) extremely competitive

2. ( ) ＿＿＿＿＿ you can see from the enclosed catalogue, we offer a wide range of products.
 (1) While   (2) As
 (3) If   (4) Unless

3. (　) We have enclosed our price list but should point out that prices _____.
as the market for raw materials is rather unstable at present.
(1) likely to change
(2) are changed possibly
(3) are subject to change
(4) maybe changing

4. (　) We hope that you will find these terms and _____.
(1) pleasure
(2) reasonably
(3) satisfactory
(4) accepted

5. (　) We have quoted our most _____ prices.
(1) favor
(2) favoring
(3) favorite
(4) favorable

6. (　) The following is a list of our _____ products.
(1) late-developed
(2) fast-grown
(3) best-selling
(4) most cheap

7. (　) We can _____ and will have no trouble meeting your delivery date.
(1) supply from stock
(2) provide the good
(3) settle the account
(4) immediate delivery

8. (　) The term "middle of a month" in the letter of credit shall be construed as _____.
(1) the 5th to the 10th
(2) the 5th to the 15th
(3) the 11th to the 15th
(4) the 11th to the 20th

9. (　) 很高興報價如下：(譯成英文)
(1) We please to quote as the following:
(2) We are pleased to quote as follows:
(3) We are pleased to quote as following:
(4) We are pleased quoting as follow:

10. (　) Our supplier has informed us that the item is out of stock at present. (譯成中文)
(1) 目前供應商已告知庫存的項目
(2) 供應商告知庫存的商品已當作贈品送出
(3) 供應商告知贈品缺貨
(4) 供應商告知該商品目前已無庫存

11. (　) We are forced to _____ our price by the material cost increase.
(1) arise
(2) arouse
(3) raise
(4) rise

12. ( ) Our import costs have risen considerably due to the _____ of the US dollars.
   (1) appreciation
   (2) increase
   (3) increment
   (4) inflation

13. ( ) The _____ is now US$1.00 : NT$33.50.
   (1) exchange market
   (2) exchange rate
   (3) exchange reserve
   (4) foreign exchange

六、Counter offer

1. ( ) If you think our price is too high, what is your _____?
   (1) tag
   (2) tariff
   (3) task
   (4) target

2. ( ) If you are prepared to increase your _____ to 15%, we shall be pleased to purchase the complete stock.
   (1) discount
   (2) sales volume
   (3) price
   (4) cost

3. ( ) We offer a very reasonable quotation for our watches _____ their good quality.
   (1) as long as
   (2) in spite of
   (3) as far as
   (4) no matter of

4. ( ) Your price is 10% higher than _____ of your competitor.
   (1) that
   (2) these
   (3) which
   (4) whose

5. ( ) If you are prepared to increase your _____ to 15%, we shall be pleased to purchase the complete stock.
   (1) discount
   (2) sales volume
   (3) price
   (4) cost

6. ( ) 下列哪一敘述係用於還價之場合？
   (1) To give you a general idea of our products, we are enclosing our catalogue for your reference.
   (2) A creditable sales network has been set up and we have our regular clients from over 10 countries and regions worldwide.
   (3) Your comments on our products will be really appreciated.
   (4) We found that your price is higher than the average in the market after careful examining.

7. (　) We _____ to inform you that our customers find your prices too high.
    (1) dislike   (2) regret
    (3) advise   (4) require

8. (　) _____ the trade discount stated, we would allow you a special first-order discount of 3%.
    (1) In spite of   (2) In regard to
    (3) In addition to   (4) In reply to

9. (　) We provide a discount of 30% on _____ of not less than 200.
    (1) qualities   (2) quantities
    (3) numbers   (4) amounts

10. (　) Our prices are relatively low in comparison with _____.
    (1) they   (2) them
    (3) their   (4) theirs

11. (　) Our prices are considerably lower than _____ of our competitors for goods of similar quality.
    (1) which   (2) that
    (3) those   (4) ones

12. (　) We will grant you a 3% discount if your order _____ is over £15,000 for one shipment.
    (1) value   (2) quantity
    (3) quality   (4) worthy

13. (　) A: This clock comes with batteries, doesn't it? B: _____
    (1) That's right. There is a ten percent service charge.
    (2) No. I'm afraid they're sold separately.
    (3) Yes. You'll save time if you do.
    (4) Yes. There have been several reports of damage.

14. (　) 因貴方與本公司長期合作，我們將照定價打七五折給您。(譯成英文)
    (1) Because of your long association with our company, we will give you a discount of 75% off the list price.
    (2) Because of your long association with our company, we will grant you a 75% discount of the list price.
    (3) Because of your long association with our company, we will allow you 25% of the list price.
    (4) Because of your long association with our company, we will offer

you a 25% discount off the list price.

15. ( ) 我們不可能再降價。(譯成英文)
  (1) We are impossible to make any further reduction.
  (2) It would be impossible for us to make any further reduction.
  (3) Any further reduction is out of question.
  (4) Reducing price is unlikely to us.

七、Follow up

1. ( ) _____ your confirmation, we will execute the order.
  (1) Upon receipt of   (2) After receive
  (3) When we will receive   (4) As soon as receive

2. ( ) May we suggest that you visit our showrooms in Los Angeles _____ you can see a wide range of units?
  (1) that   (2) what
  (3) which   (4) where

3. ( ) A: How would you like your coffee? B: _____
  (1) Well done, please.   (2) Very well, thank you.
  (3) Not for me, thanks.   (4) Black, please.

4. ( ) 儘管原物料價格上漲，我們仍維持原價。(譯成英文)
  (1) Despite prices of raw materials have risen, our prices remain unchanged
  (2) Although prices of raw materials have decreased, we maintain our old prices.
  (3) Raw material prices have raised, but we maintain our existing prices.
  (4) In spite of the rise in raw material prices, we maintain our existing prices.

5. ( ) 我們另外寄上樣品。(譯成英文)
  (1) We are sending you our samples in another mail.
  (2) We are sending you our samples in another envelope.
  (3) We are sending you our samples under separate cover.
  (4) We are sending you our samples under separate post.

6. (　) We forwarded three samples to you by DHL air courier service yesterday, _____ number 20098.
   (1) tracing　　　　　　　　(2) tracking
   (3) trucking　　　　　　　　(4) trafficking

7. (　) A: What do you do? B: _____
   (1) I'm looking for a file.　　　　(2) I'm good at typing.
   (3) I am busy at work.　　　　　(4) I'm a sales assistant.

8. (　) A: I've got an appointment with Mr. Smith. B: _____
   (1) What time was it?
   (2) When do you have in mind?
   (3) What time would be convenient?
   (4) When is he expecting you?

9. (　) A: Where do you know Jack from? B: _____
   (1) I used to work with him.
   (2) He is from England.
   (3) I've heard a lot about him from my boss.
   (4) He works for IBM.

10. (　) A: Can I speak to Mr. Johnson please? B: I'm sorry but he's not here right now. _____
   (1) Can I leave a message?　　　(2) Can I take a message?
   (3) I'll put you through.　　　　(4) I'll call back later.

11. (　) Under the circumstances, we have no choice _____ the order.
   (1) but cancel　　　　　　　　(2) but will cancel
   (3) but to cancel　　　　　　　(4) but canceling

12. (　) This offer will be _____ if not accepted before June 15, 2009.
   (1) made　　　　　　　　　　(2) withdrawn
   (3) confirmed　　　　　　　　(4) refused

13. (　) Please advise the _____ of this shipment for us to calculate the freight.
   (1) color and style　　　　　　(2) length and width
   (3) price and delivery　　　　　(4) weight and measurement

八、Order

1. (　) Under FOB terms, we will ship the goods to you freight _____.

(1) collect   (2) collected

(3) prepay   (4) prepaid

2. ( ) We need the goods urgently. Please _____ production.

    (1) expand   (2) expatriate

    (3) expedite   (4) extend

3. ( ) Enclosed are two copies of sales confirmation. Please _____ and send back one copy.

    (1) sign   (2) signature

    (3) countersign   (4) counter-offer

4. ( ) We are pleased to _____ our acceptance as per the enclosed proforma invoice.

    (1) keep   (2) take

    (3) cover   (4) confirm

5. ( ) This order is _____ to our sample approval. Please send us the samples immediately.

    (1) apt   (2) due

    (3) owing   (4) subject

6. ( ) We would _____ if you could place your order immediately.

    (1) appreciate   (2) be appreciated

    (3) be appreciating   (4) be appreciative

7. ( ) Due to insufficient demand in the market, this item has been _____.

    (1) phased in   (2) introduced

    (3) continued   (4) discontinued

8. ( ) It takes 45 days to _____ the toolings and the production _____ time is 30 days. Therefore, we need a total of 75 days to execute your first order.

    (1) build; lead   (2) build; leading

    (3) open; lead   (4) open; leading

9. ( ) Would you please _____ this matter and send our order without further delay.

    (1) look into   (2) investigate into

    (3) deal in   (4) take care

10. ( ) The trade term FOB should be followed by named _____.
    (1) port of shipment   (2) place of dispatch
    (3) port of destination   (4) place of destination

11. ( ) Under the trade term CIP, the _____ must contract for the cargo transportation insurance.
    (1) buyer   (2) seller
    (3) consignee   (4) carrier

12. ( ) If you have any question, please do not _____ to let us know.
    (1) haste   (2) hesitate
    (3) hurry   (4) hurry up

13. ( ) We _____ to hear that this item is no longer available.
    (1) regret   (2) are regret
    (3) are regretted   (4) are regrettable

九、Packing inspection shipment

1. ( ) We need the goods urgently. Please _____ production.
    (1) expand   (2) expatriate
    (3) expedite   (4) extend

2. ( ) We will do everything we can to _____ early shipment.
    (1) ensure   (2) insuring
    (3) assured   (4) make sure

3. ( ) We trust that the _____ will reach you in perfect condition.
    (1) packing   (2) shipping
    (3) consignment   (4) assignment

4. ( ) Owing to a fire in our warehouse, we have to _____ the shipping date to August 15.
    (1) cancel   (2) schedule
    (3) postpone   (4) forward

5. ( ) The package _____ the dinner plates appeared to be in good condition.
    (1) containing   (2) maintaining
    (3) included   (4) excluded

6. ( ) _____ shipment has been effected, we will advise you by fax.
    (1) As long as   (2) As far as
    (3) As soon as   (4) As for

7. (　) We apologize for the delay and trust it will not ＿＿＿＿＿.
    (1) cause your inconvenience　　(2) cause your problem
    (3) cause you problem　　(4) cause you inconvenience

8. (　) Please confirm the order ＿＿＿＿＿ email and send us the shipping information along with your invoice.
    (1) by　　(2) in
    (3) on　　(4) through

9. (　) The inspector looked at the ＿＿＿＿＿ to check where the goods were produced.
    (1) bill of lading　　(2) commercial invoice
    (3) certificate of origin　　(4) consular invoice

10. (　) A: With less than three weeks for transit, they'd better go by air. B: ＿＿＿＿＿ Right.
    (1) It would be better if they travel business class.
    (2) Right. Ocean freight is too expensive.
    (3) Right. That way they'll arrive in time for the trade show.
    (4) Right. The shipping container would be lighter.

11. (　) 因為五月一日放假，所以我們會在五月二日送貨。(譯成英文)
    (1) Because May 1 is a holiday, so we will send your shipment on May 2.
    (2) Because of May 1 is a holiday, we will send your shipment on May 2.
    (3) Since May 1 is a holiday, we will send your shipment on May 2.
    (4) Due to May 1 is a holiday, so we will send your shipment on May 2.

12. (　) 我們急需這些貨品。(譯成英文)
    (1) We urgent need these goods.
    (2) We require emergency of these goods.
    (3) We are in urgent need of these goods.
    (4) These goods are urgent required.

13. (　) Please advise us by email once the goods have been shipped. (譯成中文)
    (1) 請以電郵一次通知貨物裝船。
    (2) 請以電郵方式，就這一次裝船事項提供意見。
    (3) 一旦貨物裝船，請電郵告知。
    (4) 一旦貨物裝船，請以電郵提供相關意見。

14. (　) The B/L is to show "To order of shipper" as the _____.
    (1) carrier   (2) consignee
    (3) notify party   (4) shipper

15. (　) Shipment will be made _____.
    (1) after receiving your L/C within 60 days
    (2) after receipt of your L/C within 60 days
    (3) within 60 days after receipt your L/C
    (4) within 60 days after receipt of your L/C

16. (　) _____ will fill up a 20-foot container?
    (1) How much quantity   (2) How many quantities
    (3) What quantity   (4) What a quantity

17. (　) Shipment should be made within 60 days _____.
    (1) before accepting L/C   (2) after application of L/C
    (3) before received L/C   (4) after receipt of L/C

18. (　) The goods are ready for _____.
    (1) ship   (2) shipped
    (3) shipment   (4) shipments

19. (　) Please advise the _____ of this shipment for us to calculate the freight.
    (1) color and style   (2) length and width
    (3) price and delivery   (4) weight and measurement

十、Payment

1. (　) In regard to your invoice No 23130 for $2,578, which we expected to be cleared two weeks ago, we still have not yet received your _____.
    (1) remittance   (2) transfer
    (3) pay   (4) account

2. (　) We would be grateful if you would allow us an _____ of three months to pay this invoice.
    (1) extension   (2) exception
    (3) intention   (4) invention

3. (　) We enclose our credit note No. C35 for $ 15.75, which is a _____ for the overcharge on invoice No. A321.
    (1) balance   (2) debt
    (3) refund   (4) bonus

4. (　) Payment will be made by bank _____.
   (1) transport　　　　　　　　　(2) transaction
   (3) transit　　　　　　　　　　(4) transfer

5. (　) We enclose our check for $1,530.75 _____ your invoice number A531.
   (1) for pay　　　　　　　　　　(2) for payment
   (3) in payment of　　　　　　　(4) to settle of

6. (　) Our delivery will be a week early, so we'd like to _____ the payment date as well.
   (1) move up　　　　　　　　　　(2) look forward
   (3) put off　　　　　　　　　　(4) call off

7. (　) 您的貨款已逾期三個月。(譯成英文)
   (1) You payment has expired for three months.
   (2) Your payment expired three months ago.
   (3) Your payment is overdue three months.
   (4) Your payment is three months overdue.

8. (　) Which of the following terms is not related to payment ?
   (1) L/C　　　　　　　　　　　(2) D/P
   (3) O/A　　　　　　　　　　　(4) FOB

9. (　) The following accounts are still _____. Please _____ as soon as possible.
   (1) ongoing; transfer　　　　　　(2) outstanding; remit
   (3) proceeding; settle　　　　　　(4) processing; clear

10. (　) Attached is a _____ for the sample charge we are to collect from you.
    (1) Cover Note　　　　　　　　(2) Credit Note
    (3) Debit Note　　　　　　　　(4) Promissory Note

11. (　) Unless we receive the long overdue payment within 10 days, we would _____.
    (1) give you a discount　　　　　(2) open the L/C to you
    (3) take legal action to collect it　(4) urge you to place further orders

12. (　) A: What are your terms of payment?

B:

(1) We usually ask our customers to issue an irrevocable sight L/C in our favor.

(2) We can deliver them within 20 days after receipt of your confirmation.

(3) Two thousand pieces are our minimum order.

(4) Marine insurance is to be effected by the seller.

13. (　) Please T/T payment to our bank account at its _____.

(1) validity　　　　　　　　(2) expiry

(3) maturity　　　　　　　　(4) acceptance

14. (　) The following accounts are still _____. Please _____ as soon as possible.

(1) ongoing; transfer　　　　(2) outstanding; remit

(3) proceeding; settle　　　　(4) processing; clear

十一、Letter of credit

1. (　) As the time of shipment is fast approaching, we must ask you to fax the L/C and shipping _____ immediately.

(1) advice　　　　　　　　(2) documents

(3) manual　　　　　　　　(4) instructions

2. (　) We have arranged with our bankers to open a letter of credit _____.

(1) for your benefit　　　　(2) in your interest

(3) in your account　　　　(4) in your favor

3. (　) Please _____ the overdue payments immediately.

(1) solve　　　　　　　　(2) pay

(3) settle　　　　　　　　(4) exchange

4. (　) Please open the relative _____ as soon as possible so we can arrange shipment delay.

(1) B/L　　　　　　　　　(2) L/C

(3) P/I　　　　　　　　　(4) T/T

5. (　) According to UCP600, the term "on or about June 5th" in the L/C shall be construed as _____.

(1) from May 31st to June 5th　　(2) from May 31st to June 10th

(3) from June 5th to June 10th   (4) from June 4th to June 6th

6. (　) Shipment will be made _____.
  (1) after receiving your L/C within 60 days
  (2) after receipt of your L/C within 60 days
  (3) within 60 days after receipt your L/C
  (4) within 60 days after receipt of your L/C

7. (　) The issuing bank unpaid due to the _____ of the documents presented.
  (1) damage   (2) defect
  (3) discrepancy   (4) dishonor

8. (　) We ask that you promptly open an irrevocable L/C in _____ favor, valid until November 30.
  (1) our   (2) your
  (3) better   (4) best

9. (　) 下列哪一個敘述是用以催促對方儘速開狀？
  (1) We received your order and confirmed that we will ship the goods when your L/C is received.
  (2) We will accept your price if your payment is by sight L/C.
  (3) We will pay the freight to you so you can put it on the invoices.
  (4) Your goods are ready for shipment, please expedite L/C for earlier shipment.

10. (　) _____ the terms of payment as stipulated in the contract, please establish an irrevocable letter of credit in our favor.
  (1) In fact   (2) In accordance with
  (3) In contrast with   (4) As a matter of fact

11. (　) Shipment will be made _____.
  (1) after receiving your L/C within 60 days
  (2) after receipt of your L/C within 60 days
  (3) within 60 days after receipt your L/C
  (4) within 60 days after receipt of your L/C

十二、Complaint

1. (　) Please return the damaged goods. We will replace them free of _____.
  (1) expense   (2) charge
  (3) pay   (4) payment

2. (　) We can send you a replacement, or if you like, we can _____ your account.
   (1) charge　　　　　　　　　(2) credit
   (3) debit　　　　　　　　　　(4) deduct

3. (　) As the photocopier is still under _____, we'll repair it for free.
   (1) warranty　　　　　　　　(2) standard
   (3) instruction　　　　　　　(4) construction

4. (　) The broken teapots have been kept aside _____ you need them to support a claim on your suppliers for compensation.
   (1) as long as　　　　　　　(2) unless
   (3) in case　　　　　　　　(4) so that

5. (　) The distribution problem has finally been solved. _____, another problem has arisen.
   (1) Therefore　　　　　　　(2) However
   (3) As a result　　　　　　　(4) While

6. (　) Your claim has been passed on to our insurance company, who will _____ soon.
   (1) contact with you　　　　(2) contract you
   (3) get in touch with you　　(4) reach for you

7. (　) Regarding the damaged goods, we have filed a _____ with the insurance company.
   (1) claim　　　　　　　　　(2) complaint
   (3) compensation　　　　　　(4) commission

8. (　) Three cases in the consignment _____ on arrival.
   (1) damaged　　　　　　　　(2) were missing
   (3) were short shipping　　　(4) lost

9. (　) We hereby certify that this item is _____ China _____.
   (1) in; origin　　　　　　　(2) in; original
   (3) of; origin　　　　　　　(4) of; original

10. (　) We are compelled to request you to _____ for our loss of US$1000, which we have sustained due to the damage of the products.
   (1) support　　　　　　　　(2) recheck
   (3) make up　　　　　　　　(4) reduce

解答

一、基礎貿易英文

1. (3)　2. (2)　3. (2)　4. (4)　5. (3)　6. (1)　7. (4)　8. (4)　9. (2)
10. (1)　11. (4)

二、sales letter

1. (2)　2. (3)　3. (1)　4. (2)　5. (4)　6. (3)　7. (2)　8. (2)　9. (4)
10. (1)　11. (1)　12. (2)

三、Inquiry

1. (2)　2. (3)　3. (3)　4. (4)　5. (2)　6. (2)　7. (3)　8. (2)　9. (3)
10. (3)　11. (4)　12. (3)　13. (3)

四、Reply to inquiry

1. (3)　2. (2)　3. (2)　4. (1)　5. (2)　6. (1)　7. (2)　8. (2)　9. (1)
10. (2)　11. (3)　12. (3)　13. (4)　14. (4)

五、Quotation

1. (4)　2. (2)　3. (3)　4. (3)　5. (4)　6. (3)　7. (1)　8. (4)　9. (2)
10. (4)　11. (3)　12. (1)　13. (2)

六、Counter offer

1. (4)　2. (1)　3. (2)　4. (1)　5. (1)　6. (4)　7. (2)　8. (3)　9. (2)
10. (4)　11. (3)　12. (1)　13. (2)　14. (4)　15. (2)

七、Follow up

1. (1)　2. (4)　3. (4)　4. (4)　5. (3)　6. (2)　7. (4)　8. (4)　9. (1)
10. (2)　11. (3)　12. (2)　13. (4)

八、Order

1. (1)　2. (3)　3. (3)　4. (4)　5. (4)　6. (4)　7. (4)　8. (1)　9. (1)
10. (1)　11. (2)　12. (2)　13. (1)

九、Packing inspection shipment

1. (3)　　2. (1)　　3. (3)　　4. (3)　　5. (1)　　6. (3)　　7. (4)　　8. (1)　　9. (3)
10. (3)　11. (3)　12. (3)　13. (3)　14. (2)　15. (4)　16. (3)　17. (4)　18. (3)
19. (4)

十、Payment

1. (1)　　2. (1)　　3. (3)　　4. (4)　　5. (3)　　6. (1)　　7. (4)　　8. (4)　　9. (2)
10. (3)　11. (3)　12. (1)　13. (3)　14. (2)

十一、Letter of credit

1. (4)　　2. (4)　　3. (3)　　4. (2)　　5. (2.)　　6. (4)　　7. (3)　　8. (1)　　9. (4)
10. (2)　11. (4)

十二、Complaint

1. (2)　　2. (2)　　3. (1)　　4. (3)　　5. (2)　　6. (3)　　7. (1)　　8. (2)　　9. (3)
10. (3)

國家圖書館出版品預行編目(CIP)資料

圖解國貿實務／李淑茹著. －－六版. －－臺
北市：五南圖書出版股份有限公司, 2024.04
　面；　公分
ISBN 978-626-393-143-5 (平裝)
1.CST: 國際貿易實務
558.7　　　　　　　　　113002718

1066

圖解國貿實務

作　　者 — 李淑茹

發 行 人 — 楊榮川

總 經 理 — 楊士清

總 編 輯 — 楊秀麗

副總編輯 — 侯家嵐

責任編輯 — 侯家嵐

文字校對 — 葉瓊瑄

內文繪圖 — 陳雅玲

內文排版 — 張淑貞

封面完稿 — 封怡彤

出 版 者：五南圖書出版股份有限公司

地　　址：106台北市大安區和平東路二段339號4樓

電　　話：(02)2705-5066　　傳　　真：(02)2706-6100

網　　址：https://www.wunan.com.tw

電子郵件：wunan@wunan.com.tw

劃撥帳號：01068953

戶　　名：五南圖書出版股份有限公司

法律顧問：林勝安律師

出版日期：2011年10月初版一刷
　　　　　2012年3月二版一刷(共五刷)
　　　　　2015年3月三版一刷(共五刷)
　　　　　2019年4月四版一刷(共二刷)
　　　　　2020年9月五版一刷(共二刷)
　　　　　2024年4月六版一刷

定　　價：新臺幣420元

經典永恆・名著常在

◈

五十週年的獻禮 —— 經典名著文庫

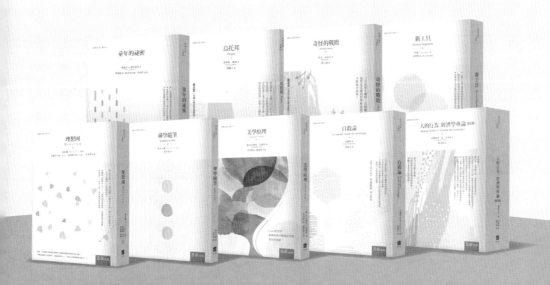

五南，五十年了，半個世紀，人生旅程的一大半，走過來了。
思索著，邁向百年的未來歷程，能為知識界、文化學術界作些什麼？
在速食文化的生態下，有什麼值得讓人雋永品味的？

歷代經典・當今名著，經過時間的洗禮，千錘百鍊，流傳至今，光芒耀人；
不僅使我們能領悟前人的智慧，同時也增深加廣我們思考的深度與視野。
我們決心投入巨資，有計畫的系統梳選，成立「經典名著文庫」，
希望收入古今中外思想性的、充滿睿智與獨見的經典、名著。
這是一項理想性的、永續性的巨大出版工程。
不在意讀者的眾寡，只考慮它的學術價值，力求完整展現先哲思想的軌跡；
為知識界開啟一片智慧之窗，營造一座百花綻放的世界文明公園，
任君遨遊、取菁吸蜜、嘉惠學子！